아이의 사생활 1

두뇌·인지 발달

아이의 사생활 1

두뇌·인지 발달

EBS 〈아이의 사생활〉 제작팀 지음

지식플러스

| 프롤로그 |

아이들을
행복으로 이끄는
디딤돌

지금 내 품에 안겨 있는 내 아이, 나는 이 아이에 대해 얼마나 알고 있을까? 나는 사랑하는 내 아이를 제대로 알고 키우고 있는 것일까?

언제나 이런 궁금증과 조바심 속에 있던 부모들을 2008년, 한 편의 다큐멘터리가 뒤흔들어놓았다. EBS 다큐프라임의 인간탐구 대기획 5부작 〈아이의 사생활〉이 바로 그것이다. 육아에 대한 수많은 조언과 지침들이 일상에서, 또 미디어에서 홍수처럼 쏟아지는 시대에 이 프로그램은 전혀 다른 접근법으로 아이들의 실제 모습을 있는 그대로 보여주었다.

여자아이들이 분홍색을 좋아하고 남자아이들이 게임에 쉽게 빠지는 이유는 뭘까? 도무지 뭘 시켜야 할지 알 수 없는 우리 아이에게도 재능을 찾아줄 수 있을까? 시청자들은 그 답을 실험 속 아이들의 모습을 통해 확인할 수 있었다. 〈아이의 사생활〉은 4천 200명을 설문조사하고 어린이 500명을 대상으로 실험을 하는 과정을 통해 막연하게만 생각했던 아이들의 지능과 성격, 남녀의 차이 등을 시청자들에게 고스란히 전달해주었다. 논문 속에서만 존재했던 이론이 생생하게 우리 눈

앞에 펼쳐진 것이다.

그리고 다음 해인 2009년, 방송에서 다루어진 내용은 『아이의 사생활』이라는 한 권의 책으로 묶여 나왔다. 방송에서 다룬 실험과 설문조사는 물론 문용린, 하워드 가드너 Howard Gardner, 존 매닝 John Manning, 레너드 삭스 Leonard Sax 등 국내외 최고 전문가 70여 명의 인터뷰 내용을 체계적으로 정리해 담고, 방송에서 미처 다루지 못한 내용도 추가 집필해 담았다. 또한 '우리 아이를 어떻게 키울 것인가'라는 질문에 초점을 맞추어 철학, 심리학, 교육학, 사회학, 과학을 아우르는 다각적인 관점으로 인간의 내면을 탐구했다. 이 모든 것을 바탕으로 새로운 자녀양육 해법도 제시하였다.

책은 출간 이후 방송 못지않은 관심과 찬사를 받았다. '초보엄마였던 시절 이 책을 알았더라면 좌충우돌 속 태우지 않고 느긋하게 기다렸을 텐데……', '똑똑한 부모를 둔 아이가 똑똑한 것은 유전자가 훌륭해서가 아니다. 똑똑한 부모들의 훌륭한 교육방식이 있었기 때문이었다'와 같은 반응을 보이며 책을 통해 육아에 대해 전혀 다른 시각을 갖게 되었다는 이야기들을 많이 했다. 인간 전반에 대한 이해는 내 아이에 대한 오해를 넘어서게 하고, 조바심을 가라앉혀준다. 다수의 독자들이 수많은 아이들의 사례를 지켜보면서 부모로서 균형 잡힌 시각을 갖게 되었다고 말하며 열띤 사랑을 보내주었다.

그리고 그로부터 7년이 지난 지금 그 시간 동안 새롭게 부각된 정보를 추가해 개정판을 출간하게 되었다. 기존의 책을 '두뇌·인지 편'과 '정서·인성 편'으로 나누어 보다 심도 있는 구성을 꾀하였다. 특히 '두뇌·인지 편'에서는 아들과 딸이 서로 다른 이유와 획일화된 교육 환경 속에서 각각의 특성을 살리는 양육법을 알아보고, 내 아이의 두뇌 성향을 눈여겨보는 법과 맞춤 교육법을 짚어본다. 또한 다중지능 이론에 입각해, 내 아이만이 가진 강점지능과 약점지능 찾는 법을 일러주고, 강점지능을 키워 성공의 발판을 마련할 수 있는 노하우도 소개한다. 우리가 알고 있는 것보다 더 많은 것들을 결정하는 두뇌의 비밀에 대해서도 알게 될 것이다.

2013년 오바마 대통령은 '뇌 전략 Brain Initiative'이라는 10년짜리 장기 프로젝트를 발표하였다. 이 프로젝트의 목표는 인간 두뇌 활동의 모든 경로와 지도를 완성하는 것이다. 인간 두뇌에 대한 연구는 그 어느 때보다 활발하게 발전하고 있다. 아이들의 성장 발달과 관련해서도 지금까지 사회문화적인 배경으로 설명했던 사항들을 이제 하나둘씩 두뇌에서 답을 찾아가고 있다. 이와 같은 최전선의 연구를 이 책을 통해 맛볼 수 있을 것이다.

우리가 바라는 것은 결국 단 하나다. 우리 아이들이 행복하게 자라는 것. 우리는 그것을 위해 어떻게 아이들을 응원하고 지지하고 도와줘야 할지, 답을 찾고 싶은 것뿐이다. 이 책이 그 답으로 가는 길을 조심스럽게 안내할 수 있으리라 믿는다.

CONTENTS

프롤로그 아이들을 행복으로 이끄는 디딤돌 ········· 4

PART 1 남과 여, 그들의 차이

나와 너의 차이는 두뇌의 차이 ········· 14
- 인간은 무엇으로 이루어지는가?   14
- 세상에 하나뿐인 소중한 아이   19
- 아이의 뇌에서는 무슨 일이 일어나나   23

내 아이의 뇌가 자라나는 특별한 과정 ········· 27
- 0세, 피부는 제2의 뇌   27
- 만 1~2세, 운동능력의 발달   31
- 만 3~6세, 스스로 사고하는 힘   34
- 만 7~12세, 다양한 경험과 학습이 중요   38
- 사춘기, 어른 뇌로의 준비   42
- Bonus Page ❶ 뇌의 구조와 놀라운 성능   49
- Bonus Page ❷ 한눈으로 보는 연령별 두뇌 발달표   53

핑크 공주와 슈퍼히어로 ········· 58
- 남녀의 차이, 학습되는가 타고나는가?   58

- 아이는 언제부터 성별을 인지할까?   60
- 얼굴과 위치를 잘 기억하는 여자   67
- 마음속 회전과 사물의 특징 파악에 뛰어난 남자   71

남자의 뇌 vs. 여자의 뇌   78

- 아들의 뇌, 딸의 뇌   78
- 여자가 말싸움에서 이기는 이유   81
- 주차능력은 남자의 특권?   86
- 한꺼번에 여러 일을 해내는 여자, 한 가지 일에만 집중하는 남자   89
- 엄마의 아픔에 공감하는 딸, 무관심한 아들   96
- 남성의 체계화형 뇌, 여성의 공감형 뇌   99

손가락에 담긴 과학적 사실   104

- 손가락 길이와 성호르몬의 관계   104
- 남과 여, 예외는 있다   109
- 17퍼센트의 비밀   116
- 내 아이, 있는 그대로 존중하기   117

아들과 딸, 다르게 키워야 한다   120

- 미술시간에 나타난 남녀의 차이   120
- 남자아이와 여자아이, 다른 교육이 필요하다   126
- 아들은 왜 게임의 유혹에 약할까?   130
- 남자아이에서 ADHD가 많이 나타나는 이유   133
- 아들, 느긋하게 기다려라   136
- 감정이 통해야 마음을 여는 딸   142
- 딸, 당당한 리더로 키워라   144
- Bonus Page ❸ 아들과 딸, 최적의 학습법은 따로 있다   150

PART 2 다중지능, 나만의 프로파일을 찾아서

무한한 가능성, 아이의 두뇌 162
- 뇌는 특별한 것에 집중한다   162
- 뇌는 소리를 잘 기억한다   165
- 뇌는 이야기를 좋아한다   170
- 뇌는 기분 좋은 것을 저장한다   174
- 뇌는 진화할 준비가 되어 있다   176

다중지능에 주목하라 181
- 성공한 사람들의 비밀   181
- IQ 검사의 한계   186
- 다중지능의 발견, 뇌에 숨겨진 지능 영역   190
- 가드너의 다중지능 이론   198

강점지능을 더욱 특별하게 만들어라 204
- 다중지능을 증명하는 서번트 신드롬   204
- 강점지능으로 약점지능을 보완하라   207
- 성공한 사람들의 공통분모, 자기이해지능   212
- 다중지능 이론을 도입한 학교들   214

아이의 재능과 행복을 찾아주는 법 — 223
- 왜 강점지능을 찾아주어야 하는가? — 223
- 호기심을 포착하고 자존감을 키워줘라 — 226
- 강요도 포기도 금물, 동기는 아이 스스로 만들어야 한다 — 231
- 발달 단계에 맞추어 흥미를 관찰하고 꿈을 구체화시켜라 — 234

천재도 즐기는 사람은 이기지 못한다 — 242
- 유전은 못 바꿔도 환경은 바꿀 수 있다 — 242
- 강점지능을 살려 약점지능을 보완하라 — 245
- 실존지능, 그 밖의 무한한 가능성 — 253
- Bonus Page ❹ 내 아이의 강점지능 발견하기 — 256
- Bonus Page ❺ 내 아이의 강점지능 계발하기 — 263

에필로그 교육은 생각의 불을 지피는 것 — 278
찾아보기 — 282

💬 왜 그럴까?

❶ 남자아이는 아침을 먹어야 두뇌회전이 빠르다 — 47
❷ 여자아이에게도 거친 운동이 필요하다 — 77
❸ 남자아이는 폭력적인 것에 끌린다 — 103
❹ 아들과 딸, 나이는 같아도 훈육은 달라야 한다 — 119
❺ 남자아이 대부분은 숙제를 잘 하지 않는다 — 149
❻ 많이 걸으면 머리가 좋아진다 — 180
❼ 박물관 교육이 아이의 관심사를 넓힌다 — 202
❽ 다중지능의 발견, 아이마다 시기가 다르다 — 221
❾ 아이 관찰일기가 지능 프로파일을 대신한다 — 240

아들과 딸은 다르게 키워야 한다는데
그 말은 맞는 것일까?

가장 오래됐으나, 가장 새롭고,
가장 불편한 이야기
최초로 그 비밀의 문이 열린다.

누구나 알고 있으면서도
인정하지 않으려 하는 사실
심리과학 실험으로 확실하게 밝힌
아들과 딸의 차이

PART 1

남과 여, 그들의 차이

나와 너의 차이는 두뇌의 차이

인간은 무엇으로 이루어지는가?

"머리카락은 왜 자라?" "입술은 왜 빨개?" "이는 왜 딱딱해?"

말문이 트이고 궁금한 것이 많아지는 시기의 아이들은 폭포처럼 질문을 쏟아낸다. 이 무렵에는 자기 몸에 대한 궁금증도 부쩍 커진다. 자신의 얼굴을 가만히 거울에 비춰 보던 아이가 갑자기 묻는다. "엄마, 나는 누구야?" "아빠, 나는 뭐로 이루어졌어?" 이때 우리는 뭐라고 대답해야 할까?

고유한 인격체, 혹은 남자나 여자로서의 아이를 논하기 전에, 우선 인간에 대해 화학적으로 접근해보자. 인간은 굉장히 복잡한 기계다. 상상할 수도 없는 엄청난 숫자인 50억×10억×10억 개의 원자로 이루어져 있다.

사람의 몸은 열세 가지 원소로 구성되어 있다. 이는 다른 동물이나 아주 작은 곤충을 이루는 원소와 별 차이가 없다. 먼저 우리가 숨 쉬는 공기 속에 포함된 산소가 65퍼센트로 가장 많고, 연필심을 구성하는 탄소가 18퍼센트, 물을 구성하는 수소가 10퍼센트가량 들어 있다. 이 외에 3퍼센트의 질소, 1퍼센트의 인, 0.35퍼센트의 칼륨, 0.15퍼센트의 염소, 0.15퍼센트의 나트륨, 0.05퍼센트의 마그네슘, 0.25퍼센트의 황, 1.6퍼센트의 칼슘, 그리고 0.008퍼센트의 철, 0.99994퍼센트의 요오드까지 총 열세 가지다. 하지만 이 모든 성분을 '인간의 몸'을 이루는 비율로 준비해서 섞는다고 해도 인간이 되지는 않는다.

이번에는 생물학적으로 접근해보자. 인간의 몸이 완성되려면 우선 206개의 뼈와 4~6리터 정도의 혈액, 2제곱미터의 피부, 약 500만 가닥의 털과 6~7킬로그램의 지방, 649개의 근육과 10만 킬로미터의 혈관 등이 필요하다. 또한 신체를 구성하는 각종 기관인 심장 한 개, 폐 두 개, 신장 두 개, 위 한 개, 간 한 개, 6~7미터의 소장도 있어야 한다. 물건을 집는 데 필요한 손톱 열 개와 걸어 다니는 데 필요한 발톱 열

사람의 몸을 구성하는 원소

개도 있어야 한다. 머리의 일부인 눈, 코, 귀, 입술, 치아, 그리고 가장 중요한 뇌까지. 인간의 몸이 되려면 이 모든 것이 있어야 한다. 하지만 이 기관들을 모두 해체했다가 한데 모아놓는다고 해서 '인간'이라고 말할 수는 없다.

인간을 화학적으로나 생물학적으로 얼마든지 분석하고 해체할 수는 있지만, 그 모든 성분이나 기관이 있다고 해도 사람을 인위적으로 만들 수는 없다. 하나의 인간인 내 아이 역시 누구도 인위적으로 만들 수 없다. 아이가 가진 '인간의 몸'은 어떤 기계로도 해낼 수 없는 일을 매 순간 해내고 있다. 심장박동은 하루에 1만 번 정도, 호흡은 2만 3천 번 정도 이루어지는데, 생명이 유지되는 한 단 한 번도 그 운동을 멈추지 않는다.

인간의 몸은 자체적으로 방어하는 기능도 뛰어나, 이물질이 들어오는 모든 입구를 철저하게 수비한다. 눈으로 통하는 입구에는 눈썹과

속눈썹이, 코로 통하는 입구에는 코털이, 피부의 미세한 땀구멍에는 솜털이 각각 수문장 역할을 하며, 공기 중에 떠다니는 수많은 병균과 박테리아가 체내에 들어오는 것을 방어한다. 조절기능 또한 탁월해 일생 동안 40킬로그램의 표피를 스스로 생성하고 사용하며 버린다. 하루에 0.25리터의 땀을 분비하기도 한다.

감각능력은 어떠한가. 눈, 귀, 코, 혀, 피부 등으로 사물을 보고 듣고 맛보고 느끼는 과정 또한 어떤 첨단 기계도 해낼 수 없을 정도로 섬세하다. 시각, 청각, 후각, 미각, 촉각을 오감이라고 하는데, 이 감각들로 세상을 감지한다. 이 중 가장 재미있는 것은 후각이다. 우리는 흔히 미각으로 음식의 맛을 알아낸다고 생각하지만, 그것은 착각이다. 음식의 맛을 감별할 때는 대부분 후각에 더 의존한다. 인간의 후각은 무려 4천여 가지의 냄새를 식별할 수 있을 정도로 발달해 있다. 촉각도 굉장하다. 눈으로 보지 않고 손가락 끝의 감촉만으로 주머니 속에 얼마짜리 동전이 있는지 알아챌 수 있다. 갑자기 나타난 뱀을 보고 인지하는 속도는 시속 400킬로미터로, 시속 300킬로미터를 자랑하는 고속철도보다도 빠르다.

천재적인 과학자들도 공을 자유롭게 잡는 로봇을 만드는 데 수십 년을 소비했으나, 인간은 로봇이 수십 년 걸려 배운 것을 단 몇 초 안에 처리해버린다. 엄청난 기능과 능력을 가진 복잡하고 치밀한 기계, 그것이 바로 인간이다.

세상에 하나뿐인 소중한 아이

인간이라는 경이로운 존재로 태어난 우리. 그런데 전 세계 71억 명의 인간 중에서도 나와 똑같은 사람은 없다. 신생아실에 누워 있는 갓난아이들이 다 비슷해 보이지만 그들 모두는 전혀 다른 존재들이다. 아이는 아빠를 닮았을 수도 있고, 엄마를 닮았을 수도 있다. 채소를 싫어할 수도 있고 좋아할 수도 있다. 좀 더 자라면 책읽기를 무척이나 싫어해서 엄마의 고민거리를 만드는가 하면, 굳이 하라고 하지 않아도 매일 그림 그리기를 즐길 수도 있다. 또래들과 비슷해 보이지만 너무나도 다른 내 아이. 아이는 어떻게 해서 세상에 딱 하나뿐인 존재가 되는 걸까? 도대체 어떻게 '세상 하나뿐인 존재'라는 공식이 성립하는 것일까?

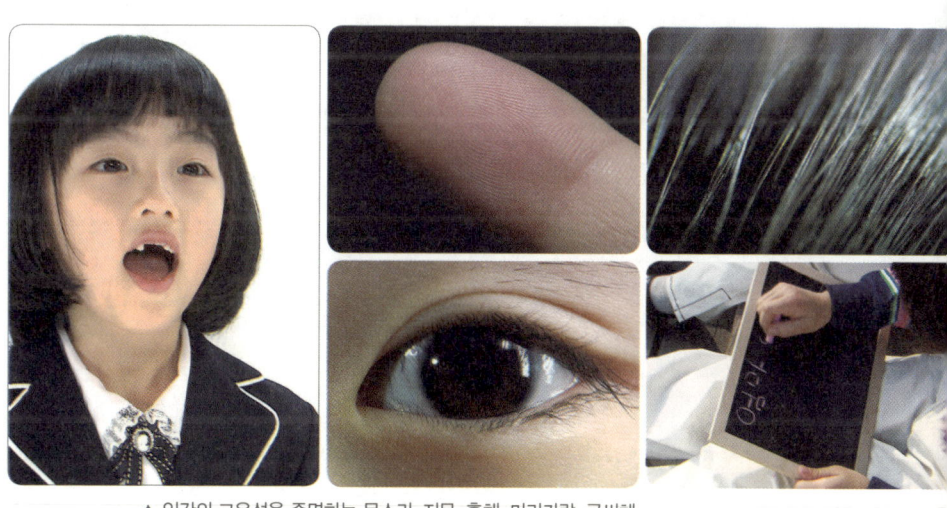

▲ 인간의 고유성을 증명하는 목소리, 지문, 홍채, 머리카락, 글씨체

우선 모든 사람은 손끝의 무늬인 지문이 다르고, 눈 속에 있는 홍채가 다르다. 특정 바이러스나 알레르겐Allergen*에 반응을 보이는 면역체계 역시 모두 다르다. 목소리도 인간이 성장하면서 조금씩 변하기는 하지만 고유의 톤은 평생 동안 유지된다. 글씨체 또한 웬만해서는 특유의 패턴이 변하지 않는다. 머리카락 역시 겉보기에는 비슷해 보이지만 71억 개 이상의 경우의 수가 존재한다. 이러한 여섯 가지 특성만으로도 누구나 세상에 딱 하나뿐인 존재라는 것을 설명할 수 있다. 혹시 같은 부모가 여러 명의 자녀를 낳으면 특성이 똑같은 아이가 나오지 않을까? 그런 일은 절대 일어날 수가 없다. 동일한 부모가 같은 유전자를 가진 아이를 낳을 확률은 1천 조분의 1. 한 부모가 1천 조 명의 아이를 낳기 전에는 불가능하다는 말이다.

> *알레르겐 알레르기 반응을 일으키는 항원

이처럼 세상에 하나뿐인 소중한 아이가 또 다른 질문을 던진다. "엄마, 왜 난 곱슬머리야?" "난 왜 이렇게 얼굴이 동그랗지?" 아이는 자신의 존재를 외적인 모습에서 따져본다. 왜 엄마의 찰랑거리는 곧은 머릿결이 아닌 아빠의 곱슬머리를, 아빠의 갸름한 얼굴이 아닌 엄마의 둥근 얼굴을 갖게 되었는지 궁금한 것이다. 아이는 두 눈을 반짝이며 묻지만, 부모에게는 별로 새로운 이야기가 아니다. 그것이 '유전' 때문이라는 것을 이미 잘 알고 있으니까.

유전은 생물학적으로 부모의 형질이 자손에게로 전달되는 현상이다. 즉 내 아이의 아주 작은 것까지 나에게서 비롯되었다는 것을 말한다. 스물세 개의 염색체를 가진 정자와 스물세 개의 염색체를 가진 난자가 만나 아이에게 엄마 아빠의 특성을 전달한 것이다. 그런데 유전자에는 우성 유전인자와 열성 유전인자가 있다. 우성 유전인자는 염색체 한 쌍 중 한쪽에만 존재해도 그 특성이 나타나는 것을 말하고, 열성 유전인자는 반드시 쌍으로 이루어져야만 특성이 나타나는 것을 말한다. 따라서 아이의 모습은 우성 유전인자가 결정하는 경우가 많다.

웃을 때 생기는 보조개, 엄지손가락을 뒤로 젖혔을 때 30도 이상 꺾

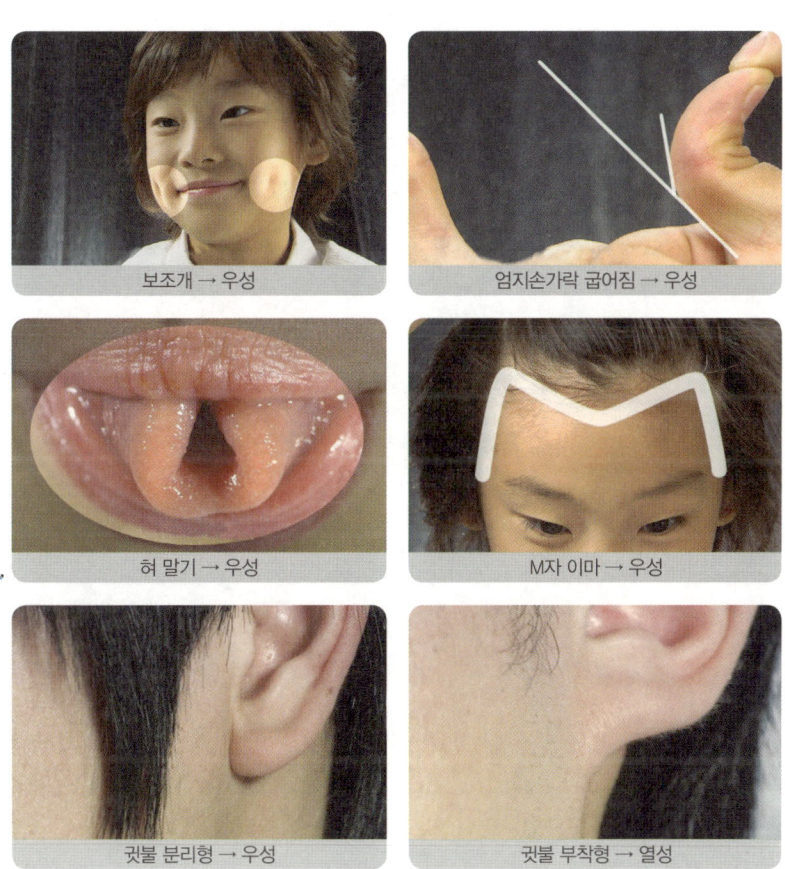

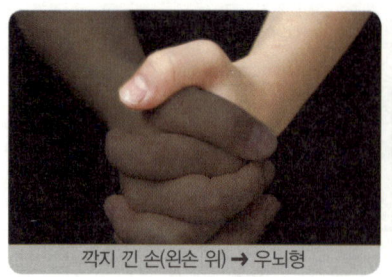
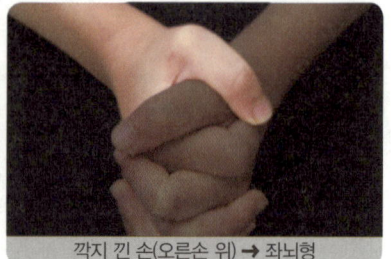

깍지 낀 손(왼손 위) ➔ 우뇌형   깍지 낀 손(오른손 위) ➔ 좌뇌형

이는 것, 혀를 둥글게 마는 것, 귓불이 떨어져 있는 것, M자형 이마, 갈색 눈, 정상시력, 갈색 머리, 곱슬머리, 두꺼운 입술, 짧은 손가락, A형과 B형 혈액형. 이런 특성은 모두 우성이다. 손가락 깍지를 낄 때 오른쪽 엄지가 위로 올라가는지, 왼쪽 엄지가 위로 올라가는지도 유전에 의해 결정된다. 왼쪽 엄지가 위로 올라가면 우뇌의 지배를, 오른쪽 엄지가 위로 올라가면 좌뇌의 지배를 받는다고 한다. 이러한 특징은 자신이 원하든 원하지 않든 태어나면서부터 정해진다.

그러나 그 무엇보다 우리를 세상 누구와도 다른 유일한 존재로 만드는 것은 두뇌다. 나의 뇌는 세상에 딱 하나뿐이다. 다른 누구의 뇌와도 다르다. 그래서 세상에는 나와 같은 사람이 하나도 없는 것이다. 우리는 남과 같은 의견을 가질 수는 있지만 한 글자의 차이도 없는 똑같은 생각을 할 수는 없다. 비슷하게 느낄 수는 있지만 복사한 듯 똑같은 감정을 느낄 수는 없다. 누군가에게 공감할 수는 있어도 완벽히 그 사람처럼 느낄 수는 없는 것이다. 그것이 너와 나의 차이다. 이 차이는 누군가 가르쳐주어서 생기는 것이 아니라 태어나면서부터 계속해서 변화하고 있는 나의 뇌에 의한 것이다.

우리는 차이를 가지고 태어난다. 그리고 자라는 동안 서로 다른 사람들을 만나고, 서로 다른 곳을 방문하며, 서로 다른 것을 보고 배운다. 살아가면서 경험하는 이 모든 것들이 뇌에 영향을 준다. 지금 이 순간 내 아이의 뇌는 어떤 영향을 받고 있을까?

아이의 뇌에서는 무슨 일이 일어나나

프랑스 영화 〈잠수종과 나비〉의 주인공은 자동차 사고로 온몸이 마비된 채 한쪽 눈으로 세상을 본다. 하지만 영화는 우울하지 않다. 주인공은 비록 신체 어느 한 부분도 마음대로 움직일 수 없지만, 자신의 머릿속에 기억이 있고 또한 상상할 수 있는 힘이 있으니 누구보다 자유롭다고 생각한다. 주인공의 '나'는 신체에 있는 것이 아니라 '머리'에 있다. '느끼고 생각하는 것', 그것이 바로 '나'라는 것이다.

나를 나답게 하는 것은 신체적 특징이나 유전자적 특성만은 아니다. 오히려 마음속 깊숙한 곳에 있는 생각이나 감정 같은 것들이 나의 정체성을 더 잘 드러내준다.

사람이 지을 수 있는 표정은 몇 가지나 될까? 무려 7천여 가지나 된다. 표정은 자신이 미처 파악하기도 전에 놀라운 속도로 얼굴 위에 나타났다 사라진다. 그렇게 수많은 표정 중에서도 감정을 표현하는 표정은 누구에게나 동일하게 나타난다. 심리학자들은 전 세계 사람들이 공통적으로 갖는 여섯 가지 감정이 있다는 것을 찾아냈다. 기쁨, 슬픔,

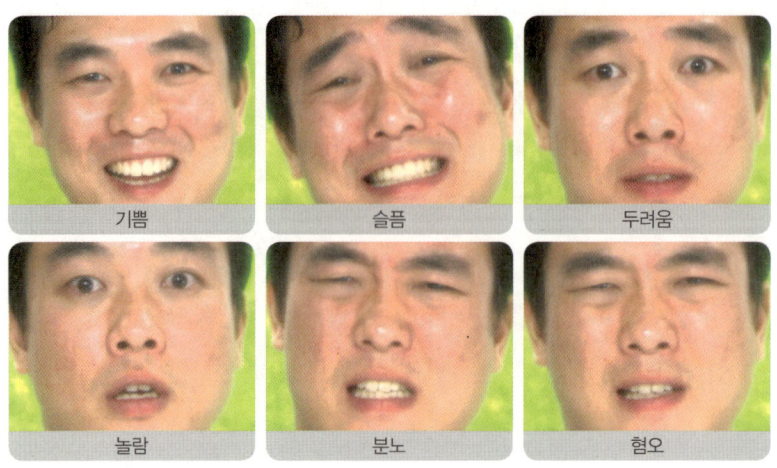

▲ 모든 사람이 공통적으로 갖는 여섯 가지 감정

분노, 두려움, 놀람, 혐오가 그것이다.

그런데 그런 표정은 어떻게 만들어지는 것일까? 우리는 어떻게 다른 사람의 표정을 읽을 수 있는 것일까? 이런 질문에 대한 대답 역시 우리 머릿속에 있다. 영화 〈잠수종과 나비〉의 주인공도 '느끼고 생각하는 것'이 진정한 '나'라고 했다. 나를 진정으로 나답게 하는 감정과 생각은 바로 머리 중 가장 중요한 곳, '뇌'에서 이루어진다.

뇌는 인간이 가진 수수께끼 중 가장 거대하고 엄청난 것이다. 뇌 속에는 무려 천억 개의 신경세포, 즉 뉴런^{neuron}이 만들어져 있다. 자극을 수용하고 전달하는 신경계의 단위인 뉴런은 컴퓨터처럼 수많은 회로를 가지고 있다. 컴퓨터의 회로는 한번 끊어지면 스스로 복구할 힘이 없지만, 우리의 뇌는 스스로 회로를 바꿀 줄 안다. 컴퓨터는 처음의 회로를 업그레이드하려면 연결된 회로를 해체하고 다시 설치해야 하지

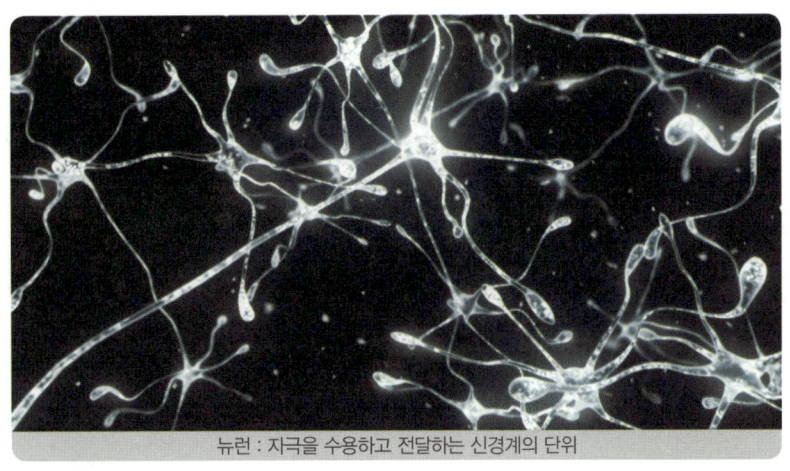
뉴런 : 자극을 수용하고 전달하는 신경계의 단위

만, 우리의 뇌는 학습하면서 변화하고 스스로를 업그레이드하는 놀라운 능력이 있다. 지금 이 순간에도 우리 뇌의 신경회로, 즉 시냅스synapse*는 끊임없이 활동한다. 책을 읽거나 텔레비전을 보거나 어떤 경로를 통해 새로운 정보를 받으면, 뇌는 그것을 토대로 자신을 업그레이드한다. 신경회로의 변화는 수치로 환산할 수 없을 정도로 엄청나다. 한 사람의 뇌가 만들어낼 수 있는 조합은 우주의 원자 개수보다 더 많다.

> *시냅스 뉴런과 뉴런을 연결하는 부위. 즉 한 뉴런의 축색돌기 말단과 다음 뉴런의 수상돌기 사이의 연결부위다.

인간이 갑자기 나타난 뱀을 보고 인지하는 속도가 무려 시속 400킬로미터라고 하는데, 이러한 인지는 어디서 하는 걸까? 눈에서 하는 것일까? 그렇지 않다. 눈은 단지 뇌에 정보를 주는 기관일 뿐, 눈에 보이는 것이 뱀이라고 인지하는 것은 뇌다. 뱀을 발견한 우리의 눈은 시신경을 통해 뇌에 경고 신호를 보낸다. 뇌의 시상에 도착한 신호는 신체의 공포 반응을 조정하는 소뇌 편도로 이동한다. 그리고 편도체에서 다시 시상하부와 척수를 통해 신장 위에 있는 부신으로 간다. 그러면 부신에서는 아드레날린*이 분비된다. 이때 심장박동 수는 분당 170이 넘는다. 여기까지의 처리 시간은 고작 0.012초. 뱀을 본 지 0.012초 후에 우리 몸은 경계 태세에 들어가는 것이다. 경고 신호가 뇌에 다시 가기까지의 처리 시간이 또 다시 0.012초. 인간이 뱀을 보고 위험을 의식하는 것은 0.024초 후인 셈이다. 이 복잡한 과정이 0.1초도 안 되는 순식간에, 한 치의 오차도 없이 치밀하게 이루어진다.

> *아드레날린 스트레스를 받거나 흥분할 때 부신에서 분비되는 호르몬이다. 심장박동, 혈압 및 호흡을 증가시키는 역할을 하는 물질로, 아드레날린이 분비되면 심장박동이 빨라지면서 엄청난 양의 혈액이 근육으로 공급된다.

갓 태어난 아기의 뇌는 생존 본능과 관련된 몇 가지 기능만 타고난 상태다. 하지만 세상의 빛을 만나는 순간부터 여러 가지 감각을 통해 다양한 경험을 하기 시작한다. 이 경험은 매우 빠른 속도로 뉴런을 생성하고 각각의 회로를 연결하며 정보를 전달하고 기억을 저장한다. 뇌의 기능 또한 빠르게 발달해 만 3세 아이의 뇌는 어른 뇌의 70~80퍼센트까지 따라잡을 만큼 성장한다. 그렇게 아이는 뇌가 자라는 만큼 조금씩 자신의 정체성도 인식해간다.

내 아이의 뇌가 자라나는 특별한 과정

0세, 피부는 제2의 뇌

생후 1년간 아기의 성장은 놀라울 정도다. 생후 3~4개월이 되면 체중은 출생 시의 두 배가 되고, 첫돌에는 무려 세 배가 된다. 신장도 출생 후 1년 동안 약 25센티미터가 자란다. 인간이 일생 중 가장 빠르게 성장하는 시기는 바로 태어나서 1년 동안이다. 두뇌도 이러한 성장에서 예외가 아니다. 태어날 때 불과 400그램 정도였던 뇌는 생후 1년 만에 1킬로그램으로 두 배 이상 커진다. 그러나 더 놀라운 것은 아기의 뇌는 어른이 갖는 신경세포의 대부분을 이미 가지고 있다는 사실이다. 신경세포의 수는 갓 태어났을 때부터 죽을 때까지 별 변화가 없다. 그렇다면 무엇에 변화가 생기는 걸까? 신경세포의 회로에 변화가 생기는 것이다. 아기의 뇌는 신경세포는 있지만, 신경세포들을 연결하는 신경회로 시냅스가 발달하지 않아서 매우 엉성한 구조를 가지고 있다. 출생 직후에는 하나의 뇌세포에 2,500개의 시냅스가 연결되어 있는 정도다. 그러나 생후 6개월이 되면 그것이 1만 8천 개가 될 정도로 연결 작업이 빠르게 진행된다. 생후 1년 동안 아기는 이러한 연결 작업을 하느라 쉴 새 없이 보고 듣고 만지고 느낀다. 이렇게 온몸으로 받아들인 정보는 바로바로 뇌에 전달된다. 이 시기 아기들이 잠을 유독 많이 자는 이유가 뇌의 활동량이 많아 그만큼 쉽게 지치기 때문이라는 주장도 있다. 그러므로 만약 이 시기 아기가 잠을 푹 자지 못하고 자다가 자주 깬다면, 원인을 찾아내 잘 잘 수 있게 해주어야 한다. 뇌는 필요한 만큼 휴식을 하지 못하면 제대로 발달할 수 없다.

서울대학교 의과대학 서유헌 교수는 이 시기 아기에게는 우리가 알고 있는 뇌 말고 '제2의 뇌'가 있다고 설명한다. 바로 아기의 피부다. 피부는 태내에서 처음 생겨날 때 뇌와 같은 외배엽에서 나와 발달했고, 피부의 신경세포는 풍부한 신경회로로 뇌와 연결되어 있다. 그래서 피부로 전달하는 정보는 아주 미세한 자극이라고 하더라도 다른 감각을 이용하는 것보다 금방 뇌로 전달된다. 특히 피부로 전달되는 정보는 뇌의 발달 중 감정, 정서의 발달에 중요하다. 기분이 좋으면 피부가 따뜻하고 매끄러우며 정신적으로 스트레스가 많을 때는 피부가 거칠어지고 두드러기가 나는 것도 감정과 피부가 연결되어 있다는 증거다. 어린아이일수록 스킨십이 두뇌 발달에 좋다는 이야기도 이런 원리에 근거한다. 그렇다면 아이의 제2의 뇌 발달을 도우려면 어떻게 해주어야 할까?

'0세 두뇌 발달', '피부감각 발달'이라고 하면 왠지 전문적인 용어처럼 보이지만, 이 시기 엄마와 아이가 주고받는 모든 접촉이 곧 두뇌 발달과 연결된다. 아기의 손발을 가볍게 깨무는 것, 목욕을 시키면서 온몸을 조물조물 만져주는 것, 아침에 일어나서 뽀뽀를 하거나 볼을 부비는 것, 손을 닦고 로션을 발라주는 것, 꼭 안아주는 것…….

물론 스킨십에는 엄마가 아이에게 하는 것뿐 아니라 아이가 엄마에게 하는 것도 포함된다. 아기가 엄마의 가슴이나 얼굴을 만지는 것, 엄마의 손가락을 가지고 놀거나 발가락을 잡기 위해 기어다니는 것…….
돌 전 아기에게 엄마는 어떤 값비싼 장난감보다 좋은 신비로운 장난감이다. 엄마 품에 안겨서 엄마의 가슴을 만지고 엄마의 얼굴을 쳐다보는 것만큼 아이의 두뇌 발달에 좋은 것은 없다.

스킨십은 엄마와 아기의 애착* 형성에도 가장 중요한 역할을 한다. 애착이 엄마가 늘 자기 옆에 있을 것이라는 신뢰감이라면, 스킨십만큼 엄마의 사랑을 느끼게 하는 것은 없다.

* **애착** 영국의 아동정신분석학자 볼비(J. M. Bowlby)가 쓴 용어로, 사랑하는 대상과 관계를 유지하려는 행동을 뜻한다. 아이와 양육자인 엄마가 상호작용에 의해 끈끈한 정서적 유대관계를 맺는 것을 말한다. 인간의 경우 생후 6개월부터 특정 인물에 대해 애착을 가지며 또 알지 못하는 것에 대해 막연한 두려움을 갖기 시작한다. 유아기에 안정적인 애착이 형성되어야 정상적인 성격을 형성할 수 있으며 그렇지 않을 경우 자라면서 정서적 장애를 유발할 수 있다.

엄마와 애착 형성이 잘된 아기는 안심하고 적극적으로 주위환경과 사물을 탐색하면서 호기심을 충족하려 하지만, 그렇지 못한 아기는 늘 불안해하면서 외부 세계를 탐색하고자 하는 욕구가 부족해진다.

따라서 스킨십을 자주 받은 아기는 자신감, 자율성, 문제해결력이 그렇지 않은 아기보다 높다.

스킨십은 얼마나 하면 될까? 얼마 동안 몇 번이나 해주어야 하는지 하는 정답은 없다. 그저 생활 전반에서 자연스럽게 하면 된다. 기저귀를 갈아줄 때, 다리를 마사지해줄 때, 우유 먹일 때…… 어느 때나 자연스럽게 하는 것이 좋다. 물론 시간이 절대적으로 부족하다면 시간을 정해놓고 스킨십을 하는 것도 괜찮다. 아이의 두뇌 발달에 도움을 주기 위한 모든 자극은 양이 중요한 것이 아니라 질이 중요하다. 스킨십의 경우도 마찬가지다. 아이와 몇 시간을 놀아주었는지가 아니라 얼마나 집중해서 즐겁게 놀았느냐가 중요하다.

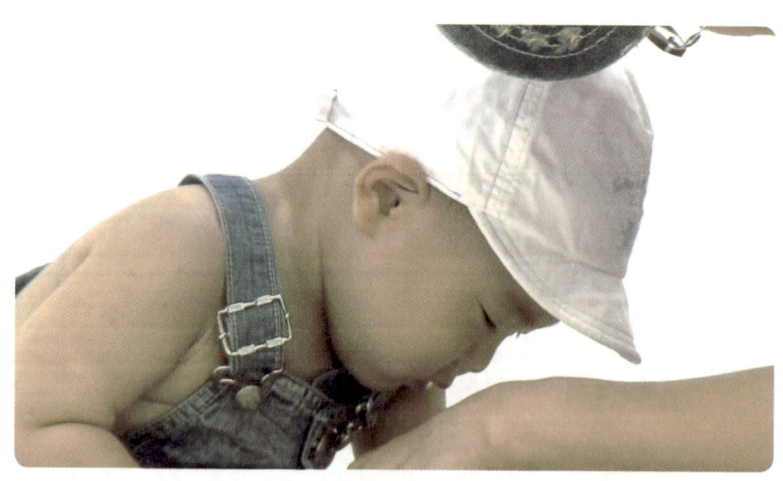

책상 앞에 얼마나 오래 앉아서 공부를 했느냐보다 얼마나 집중을 해서 공부를 했느냐가 중요한 것과 같은 이치다.

만 1~2세, 운동능력의 발달

생후 21개월이 된 아이는 혼자서 벽을 잡고 계단을 오를 수 있으며, 서툴긴 하지만 두 발을 모아 뛸 수 있다. 엄마가 토끼처럼 두 팔을 귀에 대고 깡충거리거나, 바닷게처럼 두 손으로 집게발 모양을 만들고 옆으로 걸으면 아이도 그 모습을 따라한다. 물을 마실 때 스트로를 사용하지 않아도 컵을 들고 마실 수 있다. 물론 혼자서 숟가락을 들고 밥을 먹을 줄도 안다. 불과 1년 전만 해도 이 아이는 미끄럼방지 처리가 되지 않은 양말을 신으면 걷지도 못하고 미끄러졌으며, 젖병으로 우유를 먹고, 소파를 잡고 걸음마를 연습했다. 좀 더 거슬러 올라가 20개월 전에는 제 엄지를 입에 넣을 줄도 모르고 고개도 가눌 수 없었다. 그러나 지금 아이는 태어났을 때부터 원래 그래온 것처럼 익숙한 모습으로 그 모든 것을 해내고 있다.

아이를 키워본 사람이라면 누구나 태어나서 세 살까지 일어나는 아이의 발달에 놀라움을 금치 못한다. 하루가 다르게 새로운 행동을 배우는 아이를 보고, 부모들은 '내 아이가 혹시 천재가 아닐까?'라는 달콤한 착각을 한다. 확실히 이 시기 아이에게는 어제와 같은 오늘은 없다. 아이는 어떻게 이렇게 빨리 배우고 발달할 수 있는 것일까?

1964년 벤저민 블룸Benjamin Bloom은 만 17세에 측정한 지능을 기준으로 보았을 때, 약 50퍼센트의 발달이 임신 당시부터 4세 사이에 일어난다고 보고했다. 약 30퍼센트의 발달은 4~8세에, 그리고 나머지 20퍼센트의 발달은 8~17세에 이루어진다. 또한 출생 이후 연결해온 시냅스 수가 최고치에 달하는 것이 두세 살 때다. 이 시기는 평생 중 두뇌가 가장 급격히 발달하는 시점 중 하나인 것이다.

　물론 이 시기에는 전두엽, 두정엽, 후두엽도 골고루 발달한다. 이때 다양한 영역의 정보를 풍부하게 전달받으면 두뇌 발달이 활발해진다. 그런데 이 시기는 뇌의 어느 한 부분만 발달하는 것이 아닌 만큼 한쪽으로 편중된 학습을 시키지 않도록 주의해야 한다. 언어 교육만 무리하게 시키거나, 그림책만 많이 보여주는 것은 두뇌 발달에 좋지 않다. 이보다는 하나를 가르치더라도 오감을 모두 자극할 수 있는 방법을 고안해야 한다. 만약 아이에게 토끼에 대해 가르치려 한다면 토끼가 나오는 그림책을 보는 데서 그치지 말고, 직접 토끼를 만져보는 기회를 제공한다. 토끼가 먹는 풀의 냄새도 맡아보게 하고 토끼가 뛰어가는 모습을 따라하게도 한다. 이러한 오감 교육은 꾸준하고 지속적으로 이루어져야 한다. 그래야 아이가 튼튼하고 치밀한 신경회로를 만드는 데 도움을 줄 수 있다.

　뇌 발달과 더불어 이 시기에 부모가 가장 크게 느끼는 변화는 운동 능력의 발달이다. 만 1세 정도가 되면 아이는 혼자 걷기, 계단 기어오르기, 음악에 맞춰 움직이기 등을 할 수 있다. 생후 18개월이 되면 뒤로 걷기, 빨리 걷기, 뛰어다니기, 공차기, 물건 던지기 등을 할 수 있고 생후 18~24개월경에는 모둠발 뛰기, 높은 곳 기어오르기, 옷 벗기, 문 열기, 난간 잡고 계단 오르기 등을 할 수 있다. 만 2~3세가 되면 대근육이 보다 강화되면서 발끝이나 발꿈치만 이용해 걷기, 도움 받아 바른 자세로 한 칸씩 계단 오르기, 한 발로서기, 공 던지기, 세발자전거 타기, 제자리 뛰기 등이 가능해진다.

대근육과 함께 소근육도 발달한다. 생후 12~18개월경에는 한 손에 물건을 쥐고 다른 손으로 조작하는 놀이가 가능하고, 크레용 같은 쓰기 도구를 쥐고 자발적으로 휘갈기거나, 손가락을 이용해 막대를 구멍에 꽂거나 탑쌓기 놀이를 할 수 있다. 생후 18~24개월경에는 원형이나 수평선 휘갈기기를 모방하고, 주먹으로 크레용을 쥐는 수준으로 발달한다. 만 2~3세에는 눈과 손의 협응이 상당히 발달하는데, 줄에 큰 구슬을 끼우거나 숟가락이나 포크 사용하기, 손목을 사용해 간단한 모양 그리기가 가능해진다. 아이가 소근육을 사용하는 활동을 즐기기 시작하면 작은 블록이나 소꿉놀이 같은 정교한 장난감을 주어 아이의 뇌 발달을 돕도록 한다. 뇌에서 신체 기관을 관장하는 부분 중 가장 넓은 면적을 차지하는 것이 손을 관할하는 부위다. 따라서 세밀한 손작업을 많이 시키면 아이의 뇌도 함께 발달한다. 이 시기에 아이가 오른손잡이인지 왼손잡이인지가 드러나지만, 가능하면 놀이에서 양손을 함께 사용하게 하는 것이 좋다. 모방을 좋아하는 시기이므로 오른손으로 가위바위보를 했다면 왼손으로도 가위바위보를 해보도록 부모가 놀이를 유도한다. 책장을 넘길 때는 오른손도 사용하고 왼손도 사용하게 해본다. 이런 식으로 왼손과 오른손을 모두 사용하면 좌뇌와 우뇌의 발달이 고루 이루어진다.

아이가 돌이 지나면서 겪게 되는 또 하나의 큰 변화는 먹을거리다. 이전까지 엄마의 모유나 분유, 이유식에 의존했다면 돌이 지나면서는 본격적인 유아식이 시작된다. 이때는 3대 영양소를 골고루 섭취할 수 있도록 신경을 써야 한다. 탄수화물은 뇌세포에 에너지를 주고 단백질은 세포막과 신경전달물질, 지방은 신경세포막 형성을 돕는다. 따라서 3대 영양소를 골고루 충분히 섭취하는 것은 건강뿐 아니라 두뇌 발달을 위해서도 필요하다. 한두 돌 전후해서는 음식에 대한 기호가 생기므로 이전부터 다양한 음식을 맛보는 기회를 만들어야 한다. 이유식을 먹을 때부터 다양한 음식의 재료를 보고, 만지고, 빨고, 씹고, 냄새 맡는 경험을 많이 하면 오감을 자극해 두뇌가 발달하는 것은 물론, 편식 습관도 예방할 수 있다. 또한 이 시기 아이에게 음식을 줄 때는 반드시 씹는 반찬을 준비해야 한다. 많이 씹을수록 턱뼈도 단단해지고 치아도 건강해질 뿐 아니라, 이러한 과정은 그대로 뇌에 자극을 주어 뇌 신경회로를 활성화시키는 데 효과가 있기 때문이다. 간식도 감자나 고구마, 견과류 등 씹는 감촉도 느끼고 두뇌 발달에도 도움이 되는 것을 준비하도록 한다.

만 3~6세, 스스로 사고하는 힘

교육학에서는 만 2세를 '언어의 폭발기'라고 말한다. 이 시기에 아이의 언어능력은 급속도로 향상되어 500~900개 어휘를 이해하고, 부정문과 의문사를 이해한다. 발음이 명확해지고 약 200~300개의 어휘를 구사할 줄도 안다. 알아듣지도 못할 옹알이 비슷한 말만 하던 아이가 갑자기 자기 머릿속의 말을 주위사람한테 쏟아놓기 시작하는 것이다. 하지만 아직은 전보문처럼 두 단어를 사용하는 경우가 많고, 문법 사용도 미숙하다.

그런데 만 3세가 되면 아이의 말은 놀랄 만큼 매끄러워진다. 매일매일 새로운 단어를 배우고 새로운 표현을 익혀 만 3세가 지나면 약 1,200~1,400개의 어휘를 이해하고, 약 900개에 달하는 어휘를 말할 수 있다. 문장의 기본구조도 알게 된다. 대화를 이어가기 위해 "음", "어" 같은 무의미한 연결어미를 사용하는가 하면 의문문과 부정문도 사용할 수 있고, 복수형과 반의어 개념, 조건문이나 인과관계 표현을 이해하고, 우스갯소리나 말놀이를 즐기기도 한다. 문장을 과거형으로도 말하고 4~5개의 단어를 사용해 문장을 구사하는 등 언어 발달이 급

격해진다. 만 4~5세경이 되면 부사, 형용사를 사용하고, 글자와 숫자, 단어를 인식하기 시작하며 만 5~6세경에는 성인과 유사한 문법을 구사한다. 6~8개의 단어로 문장을 만들어 비교적 긴 대화를 나눌 수도 있다. 언어능력이 발달하는 동안 아이는 질문이 많아진다. 눈에 보이는 사물에 대해서 묻고, 대답을 들어도 "왜?"라는 질문을 덧붙인다. 단어의 정의를 내리고, 들은 이야기를 정확하게 전달하고, 시간 순서에 따라 논리정연하게 설명하기도 한다. 이런 의사소통 능력은 아이가 자랄수록 인지능력이 함께 발달하기 때문에 가능하다.

만 3~6세는 대뇌피질의 전두엽이 집중적으로 발달하는 시기다. 전두엽은 종합적인 사고 기능, 인간성, 도덕성, 종교성 등 최고의 인간적인 기능을 담당하는 부위다. 이 시기 아이가 말을 어른처럼 잘한다고 느껴지는 것은 전두엽의 발달로 종합적인 의사소통 능력이 발달했기 때문이다. 아이는 다양한 정서를 표현하고 타인의 정서도 쉽게 인식한다. 또한 항상 에너지가 넘치고 잠시도 가만히 있지 못하는 겉모습대로, 아이들의 머릿속 뇌도 어른의 뇌보다 활동적이고 훨씬 더 유연하다. 세 살배기의 뇌 활동량은 어른 뇌의 두 배로, 이처럼 어른보다 바쁜 뇌 활동은 아홉 살에서 열 살까지 유지된다. 그 후로는 감소하기 시작해 열여덟 살 정도가 되면 어른 수준으로 안정된다. 아이의 뇌가 이토록 분주히 움직이는 까닭은 그만큼 연결해야 하는 시냅스가 많기 때문이다. 이 시기 아이 뇌의 신경세포가 각각 갖는 시냅스의 수는 어른의 뇌보다 훨씬 많다. 이 시기의 아이는 무엇이든 주는 대로 받아들일 준비가 되어 있다. 종합적인 사고를 가능하게 하는 전두엽이 발달하는 시기인 만큼, 평생 올바른 사고를 갖게 하는 교육이 어떤 교육보다 앞서야 한다. 타인의 정서를 이해하며 긍정적이면서 생산적인 방식으로 이를 표현하도록 가르쳐야 하며 자신의 의사만 주장할 것이 아니라 남의 이야기도 귀담아 듣는 연습을 시켜야 한다. 또한 스스로 활동을 시도해보고 성공의 경험을 쌓게 함으로써 독립심과 자신감, 자기 주도성을 높이는 기회를 많이 제공해야 한다.

서유헌 교수는 이 시기에는 전두엽의 기능인 사고와 정신 발달을 촉진하는 교육에 중점을 두는 것이 좋다고 말한다. 많은 지식 정보를 입력하는 것에 초점을 둘 것이 아니라 종합적이고 다양한 사고를 할 수 있는 교육을 해야 한다는 것이다. 예를 들어 '사과는 붉다'를 가르치는 것이 아니라 '붉은 과일에는 무엇이 있을까', '붉다고 모두 같은 색일까?' 등 아이의 사고가 커질 수 있는 교육을 해야 한다는 말이다. 또한 올바른 생활태도나 사고방식을 갖게 하는 예절 교육과 도덕 교육도 이 시기에 시켜야 한다. 다른 사람과 함께 있는 장소에 가면 그곳에서 지켜야 할 규칙을 알려주고, 친구와 어울려 노는 것을 좋아할 무렵에는 남을 배려하는 마음을 가르치고, 5~6개의 단어로 긴 문장을 사용하기 시작할 때 존댓말을 가르치고, 자동차에 관심을 가질 때 교통질서를 지켜야 한다는 것을 가르쳐준다. 사회성이 한창 발달하는 이 시기의 아이는 처음 배운 진리를 평생 마음에 담아두게 된다.

만 7~12세, 다양한 경험과 학습이 중요

아이가 초등학교에 들어가는 시기. 이제야 아이의 뇌가 교육을 원하는 시점이 되었다. 이때는 대뇌피질의 가운데 부위인 두정엽과 양옆의 측두엽이 발달한다. 측두엽은 언어 기능, 청각 기능을 담당하고 두정엽은 공간입체적인 사고 기능, 즉 수학적·물리학적 사고를 담당하는 곳이다. 따라서 이 시기 아이에게 측두엽과 두정엽의 발달과 관련이 있는 자극을 주면 조금만 노력해도 높은 효과를 볼 수 있다. 부모들이 조급하게 생각하던 언어와 수학교육을 시킬 수 있게 된 것이다.

물론 다섯 살만 되어도 한글을 깨우치는 아이가 있다. 그러나 그런 아이는 한글은 초등학생 못지않게 술술 읽을 수 있지만, 초등학교 교과서를 아무리 읽어도 이해하기는 쉽지 않다. 측두엽이 이야기를 이해할 정도로 발달하지 않았기 때문이다. 한글을 잘 읽는다는 이유로 이런 아이에게 영어동화책이나 CD를 안겨주며 영어를 가르치는 것은 비효율적이다. 두뇌의 발달 단계상 아이는 영어를 받아들일 수 없기 때문이다. 아이는 이 자극을 충격으로 받아들일 수 있고, 또한 잘하지 못한 기억은 스트레스로 남을지 모른다. 그러면 3~4년이 지나 측두엽이 집중적으로 발달해 언어를 받아들일 준비가 되었을 때 오히려 이전의 기억 때문에 영어에 대한 혐오감이 생길 수 있다.

부모가 아이에게 습득시키고 싶은 언어능력은 어차피 청소년기나 성인기에 필요한 것이 아닌가? 그렇다면 가장 능률적으로 가르칠 수 있는 초등학교 시기에 시작하는 것이 옳다. 그리고 다양한 내용의 자극을 주면서 최대한 재미있게 해야 한다. 뇌는 기분 좋은 것을 기억한다. 아이가 많은 양의 정보를 받아들이고 기억하게 하고 싶다면 아이가 좋아하는 것을 택해서 즐겁게 배울 수 있게 하자. 단순히 반복암기식으로 언어를 가르친다면 뇌에 있는 일부 회로만 자극하게 되므로 원하는 효과를 볼 수 없다.

또한 초등학교 시기에는 두정엽도 집중적으로 발달하므로, 아이는 점점 논리적인 것을 좋아하게 된다. 아동의 인지발달*을 체계적으로 연구한 스위스의 심리학자 장 피아제$^{Jean\ Piaget}$는 이 시기를 '구체적 조작기'라고 하여 사고의 논리적인 조작이 가능해지는 시기라고 했다. 이 때의 아이들은 분류, 보존, 서열 등의 개념을 이해한다. 이전까지는 큰 것이 무조건 무거운 것이라고 말하고, 긴 컵에 담긴 물이 넓은 컵에 담긴 물보다 무조건 많다고 말하던 아이들이 이제 머릿속으로 무게를 비교하고 양을 잰다. 아이에게 과학 교육을 시킬 때는 언어 교육과 마찬가지로 단순한 암기로 기계적인 계산을 하도록 하는 것보다 실험과 관찰로 스스로 즐기면서 많이 생각할 수 있도록 유도하는 것이 좋다. 퍼즐이나 도형 맞추기, 숫자 수수께끼 등 입체 공간적 사고가 가능한 놀이를 시키는 것도 도움이 된다.

그런데 서울대학교병원 소아청소

*인지발달 피아제는 아동의 인지발달을 4단계로 구분했다. 먼저 출생 후 2세까지는 감각운동기로, 감각운동기관을 통해 세상을 탐색하며 대상영속성의 개념이 나타난다. 2~7세의 전조작기는 사고기능이 발달하나 자기중심적인 특징을 보이며, 언어가 급속하게 발달한다. 7~11세의 구체적 조작기에는 논리적 사고력이 발달하지만 그 사고 과정은 자신이 관찰한 실제 사실에만 한정된다. 11세 이후의 형식적 조작기에는 추상적 상징에 대해서 논리적으로 생각할 수 있고, 가설적 연역적 추론이 가능해진다.

년과 김붕년 교수는 아이에게 진정으로 좋은 두뇌를 갖게 하려면 이러한 교육보다도 더 중요한 것이 있다고 강조한다. 그것은 바로 '다양한 경험'이다.

12세부터 17세 정도까지가 전두엽의 발달이 가장 왕성한 시기다. 청소년 시기에는 전두엽이 완전히 새로 태어난다고 말할 수 있을 정도로 전두엽의 구조나 전두엽의 네트워크, 시냅스의 형태, 세포의 숫자, 신경세포 자체의 숫자, 이런 것들에 전반적인 변화가 일어난다. 이 무렵, 전두엽 발달에 필요한 여러 가지를 점검하고 결정짓기 때문이다. 7~12세까지의 학령기 동안 별로 쓸모가 없었던 신경회로나 신경세포들은 12세 때, 즉 전두엽이 가장 왕성하게 발달하고 변화하는 이 시기에 다 솎아져나가고 잘려나가게 된다. 인간의 뇌에서 의미 있는 신경세포와 신경회로를 청소년기 이후에도 확보하려면 초등학교 시기에 다양한 경험을 통해서 그런 신경세포들이 중요한 회로라고 인정받아야 한다.

초등학교 시기에 갖는 몇 가지 경험은 청소년기 때 겪는 변화의 혼란을 어느 정도 정리해주는 역할을 한다. 그중에서 가장 중요한 것이 공정성에 대한 것, 즉 사회적 규약을 익히는 것이다. 하지만 김붕년 교수는 사회적 규약은 절대로 억지로 익혀지지 않는다고 말한다.

아이들은 사회적 규약을 무의식적으로 배운다. 누구를 통해서일까? 아이는 부모의 행동을 굉장히 의미 있게 받아들인다. 이것은 생각보다 놀라운 사실이다. 인간은 절대로 조작할 수가 없다. 가장 불행한 아이는 부모가 그 아이를 조작해서 만들어내려고 할 때 생긴다. 아이를 가르치는 유일한 방법은 부모가 보여주는 것이나 아이가 하는 것을 따라가는 것 중 하나다. 부모가 행동하지 않으면 아이는 절대 배우지 않는다.

따라서 김붕년 교수는 영어단어와 수학공식 몇 개를 가르칠 것이 아니라 아이와 함께 다양한 경험을 할 것을 부탁한다. 피아노나 검도를 배우고, 자전거를 타고, 박물관에 견학을 가보라. 아이와 단둘이 등산을 즐기기도 하고 친구들끼리 등산을 보내보는 것도 좋다. 그러는 과정 속에서 아이는 스스로 보이는 상황을 관찰하고 그 안에서 사람들과의 관계를 배우며 우정도 쌓게 된다.

초등학교 시기에는 과정의 중요성을 깨닫게 해야 한다. 결과만이 아니라 과정도 중요하다는 것을 알아야, 도덕적 가치를 아이 내면에 심어줄 수 있다. 초등학교 아이들이 다양한 자극을 경험하거나 그것을 새로운 과제로 받아들이고 성공해냄으로써 성취감을 맛보게 되면 아이들의 뇌에는 아주 근본적인 변화가 일어난다. 즉 인간의 삶에 있어 기본적인 도덕적 가치관을 형성하는 것이다. 그것은 '결과도 중요하지만 과정도 중요하고 과정의 공정성도 중요하다'라고 생각하게 되는 것이다. 사람과 사람 사이의 새로운 규칙을 배우는 것도 필요하다. 아이가 많은 대인관계를 통해 우정을 쌓고 공정한 경쟁을 배울 수 있게 해야 한다. 이것은 다양한 경험을 해야만 가능한 일이다. 아이가 풍부한 경험으로 이 모든 것을 얻을 수 있다면 이것은 평생을 살아가는 데 귀중한 자산이 된다.

사춘기, 어른 뇌로의 준비

12세~17세, 전두엽은 이전의 경험을 토대로 앞으로 쓸 신경회로를 가려낸다. 뇌는 필요한 것보다 훨씬 더 많은 연결을 만들어두었다가, 그 가운데 상당 부분을 제거해버린다. 많은 메시지가 오가는 신경회로는 점점 더 튼튼해지는 반면에 약한 회로는 없어진다. 어떤 연결을 강화시키고 어떤 연결을 제거할지를 결정하는 것은 바로 '경험'이다. 뇌는 경험에 의해 유용성이 입증된 연결만 보존한다. 사용하지 않는 것을 버리는 데는 미련이 없다.

뇌가 이 시기 이런 일을 하는 이유는 어른 뇌로서의 준비를 하기 위해서다. 이렇게 불필요한 것은 버리고 필요한 것만 남긴 어른의 뇌는 한 분야에서 월등한 전문성을 갖게 된다. 성인이 특정한 전공을 선택하고 자신만의 영역에서 전문성을 가지고 일을 하는 것은 뇌의 이런 준비가 있었기 때문에 가능한 것이다.

사춘기가 끝날 즈음이 되면 대뇌피질의 각 부위들이 대부분 발달한다. 특히 이전에는 집중적으로 발달하지 않은 한 부위, 대뇌피질 뒤쪽의 후두엽이 12세경부터 발달하기 시작한다. 시각 기능을 주로 담당하는 후두엽이 집중적으로 발달하면, 아이는 자신의 주위를 훑어보고 자신과 타인의 차이를 선명하게 알며 외모를 꾸미려는 노력을 하게 된다. 그래서 화려한 외모의 여자 가수에 열광하거나 멋진 남자 배우가 나오는 드라마에 심취할 수도 있다. 공부 대신 이런 곳에 관심을 쏟는 아이의 행동은 자칫 부모들에게 고민거리가 될 수 있다. 하지만 이것은 후두엽의 발달에 따른 자연스러운 행동으로, 시간이 지나면 그에 대한 관심은 점차 줄어들 것이다. 그러므로 꾸중하기보다는 그 기분을 이해해 주고 자연스럽게 받아들이는 태도가 필요하다. 이러한 외모에 대한 관심, 이성에 대한 관심도 어른이 되기 위한 준비 중의 하나다.

미국의 발달심리학자 에릭 에릭슨$^{Erik\ Erikson}$의 발달이론에서는 이 시기를 '정체감의 위기'라고 말한다. 사춘기에 접어들어 신체적인 변화가 급속히 일어나고 새로운 사회적 역할이 요구되면서 아이들은 당황하고 자신에 대해 회의나 의문을 품기 시작한다. 그러나 자신에 대한 회의를 시작으로 지금까지 발달해온 자신을 정립하고 분명한 자기 인식을 갖게 되면서, 자아*발달의 최종 단계인 자아정체감$^{ego\ identity}$이 확립되는 시기이기도 하다. 자아정체감이 형성되면 자신의 능력이나 역할, 책임에 대해 분명히 알게 되며 이후 잘 적응해나갈 수 있게 된다. 하지만 자신에 대한 의문에서 회의와 혼란, 방황이 길어지고 긍정적인 자아 확립이 되지 않을 경우, 아이는 자아정체감이나 역할을 혼미하게 느끼는 상태로 남을 수 있다. 이

*자아 한 개인을 독특하게 만드는 특성, 동기, 가치관, 행동에 대해 자신이 갖는 인상으로, 결국 여러 가지가 통합된 '나'를 의미한다.

시기를 잘못 보내면 성인이 되었을 때 문제가 생긴다는 말이다.

그렇다면 성인이 되기 위한 마지막 준비를 하는 이 시기에 부모는 어떤 양육태도를 보여주는 것이 좋을까? 이미 아이의 뇌는 모든 학습을 할 수 있을 만큼 발달되어 있다. 이제 그 정보를 받아들일지 받아들이지 않을지는 아이가 결정한다. 부모가 해야 하는 일은 아이가 스스로 뇌를 잘 이용해서 원하는 것을 성취하게 도와주는 일뿐이다. 아이가 스스로 답을 찾아갈 수 있도록 긍정적이고 편안한 분위기를 만들어주는 것이 필요하다. 공부를 시키더라도 스스로 즐겁게 하도록 이끌어야 한다. 청소년기 아이를 둔 부모라면 다음의 몇 가지 사항을 반드시 기억해 아이들이 스트레스로 뇌를 망치지 않도록 주의하자.

첫 번째, 공부는 스스로 하고 싶을 때 즐겁게 하게 한다
사람의 뇌 중 전두엽에는 동기유발 기능을 담당하는 부위와 공부와 지적활동을 담당하는 부위가 있다. 그런데 이 부위 바로 밑에는 감정·본능을 관장하는 부위가 있어, 이 부위들끼리 서로 끊임없이 정보를 교환하면서 영향을 미친다. 동기유발의 뇌가 자극받으면 감정 기능도 영향을 받아 즐거운 기분을 발산하고, 이는 지성을 담당하는 전두엽을 자극해 집중력이 향상되고 공부도 효율적으로 이뤄지게 한다. 반면, 공부를 억지로 시키면 감성의 뇌가 위축되어 집중력과 기억력이 떨어지고 기분이 나빠지며 스트레스가 쌓여 두뇌 발달에 악영향을 미친다.

두 번째, 아이를 잘 재운다

아인슈타인은 머리만 대면 곯아떨어졌다고 한다. 머리가 좋은 사람들은 대부분 고도의 집중력을 발휘한다. 그런데 잠은 고도의 집중력을 위해서 꼭 필요하다. 뇌를 많이 쓰면 신경전달물질이 고갈되기 때문에 잠을 푹 자고 잘 먹어야 그것을 회복시킬 수 있다. 그런데 요즘 아이들은 밤늦게까지 학원을 다니고 잠을 참아가며 공부를 한다. 이러한 상황은 아이의 뇌 회로를 망가뜨리고, 정신적으로 스트레스를 주어 심하면 우울증까지 걸리게 한다.

세 번째, 아이에게 솔직한 감정 표현을 하게 한다

요즘 청소년들은 자신의 감정을 표현할 시간이 없다. 하지만 시간을 내어 아이의 감정을 솔직하게 표현하는 자리를 자주 만들어주는 것이 아이의 뇌에 좋다. 스탠퍼드 대학의 제인 리처드Jane Richard 박사는 여대생들에게 신체의 부상이 심한 남자에서 보통인 남자에게 이르기까지 다양한 남자들의 슬라이드를 보여주고, 여학생 절반에게는 감정을 자유롭게 드러내게 하고, 나머지 절반에게는 아무런 느낌이 없는 것처럼 무표정하게 있으라고 요구했다. 그리고 조금 후 단기기억력 테스트를 해보았다. 그 결과 감정 표현이 자유로운 집단이 그렇지 못한 집단보다 점수가 더 높았다. 연구팀은 감정을 부자연스럽게 억제하려는 의도가 뇌의 집중력 변화를 가져와 소수의 신경세포들만이 기억 과정에 참여하게 해 기억력이 떨어진 것으로 추측했다. 자신의 기분이나 하고 싶은 말을 마음껏 표현하지 못하는 아이의 뇌에는 높은 집중력도, 기억력도 기대할 수 없는 셈이다.

네 번째, 아이를 명랑하게 키운다

한 학자가 명랑한 집단과 우울한 집단에게 자연과학 학습도서를 읽게 했다. 그리고 조금 후 그대로 옮기는 것과 그 내용과 관련된 문제를 푸는 두 가지 과제를 주었다. 그 결과 그대로 옮기는 것에는 두 집단 모두 차이가 없었으나 문제를 푸는 데는 명랑한 집단의 능력이 월등히 우수한 것으로 밝혀졌다. 이미 많은 연구에서 밝혀진 대로, 명랑한 감정은 학습과 기억 능력을 향상시킨다. 아이가 공부를 잘하기를 원한다면, 좋은 머리를 갖기를 원한다면, 아이가 항상 행복할 수 있도록 키워야 한다. 부모라면 누구나 내 아이가 언제 우울해하고 언제 기분 좋아하는 지를 잘 알 것이다. 그렇다면 이제 어떤 경험을 더 만들어야 할지는 분명하다.

왜 그럴까? ❶

남자아이는 아침을 먹어야 두뇌회전이 빠르다

> 올해 초등학교에 들어간 철수는 매일 아침을 먹지 않는다. 엄마가 "일찍 일어나서 아침 먹고 가야지!" 하고 깨우면 아침을 안 먹고 차라리 5분 더 자겠다고 말한다. 얼마 전 신문을 보니 아침식사가 뇌 활동에 중요하다고 하던데, 저렇게 부스스하게 잠도 덜 깬 상태에서 무슨 공부가 될지 엄마는 걱정스럽기만 하다.

뇌는 우리 몸에서 가장 에너지를 많이 소비하는 기관이다. 체중의 단지 2퍼센트에 해당하는 무게를 가졌으면서도 전체 에너지 소비량의 약 18퍼센트를 쓴다. 이런 뇌의 에너지원은 주로 포도당이다. 밤에 잠들어 있는 동안 뇌에게 줄 포도당이 모두 떨어지기 때문에 아침이면 뇌는 배고픈 상태가 된다. 따라서 아침을 먹지 않으면 뇌의 활동이 둔화되는 것은 너무나 당연한 결과다. 뇌의 활동이 둔화되면 주의력, 집중력 등이 제대로 발휘될 수 없다.

특히 남자아이의 경우는 아침을 먹지 않았을 때 시공간 기억력이 저하된다는 보고가 있다. 2008년 8월 독일 울름 대학(University of Ulm) 연구팀이 13~20세의 소아청소년 104명을 대상으로 연구를 진행한 결과, 남자아이의 경우 아침식사를 했을 때 시공간 기억력 검사에서 더 좋은 점수를 받았다고 한다. 남녀의 차이에 대해서는 추가 연구가 필요하지만, 두 성별 모두 친구나 가족과 함께 식사를 할 경우 의식이 더욱 명료해져 학습에 긍정적인 효과를 준다고 밝혔다.

사실 아이가 아침을 먹거나 먹지 않는 것은 가족들의 습관에서 비롯되는 경우가 많다. 가족 모두가 조금 일찍 일어나 일정한 시간에 모여 아침식사를 함께하는 습관을 들인다면 아침을 거르고 학교에 가는 일은 줄어들 것이다. 아이가 학교에 가서 제대로 집중력을 발휘하기를 바란다면 함께 둘러앉아 아침식사를 하기 바란다.

뇌의 구조와 놀라운 성능

사람의 뇌는 크게 여덟 부분으로 구성되어 있다. 이것은 아이나 어른이나 다르지 않다. 뇌는 각자의 역할을 수행하며 우리를 생존케 하고 생각할 수 있게 하며, 다양한 감정을 느끼게 해준다. 머리의 대부분을 차지하고 있는 대뇌부터 살펴보자.

● 대뇌

뇌 중에 가장 늦게 진화해 만들어지는데, 모양이 껍데기를 벗겨낸 호두와 비슷하게 생겼다. 대뇌의 오른쪽 부분을 우뇌, 왼쪽 부분을 좌뇌라고 한다. 우뇌와 좌뇌는 뇌량을 통해 연결되어 있으며, 긴밀한 상호 협력체계를 갖추고 있다. 일반적으로 우뇌는 이미지의 뇌, 좌뇌는 언어의 뇌라고 말한다. 우뇌는 감성적, 직관적, 비언어적, 시공간적이고, 좌뇌는 논리적, 이성적, 언어적, 수리적, 분석적인 특징을 갖는다.

● 소뇌

대뇌 아래에 좌우 한 쌍으로 이루어져 있으며 표면에는 가로로 난 홈이 많다. 평형감각과 근육운동을 조절하는 역할을 하며 몸의 균형을 유지시켜준다. 마치 레이더처럼 우리가 몸 어떤 부위의 평형을 유지하려고 할 때 정확하게 그 기능을 해내도록 하는 부위가 소뇌다.

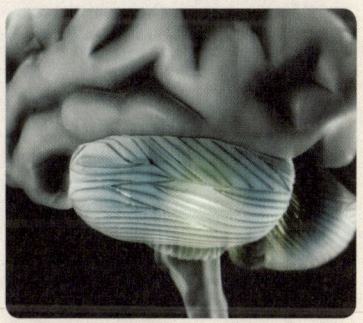

중뇌는 안구운동, 홍채수축 등 눈에 관련된 업무와 호르몬 분비, 체온조절, 식욕조절 등의 기능을 담당한다.

● **뇌간**

대뇌반구와 소뇌를 뺀 부분으로 지각, 의식, 운동, 생명 유지에 중요한 역할을 한다. 심장박동과 폐의 호흡을 조절하며 잠과 배설을 통제한다. 대뇌나 소뇌를 다쳐도 죽지는 않지만, 뇌간이 작동을 멈추면 '뇌사상태'가 된다. 척수는 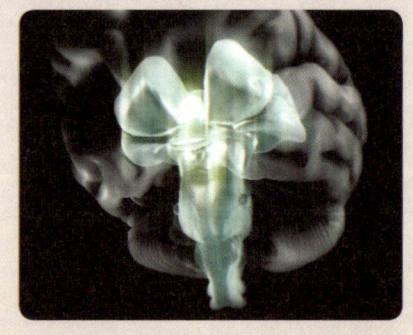 뇌간에서 연속적으로 이어져 있으며 뇌의 맨 아랫부분을 이루고 있다. 척수는 운동신경과 감각신경, 그리고 자율신경이 지나가는 통로이며, 외부로부터 이들을 보호한다.

간뇌는 대뇌와 소뇌 사이에 위치하며, 간뇌의 약 5분의 4를 차지하는 시상은 감각정보가 모이는 곳이다. 모든 감각정보는 일단 시상에 모여 다음 행선지를 기다린다.

● **대뇌피질**

대뇌피질은 대뇌반구의 표면을 덮고 있는 회색질의 얇은 층으로, 신경세포가 모여 있으며 감각의 종합 및 고도의 지적 기능을 담당한다. 바로 이 부위에서 자신의 정체성을 느끼게 하는 '사고'가 이루어진다. 인간이 만물의 영장이라고 자부하는 것은 이 대뇌피질이 다른 포유류보다 훨씬 발달했기 때문이다. 이곳에는 신경세포가 140억 개나 모여 있다. 꼬불꼬불한 고랑처럼 홈이 파여 있으며, 표면에 굵직하게 나 있는 몇몇 홈을 기준으로 앞쪽은 전두엽, 뒤쪽은 후두엽, 양옆은 측두엽으로 구분한다.

● 전두엽

전두엽은 대뇌피질에서 가장 중요한 지적인 기능을 담당한다. 창의적인 기능, 종합적 사고 기능이 전두엽에 가장 많이 몰려 있다. 전두엽은 어떤 상황이 위험한지 아닌지 여부를 결정하고, 계획을 세우거나 결심을 하는 등의 목 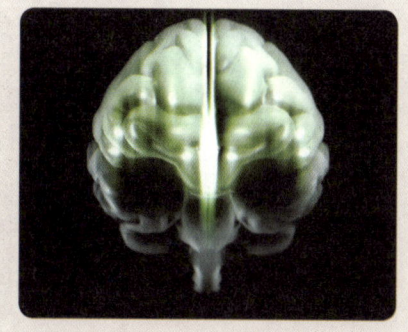 표지향적인 행위를 주관한다. 만일 전두엽이 손상되거나 망가지면 계획을 세우거나 복잡한 행동을 하거나 아이디어를 구상하는 일이 불가능해질 뿐 아니라 새로운 환경에 적응할 수 없다.

● 두정엽

두정엽은 머리 뒤쪽을 향해 내려가는 부위에 있다. 두정엽은 '마루엽' 또는 '아인슈타인의 뇌'라고 불리기도 하는데 아인슈타인의 뇌는 두정엽 부위가 다른 사람보다 훨씬 발달되어 있었기 때문이다. 두정엽은 입체공간적인 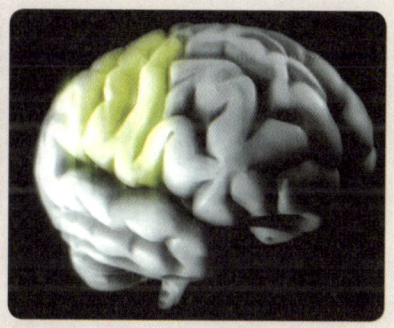 상호관계, 사고를 이해하는 데 중요한 역할을 한다. 또한 외부에서 오는 정보를 조합하는 곳으로, 문자를 조합해 의미 있는 단어로 만들거나 생각한 것을 실제로 만들어낸다. 따라서 두정엽이 손상되면 공부는 물론 어떤 일도 할 수 없게 된다.

● **측두엽**

측두엽은 머리의 양쪽 옆면에 위치한다. 측두엽에는 청각피질이라고 불리는 청각조절 중추가 있으며 인지기능과 기억기능을 조절한다. 언어중추도 있기 때문에 언어를 받아들이고 이해한 다음 다시 말로 표현할 수 있게 하는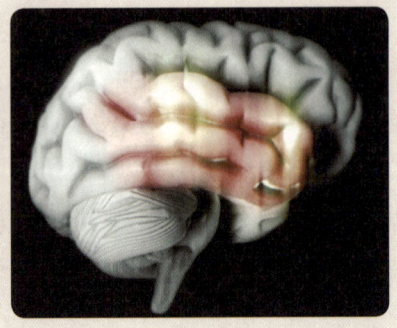
것이 이 부위다. 측두엽이 손상되면 환각이나 기억장애가 일어날 수 있다.

● **후두엽**

후두엽은 뇌 뒤쪽에 있다. 시각중추가 있기 때문에 시각피질이라고도 한다. 눈을 통해 받아들인 시각정보가 이곳에 도달하면 모양, 위치, 운동상태 등을 분석한다. 후두엽은 사물을 바라보고 그것을 이해하도록 돕는다. 후두엽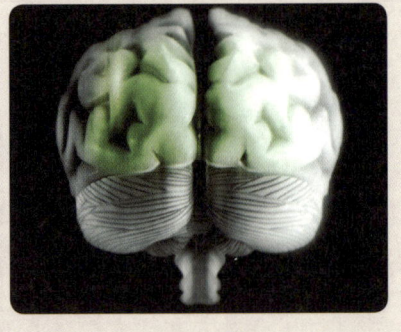
이 손상되면 나머지 시각경로에 이상이 없다 하더라도 앞을 볼 수 없다.

체중의 2퍼센트에 불과한 1.5킬로그램의 뇌. 그러나 우리의 뇌는 아주 치밀하게 우리의 모든 행동을 조종하고 통제한다. 신체의 다른 부분이 모두 온전하더라도 뇌에 이상이 생기면 우리는 진정한 '나'로서 존재하기 힘들어진다.

한눈으로 보는 **연령별 두뇌 발달표**

아이가 자라면 두뇌 또한 자란다. 아이의 연령에 따른 두뇌 발달 포인트를 알면 아이에게 필요한 오감 자극과 놀이 교육도 문제없다.

● 0~3개월

운동 발달	**대근육**	반사행동과 생존을 위한 움직임이 많다. 엎드려서 머리를 들 수 있으며, 어깨를 잡아주면 고개를 들기도 한다. 번갈아가며 발차기를 할 수 있다.
	소근육	양손을 가슴으로 모을 수 있으며, 시선을 중앙으로 모을 수 있다. 눈앞에 장난감이 보이면 팔을 움직이기도 한다.
감각·인지 발달		자기 손을 가지고 놀기도 하고 뚫어지게 바라보기도 한다. 엄마 목소리가 들리는 쪽으로 고개를 돌릴 수 있고, 모빌을 쫓아 눈동자를 굴리기도 한다.
정서·사회성 발달		사람의 얼굴을 좋아하고, 신체적 접촉을 즐겨 안아달라는 의사표시를 한다. 엄마의 목소리를 알고 시선을 맞출 수 있다.
언어 발달		울음을 통해 의사표현을 한다. 엄마가 말하면 옹알이로 반응하기 시작한다.

● 4~6개월

운동 발달	**대근육**	뒤집기를 할 수 있으며, 도움을 받으면 앉을 수 있다. 생후 6개월이 가까워지면 혼자서 앉기도 한다. 도움을 받으면 옆으로 구를 수 있다.
	소근육	고개를 움직이지 않고 시선을 움직일 수 있고, 물건을 향해 손을 뻗고 잡을 수 있다.
감각·인지 발달		손에 물건을 주면 무조건 입으로 가져가 빤다. 다소 먼 곳의 물체를 구별할 수도 있고 색깔도 구별한다. 엄마의 목소리에 민감하다.
정서·사회성 발달		화를 내고, 짜증을 부릴 수 있으며, 기분이 좋고 나쁨을 목소리로 표현하기도 한다. 사람을 보고 미소를 지을 수 있으며, 행동으로 기분을 표현한다.
언어 발달		옹알이가 증가한다. 자기 이름에 반응하며, 다양한 모음 소리를 낼 수 있다. 간혹 엄마와 이야기하듯 옹알이를 주고받기도 한다.

● 7~12개월

운동 발달	**대근육**	손을 사용해 혼자 앉고, 먹고, 기고, 주변의 사물을 잡고 서는 것이 가능하다. 생후 10개월경에는 팔다리를 이용해 길 수 있으며, 12개월 즈음에는 가구를 잡고 걸을 수 있다.
	소근육	한 손에서 다른 손으로 물건을 옮기고, 장난감을 가지고 놀 때 손목을 사용하기도 한다. 엄지와 검지로 물건을 잡을 수 있다. 생후 10개월이 넘으면 통에 물건을 넣고 꺼낼 수 있으며, 연필을 잡고 휘갈기기를 할 수 있다.
감각·인지 발달		움직이고 소리 나는 것에 관심을 보이고 따라다닌다. 사람을 기억하고, 새로운 것에 집중해 쳐다본다. 상자 속, 서랍 속 물건을 뒤지는 데 관심이 많다. 감춘 장난감을 찾아낸다.
정서·사회성 발달		엄마를 유난히 좋아하고 낯가림이 생긴다. 다른 사람의 표정을 보고 기분을 알고, 낯선 환경에서 엄마와 떨어지면 불안해한다. 반항을 하거나 짜증을 부릴 수 있고, 독립심이 생기기 시작한다. 생후 12개월이 되면 손을 흔들어 인사하거나 머리를 까닥 숙여 인사를 하기도 한다.
언어 발달		옹알이가 최고조에 달하는 시기. 옹알이로 대화가 가능하다. 억양을 통해 의미를 파악하고, 간단한 소리를 따라 할 수 있다. 생후 10개월 정도가 되면 한 단어로 말하기 시작하여 돌 전후로 의미 있는 단어를 사용한다.

● 13~18개월

운동 발달	**대근육**	혼자 걸을 수 있고, 계단을 기어오를 수 있으며, 음악에 맞춰 움직일 수 있다. 생후 18개월 무렵에는 뒤로 걷거나 뛰어다니는 것이 가능하며, 공을 차거나 물건을 던질 수도 있다.
	소근육	한 손으로 물건을 쥐고 다른 손으로 조작하는 것처럼 두 손을 한꺼번에 사용하는 것이 가능하고, 손가락을 이용해 막대를 구멍에 꽂거나 탑 쌓기 놀이를 할 수 있다.
감각·인지 발달		엄마의 지시를 이해한다. 물건을 건네줄 수 있고, 원이나 사각형 같은 간단한 도형을 맞출 수 있다. 거울 속에 비친 모습이 자기인 줄 안다. 엄마 아빠의 행동을 모방하기를 좋아한다.
정서·사회성 발달		자아 개념이 생기기 시작하면서 자주 고집을 피운다. 관심을 독차지하고 싶어한다. 생후 18개월경에는 부정적 정서를 숨기기도 한다.
언어 발달		주로 한 단어를 문장처럼 쓴다. 엄마의 간단한 심부름을 알아듣고 해낼 수 있다. 이해하는 단어가 많아진다.

● 19~24개월

운동 발달	**대근육** 두 발을 모아 제자리에서 뛰는 것이 가능하며, 높은 곳을 기어오를 수 있다. 혼자 옷을 벗거나 문을 여닫는 것도 가능하다. 난간을 잡고 계단을 오르기도 한다. **소근육** 엄마가 동그라미를 그려주면 따라서 동그랗게 휘갈기기를 할 수 있으며, 수평선을 그려주면 비슷하게 그려보려고 한다.	
감각·인지 발달	감추는 것을 보지 못한 물건도 찾을 수 있고, 사물과 그림을 짝지을 수 있다. 움직이는 장난감을 올바르게 작동할 수 있다.	
정서·사회성 발달	당황, 수치, 죄책감, 질투, 자긍심, 기쁨, 동정, 분노 등 여러 정서가 다양하게 분화되고, 그 수준이 어른과 비슷해진다.	
언어 발달	3~6개의 신체 부위를 식별하고, 동물과 동물이 내는 소리를 짝지을 수 있다. 이야기 듣는 것을 좋아한다. 생후 24개월 즈음에는 두 단어를 사용하기 시작한다. 수사, 대명사, 동사를 쓰기 시작한다.	

● 만 2~3세

운동 발달	**대근육** 정지된 상태에서 균형 잡기, 발끝이나 발꿈치만을 이용해 걷기, 도움 받아 바른 자세로 한 칸씩 계단 오르기가 가능하다. 공 던지기, 세발자전거 타기도 할 수 있다. **소근육** 책장을 한 장씩 넘길 수 있고, 손가락을 사용해 쓰기 도구를 쥘 수 있다. 숟가락이나 포크를 사용할 수 있다.
감각·인지 발달	일정한 기준에 따라 사물을 늘어놓을 수 있고, 사물의 공통점과 차이점을 안다. 시간에 대한 개념이 생기고, 밤낮을 구별하기 시작한다. 1부터 10까지 셀 수 있고, 2~6조각 정도의 퍼즐을 맞출 수 있다. 색 이름은 세 가지 이상 기억한다.
정서·사회성 발달	어른과 같은 모든 정서표현이 가능하다. 잘 놀다 싸우고 금방 웃는 등 감정 변화가 심하다. 큰 소리나 어두운 것을 무서워한다. 뽀뽀를 해주는 대상이 점차 다양해지고, 스스로 하려는 욕구가 커진다.
언어 발달	200~300개의 어휘를 구사한다. 전보문처럼 두 단어를 사용하다가 3~4개의 단어를 이어서 말한다. 의문문과 부정문도 가끔 사용한다. 이해하는 언어는 500~900개 수준.

● 만 3~4세

운동 발달	대근육	자전거 타기, 도움 없이 두 발을 교대로 내딛으며 계단 오르내리기 등을 할 수 있다. 머리 위로 공을 던지고, 튀긴 공을 잡는 것도 가능해진다.
	소근육	엄지와 검지로 매우 작은 물건을 잡을 수 있고, 종이를 접거나 가위로 오릴 수 있다. 반듯하진 않지만 쌓기 놀이가 가능하다. 선이나 원과 같은 단순한 모양을 그릴 수 있다.
감각·인지 발달		장난감을 나열하는 놀이를 좋아하고, 숫자에 관심이 많다. 호기심이 많아져 "왜?"라는 질문을 많이 한다.
정서·사회성 발달		또래 아이들과 놀지만 나란히 앉아서 따로 논다. "싫어"라는 말을 자주 하고, 특정한 사람이나 사물을 무서워한다. 화를 잘 내고 또래에게 질투심을 보이는 등 변덕스럽다.
언어 발달		약 900개 어휘를 사용할 수 있다. 문장의 기본 구조를 안다. 말을 잇기 위해 "음", "어" 같은 무의미한 말을 자주 사용한다. 질문이 많아지며 우스운 소리나 말놀이를 즐긴다. 과거 경험을 말할 수 있고, 4~5개의 단어를 사용해 문장을 만들 수 있다.

● 만 4~5세

운동 발달	대근육	뒤로 걸을 수 있고, 직선뿐 아니라 곡선인 평균대 위를 걸을 수도 있다. 빨리 달릴 수도 있고, 달리면서 방향 전환하는 것이 가능하다. 미끄럼틀이나 정글짐 등을 타고 내리는 놀이를 즐긴다.
	소근육	블록을 높이 쌓고, 신발 끈을 빼고, 가위로 선을 따라 오리는 것이 가능하다. 혼자 옷을 입을 수 있으며, 간단한 글씨를 쓸 수 있다. 두 부분으로 구성된 사람을 그릴 수 있다.
감각·인지 발달		간단한 사건에 대해서는 나름대로 이유를 제시할 수 있고, 상상과 가상을 구별할 수 있다. 주의집중 시간이 10분 정도 된다.
정서·사회성 발달		동성인 또래를 좋아하고, 역할놀이를 할 수 있다. 규칙적으로 학습을 할 수 있으며, 가끔 남을 도와주는 행동을 한다.
언어 발달		문장을 변형시킬 수 있고 과장이나 유머를 즐긴다. 글자와 숫자, 단어를 알기 시작한다. 의문사와 인과관계 접속사를 말할 줄 안다.

● 만 5세 이후

운동 발달	**대근육**	안정감 있게 평균대 위를 걸을 수 있고, 줄넘기나 스케이트 타기 등이 가능하다.
	소근육	간단한 모양을 그리고 자르는 것을 할 수 있고, 적당히 풀칠을 해 붙이는 활동도 가능하다. 선 밖으로 나오지 않게 색칠도 할 수 있다. 이름이나 숫자 쓰기가 가능하다.
감각·인지 발달		읽고 쓸 수 있는 글과 숫자가 늘어나고 주위 환경에 있는 글과 숫자를 읽고 싶어한다. 사물을 특성에 따라 분류할 수 있으며, 과거와 현재의 개념을 정확하게 사용한다.
정서·사회성 발달		좋아하는 또래 친구가 생기고, 규칙 있는 놀이나 또래와 함께 하는 놀이를 할 수 있다. 기분이 나쁘면 말로 표현할 수 있다.
언어 발달		성인과 유사한 문법을 구사한다. 표현할 수 있는 어휘가 2천~3천 개에 달하고, 6~8개의 단어로 된 문장을 말할 수 있다. 새로운 단어에 대해 질문할 수 있고, 들은 이야기를 시간 순서에 따라 설명할 수 있다.

핑크 공주와 슈퍼히어로

남녀의 차이, 학습되는가 타고나는가?

아장아장 걸음마에 재미를 붙인 생후 15개월 된 아이들이 있다. 남자아이 세 명, 여자아이 세 명. 이 아이들 앞에 인형, 블록, 로봇, 소꿉놀이, 비행기, 경찰차, 택시, 전화기, 공룡 모형 등 각종 장난감을 놓은 다음 무엇을 집는지 지켜보았다.

약속이라도 한 듯 남자아이는 자동차나 로봇을 집고, 여자아이들은

남자아이가 좋아하는 장난감

여자아이가 좋아하는 장난감

분홍색인 인형이나 전화기를 집었다. 결과가 너무 당연해 보인다고? 그러나 다음의 사실을 알고 나면 좀 다른 생각이 들지 모른다. 이 여섯 명의 아이는 사실 세 쌍의 남녀 쌍둥이다. 그런데 결과를 보면 쌍둥이인 것이 무색할 정도로, 단지 성별에 따른 취향만이 나타났다. 도대체 왜 여자아이들은 분홍색 원피스를 좋아하고, 남자아이들은 자동차에 열광하는 걸까? 이 아이들은 자신이 여자 혹은 남자라는 것을 아는 걸까?

지금까지 많은 교육학자들은 아이가 여자 혹은 남자로서의 특성을 갖는 것은 부모를 모방하거나 양육자에 의해 그렇게 길러졌기 때문이라고 주장해왔다. 이 주장에 따르면 아이는 자신이 어떤 성인지 모르다가 양육자가 강화*시키는 대로 자신의 성을 인식한다. 즉 여자아이의 경우 치마를 입혀놓고 예쁘다고 칭찬하고, 남자아이는 인형보다는 장난감 자동차를 가지고 놀 때 더

강화 심리학에서 '강화'의 의미는 행동의 빈도를 증가시키는 것으로 어떤 행동 뒤에 보상을 줌으로써 다시 그 행동을 하도록 유도하는 것을 말한다.

흐뭇해하는 부모의 모습을 보면서, '나는 여자구나', '남자는 이런 취향을 가져야 하는구나'를 알게 된다는 것이다. 한마디로 여성성과 남성성은 학습된 것이라는 주장이었다. 이것은 "여성은 태어나는 것이 아니라 만들어진다"라는 페미니즘의 명제와도 일치한다. 하지만 이 실험에 참가한 아이들은 부모가 여성성이나 남성성을 학습시켰다고 보기에는 너무 어리다.

아동심리학자 앤 캠벨Anne Campbell은 이보다 더 어린 생후 9개월 아기들을 대상으로 장난감 선호도를 조사한 바 있다. 이때도 남자아기들은 공, 기차, 자동차 등을 골랐으며, 여자아기들은 인형, 유모차 등을 주로 골랐다. 아이들의 취향이 부모의 강화나 학습에 의해 만들어진 것은 아님이 밝혀진 셈이다. 아이들은 태어나는 순간부터 남자 혹은 여자로서의 차이를 갖는 것이 분명했다.

아이는 언제부터 성별을 인지할까?

남녀의 구체적인 차이를 알아보기 전에, 우선 아이들이 성별을 어떻게 인지하는지를 알아보기 위한 실험을 실시했다. 갓 태어난 아기들은 자신의 성별을 인지하지 못한다. 그렇다면 타인에 대해서는 어떨까? 남자와 여자를 구분할 수 있을까? 남녀를 구분하는 것은 생후 몇 개월이 지나야 가능할까?

TEST

생후 3개월 된 아기 네 명과 생후 12개월 된 아기 네 명이 있다. 이들의 앞에는 두 개의 화면이 있다. 왼쪽 화면에는 성인 남자의 모습이, 오른쪽 화면에는 성인 여자의 모습이 있다. 소리는 남자 혹은 여자의 목소리 하나만 들리지만, 두 화면 모두 똑같이 입을 움직이고 있다. 아기는 어느 쪽을 쳐다볼까?

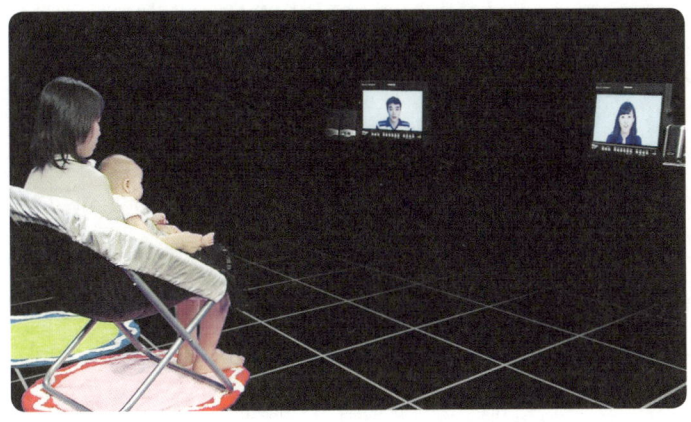

생후 3개월 된 아기는 사람 목소리에 귀를 기울이고 남자와 여자의 얼굴이 나오는 화면을 쳐다보기는 하지만, 연신 양쪽을 번갈아가면서 쳐다봤다. 아직 여자 목소리와 남자 목소리의 차이, 즉 성의 차이를 인지하지 못했다. 그러나 그런 무지 상태는 오래가지 않는 모양이다. 생후 12개월의 아이는 남자 목소리가 나오자 남자 얼굴이 있는 화면을, 여자 목소리가 나오자 여자 얼굴이 있는 화면을 보았다. 이제 목소리와 성별을 연결할 수 있는 능력이 생긴 것이다. 서울대학교 심리학과 곽금주 교수는 이렇게 설명한다.

처음 태어날 때는 남자인지 여자인지에 대한 개념이 전혀 없다. 아이는 3세 정도가 지나면서 신체적인 차이에 대해 이해하기 시작한다. '나는 남자니까 이렇고, 여자니까 이렇고' 하는 말을 많이 한다. 그러면서 그 시기 아이들은 '나는 남자', '너는 여자'라는 사실에 관심을 갖는다.

만 3세 아이는 또래와 장난감을 가지고 놀다가도 '내 것'이라는 말을 수도 없이 외친다. 또한 묻지도 않았는데 자신의 나이나 이름을 즐겨 말한다. '나'에 대한 관심이 폭발하기 시작하고 언어능력도 발달해 자신에 대해 언어로 표현하고 싶어하는 것이다. 3세경의 아이는 성별을 물어보면 정확히 답하고, 주위에 있는 사람을 남자와 여자로 구분할 수 있다.

그러나 세 살이 지난 후에도 어린아이들의 성별 인지는 아직 체계적이지 않다. 성별에 대해 언제쯤 구체적으로 인식하는지 알아보기 위해 실험을 해보았다.

스튜디오에 남자 마네킹과 여자 마네킹을 세워두고 가발, 구두, 옷, 액세서리 등의 남자 소품과 여자 소품을 준비해두었다. 4세와 6세 아이들에게 소품을 마음대로 이용해 엄마, 아빠처럼 꾸며보라고 했다.

네 살 아이들은 남자 마네킹에 분홍색 치마를 입히거나 긴 머리 가발을 씌웠다. 귀걸이를 달고 하이힐을 신기기도 한다. 소품을 닥치는 대로 가져다가 마네킹의 성에 상관없이 꾸몄다.

그러나 여섯 살 아이들은 치마는 여자 마네킹에, 바지는 남자 마네킹에 입혔다. 조금 시간이 지난 후에 보니 남자 마네킹은 중절모를 쓰고 와이셔츠에 넥타이를 맨 아빠로 변했고 여자 마네킹은 긴 머리에 귀걸이를 달고 스카프를 두른 멋쟁이 엄마가 되어 있었다.

이번에는 아이들에게 유리창으로 어떤 방을 들여다보도록 했다. 방으로 한 남자가 들어온다. 그는 면도크림을 바르고 면도를 하는 행동으로 남자라는 것을 충분히 보여준 후, 여장을 하기 시작한다. 여자 가발을 쓰고, 블라우스를 입고 앞치마를 한다. 빨간 립스틱을 바르고 화장도 한다. 여장을 끝낸 남자는 프라이팬에 달걀을 깨서 요리를 한다. 이 광경을 지켜본 아이들에게 저 사람이 여자인지 남자인지 물었다.

네 살 아이들은 여장한 남자를 '여자'라고 말했다. 남자아이나 여자아이나 답변은 마찬가지였다. 반면 여섯 살 아이들은 남자가 여장을 시작할 때부터 뭐가 그렇게 우스운지 킬킬거렸다. 그러다 여장 남자의 성별을 묻자 한결같이 '남자'라고 대답했다.

실험 결과 4세와 6세 아이들의 성 개념이 확실히 다르다는 것이 드러났다. 첫 번째 실험에서 4세 아이들은 엄마와 아빠의 외모가 성별에 따라 다르다는 것을 잘 구분하지 못했다. 이에 비해 6세 아이들은 외모에 있어 남자와 여자의 특징을 매우 정확하게 인지했다. 한편 두 번째 실험에서 4세 아이들은 옷이나 역할이 바뀌면 성별이 바뀐다고 생각했다. 이에 반해 6세 아이들은 성은 평생 변하지 않는다는 사실을 잘 알고 있었다.

아이들은 만 4세 정도가 되면 일생 동안 같은 성을 갖게 된다는 것을 이해한다. 따라서 자신이 남자아이라면 훗날 아빠처럼 남자가 된다는 것을 알고, 여자아이라면 엄마처럼 여자가 된다는 것을 안다. 하지만 실험에서 본 것처럼 머리, 옷, 활동이 바뀌면 당연히 성도 바뀐다고 생각한다. 그래서 장난으로 남자아이에게 치마를 입히려 하면 강하게 반항하면서 울기도 한다. 성이 변하지 않는다는 것을 아직 깨닫지 못하기 때문이다. 한 사람의 성은 그의 머리, 옷, 활동이 달라져도 변하지 않는다는 것을 알게 되는 때는 만 6~7세 정도다. 이 시기 아이는 성의 항상성을 아는 만큼 자신의 성에 대한 인식도 확고한 경향이 있다.

자신의 성에 대한 인식이 확실해지면 아이들은 이전보다 더 동성의 친구에게 관심을 갖는다. 남자는 남자끼리, 여자는 여자끼리 놀려고 든다. 때로는 남자 대 여자로 놀이를 하기도 하지만 이것은 대결구도다. 아이들의 이러한 습성은 초등학교 저학년의 행동에서 주로 볼 수 있다.

미국의 사회심리학자 로렌스 콜버그 Lawrence Kohlberg는 1966년의 연구에서 아이들이 같은 성을 가까이하는 이유는 자신의 성에 대한 정보를 얻기 위해서라고 말한다. 같은 성을 관찰함으로써 그들의 행동, 태도, 가치 등에 대한 일반성을 알게 된다는 것이다.

성에 대한 인식이 뚜렷해지는 만 6~7세에 자기 인식에 관한 명령을 내리는 주체는 뇌다. 남녀의 뇌는 처음부터 다르지만, 이 시기에는 남자의 뇌, 여자의 뇌로서의 특성이 더욱 강해진다. 그리고 그런 뇌의 변화에 맞춰 남자아이는 더 남자 같은 행동을, 여자아이는 더 여자다운 행동을 하려고 든다. 남녀가 다른 행동을 보이는 이유는 모두 뇌의 차이에서 비롯된다.

얼굴과 위치를 잘 기억하는 여자

EBS와 서울대 심리학과는 서울 시내 초등학생 남녀 300명을 대상으로 남자아이와 여자아이의 차이를 알아보기 위해 몇 가지 연구 조사를 진행했다.

아이들에게 3초 간격으로 모두 24명의 얼굴을 화면에 보여주었다. 특이한 헤어스타일을 한 사람은 머리카락을 가려 얼굴만 보이도록 했다. 24명의 얼굴을 다 본 뒤에는 두 배인 48명의 얼굴을 보여주었다. 그중에는 먼저 봤던 24명의 얼굴이 섞여 있다. 아이들에게 먼저 본 얼굴을 골라내라는 과제를 주었다.

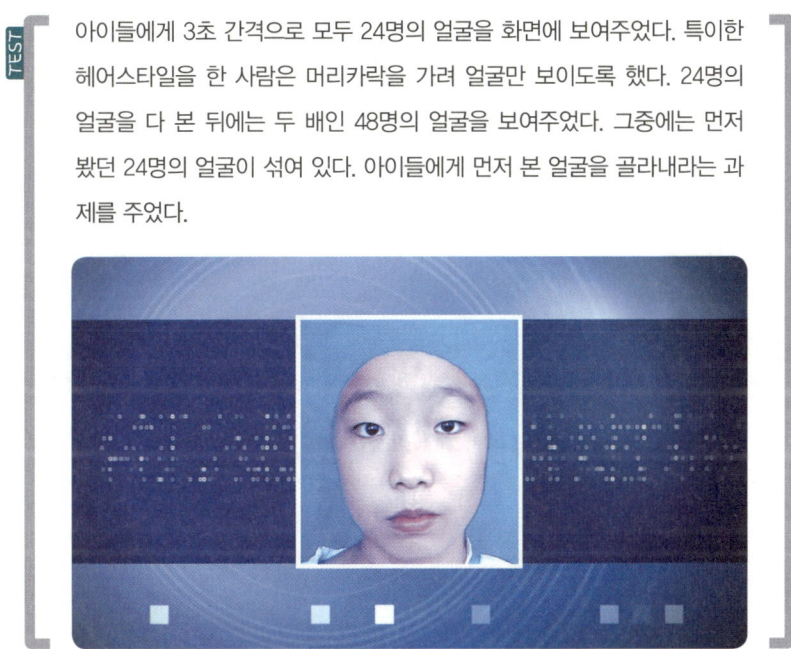

연구를 진행한 서울대 심리학과 곽금주 교수는 여자아이들이 확실히 남자아이보다는 사람들의 얼굴을 더 잘 기억했다고 설명했다. 차이

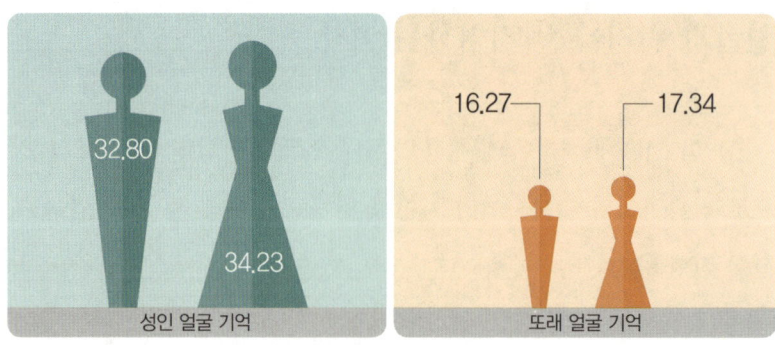

는 분명했다. 여자아이들은 성인의 얼굴은 물론 또래의 얼굴도 잘 기억해냈다.

  이 연구 결과는 영국 캠브리지 대학^{University of Cambridge} 연구팀이 남녀 신생아를 대상으로 실시했던 실험을 보면 좀 더 이해가 쉬워진다. 이 연구팀은 신생아 102명을 대상으로 사람의 얼굴과 모빌을 보여주는 실험을 했다. 신생아의 눈동자 움직임을 주시해 어디에 더 관심을 보이는지를 살폈다. 실험 결과 남아는 모빌에, 여아는 사람의 얼굴에 더 관심을 보였다. 여자아이의 뇌는 남자아이의 뇌에 비해 태어날 때부터 '사람의 얼굴'을 좋아하는 성향을 가지고 있다.

TEST 아이들에게 그림 한 장을 보여주고 어떤 사물이 있는지 잘 기억해두도록 했다. 그리고 1분 후 다시 그림 한 장을 보여주면서 이전 그림과 위치가 바뀐 물체를 모두 골라내보도록 했다.

이 실험은 단순히 사물에 대한 기억이 아니라 사물의 위치, 공간적인 관계에 대한 기억을 알아보기 위한 것이다. 아이들은 몇 개나 찾아낼 수 있었을까? 실험 결과 남자아이들에 비해 여자아이들이 훨씬 좋은 점수를 받았다.

그런데 아마 실험 결과를 듣고도 대부분의 사람은 놀라지 않았을 것이다. 굳이 실험이 아니더라도 이런 상황은 우리의 일상에서 흔히 일어나기 때문이다. 분주한 아침 시간, 남자들은 넥타이핀이나 양말을 찾지 못해 어머니나 아내를 찾으며 발을 동동 구르는 일이 허다하다. 여자가 '오른쪽 옷장 끝 세 번째 서랍'에 있다고 구체적으로 설명해주어도, 남자들은 좀처럼 찾지 못한다. 하지만 여자는 같은 장소에서 그것을 금방 찾아낸다. 이것은 '주변 시야'의 차이 때문이다.

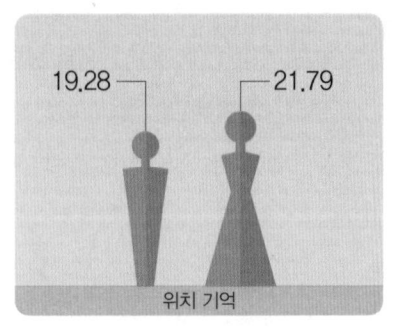

『말을 듣지 않는 남자 지도를 읽지 못하는 여자』를 쓴 앨런 피즈Allan Pease와 바바라 피즈Barbara Pease에 의하면 여자는 남자보다 더 넓은 주변 시야를 가지고 있다. 여자는 거의 180도 수준의 시야로 한 번에 넓은 곳을 훑어볼 수 있는 데 비해, 남자의 시야는 마치 망원경으로 사물을 보는 것처럼 좁지만 멀리까지 정확하게 본다는 것이다. 저자들은 태고에 사냥을 담당한 남자들은 멀리 있는 사냥감을 봐야 했기 때문에 시야가 이렇게 발달했다고 주장한다. 또한 진화심리학자들은 여자들은 당시에 채집을 담당하며 주위의 풀이 돋아나고 열매가 익어가는 상태를 늘 주의 깊게 봐왔던 데서 넓은 시야가 발달했다고 말한다. 백화점에 진열된 수많은 상품들 사이에서도 여자들은 지난번에 없었던 신상품이 들어온 것을 쏙쏙 잘도 찾아낸다. 이것이 남녀의 차이다. 여자는 한 번에 찾는 물건을 남자는 아무리 들여다봐도 찾지 못하는 데는 이런 배경이 있다.

마음속 회전과 사물의 특징 파악에 뛰어난 남자

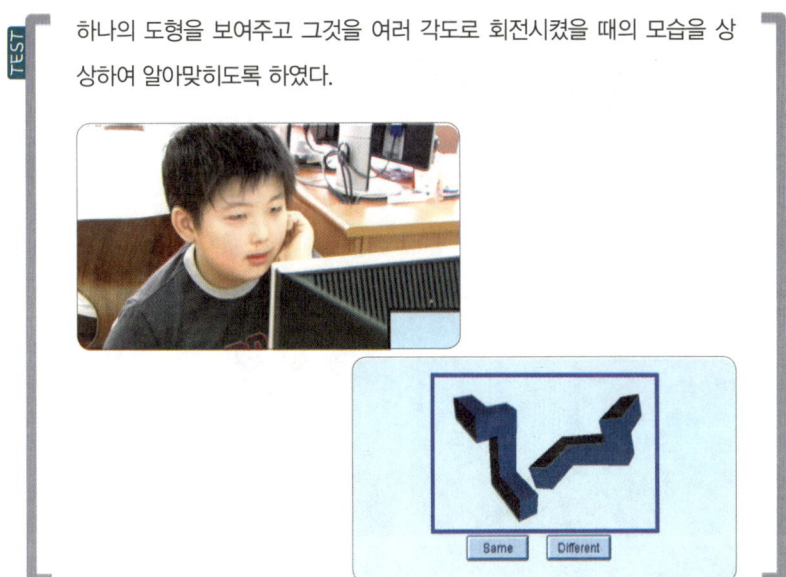

하나의 도형을 보여주고 그것을 여러 각도로 회전시켰을 때의 모습을 상상하여 알아맞히도록 하였다.

이 과제에서는 여자아이들보다 남자아이들의 수행이 훨씬 더 좋았다. 남자아이의 뇌는 여자아이의 뇌보다 공간지능을 관할하는 부위가 더 발달해 있다. 남자의 공간지능은 우뇌 앞쪽에 위치하고 여자의 공간지능은 양쪽 뇌에 분포되어 있지만 매우 적은 부위를 차지한다.

이번에는 초등학생과 성인 40명에게 1분 내로 자전거를 그려보도록 했다.

　남자들은 1분이라는 짧은 시간에도 불구하고 자전거의 핵심을 잡아 비교적 훌륭하게 그림을 완성했다. 이에 비해 여자들이 그린 자전거는 조금 엉성해 보인다. 부분만 그리다가 완성하지 못한 그림이 대부분이고, 특이하게 사람까지 그린 그림도 있다. 어떤 것은 '이런 자전거를 과연 탈 수 있을까' 의문이 들 정도로 기괴하다. 남자의 뇌는 사물의 전체적 특징을 파악하고 그것을 정리하는 능력이 뛰어나다. 이에 비해 여자의 뇌는 전체적 특징보다는 자신이 관심 있는 한 부분만 보는 경향이 있다.

성인 남녀 40명에게 이번에는 조금 더 쉬운 그리기 과제를 내보았다. 물이 든 물병이 45도 기울었을 때의 모습을 그려보게 했다. 남자들이 그린 그림과 여자들이 그린 그림은 차이가 있었다.

물은 늘 수평이다. 물병이 기운다고 해서 물이 따라 기우는 일은 없다. 물질의 이러한 물리적인 특징은 초등학생들도 다 아는 기초적인 것이다. 그런데 여자들의 그림은 물병을 따라 물도 기울어 있다. 반면 남자들의 그림은 완성도를 떠나 모두 물이 수평을 유지하고 있다. 아마 초등학생 남자아이와 성인 여자에게 물이 든 물병이 45도 기울었을 때를 그려보라고 했더라도 결과는 똑같았을 것이다. 분명 남자아이가 성인 여자보다 더 잘 그렸을 것이다. 이처럼 우뇌를 주로 사용하는 남자들은 물질을 파악하는 일에서 여자보다 뛰어나다.

몇 가지 실험을 해보니 벌써 남자가 잘하는 것, 여자가 잘하는 것이 하나씩 드러나기 시작한다. 하지만 실험을 하는 이유는 남자와 여자가 각각 무엇을 더 잘하느냐를 따져 물으려는 것이 아니다. 단지 차이가 있다는 것을 이해하기 위해서다.

우리는 이제부터 '남자아이와 여자아이에 대한 이야기', 누구나 알고 있지만 여전히 많은 부모들이 인정하려고 들지 않는 이야기를 본격적으로 시작하려고 한다. 전문가들조차 남녀의 차이에 대한 이야기를 꺼낼 때는 여느 때보다 조심스러워한다. UC 얼바인$^{UC\ Irvine}$ 캘리포니아 대학 뇌신경학과 리처드 하이어$^{Richard\ Haier}$ 박사는 남녀에게 성차가 있다는 말은 자주 우열을 가리는 것이나 차별로 오해를 산다고 지적한다.

과거에는 남자 집단과 여자 집단 사이에 차이가 있다고 말하면 사람들은 한쪽이 다른 쪽보다 열등하다는 의미로 받아들였지만 이는 낡은 생각이다. 과학적 사실은 완전히 다르다.

의학·심리학 전문가 레너드 삭스 박사의 설명도 이와 유사하다.

남녀 차이가 있다는 것은 어느 한쪽이 낫다는 것으로 받아들이기 쉽다. 그러나 사실 이 명제는 전혀 논리적이지 못하다. 두 가지가 다르다고 해서 하나가 다른 것보다 나은 것은 아니기 때문이다. '사과와 오렌지는 다르다'라는 것이 어느 하나가 더 낫다는 말이 아닌 것처럼 말이다.

왜 그럴까? ❷

여자아이에게도 거친 운동이 필요하다

> 초등학교 5학년인 선애는 반 대표 축구선수다. 다른 여자아이들처럼 얌전하게 놀면 좋으련만 축구, 농구, 자전거 등 남자마냥 거친 운동을 좋아한다. 지난번에는 다른 반 남자아이들이랑 축구를 하다가 다리까지 다치고 들어왔다. 절뚝거리면서 들어오는 딸을 보고 엄마는 너무 속이 상해 축구를 그만두라고 말했다.

만약에 남자아이라면 어땠을까? 대부분의 부모들은 "좀 조심하지 그랬어"라고 말하며 적극적으로 경기에 임한 것을 칭찬할지도 모른다. 조금 다치고 들어왔다고 해서 좋아하는 축구를 그만두라는 말은 하지 않았을 것이다.

몇몇 학자들은 부모의 이런 태도가 여자아이에게 '무기력'을 학습하도록 만든다고 경고한다. 여자라는 이유만으로, 모험을 감행하고 실패를 극복할 기회를 아이에게서 빼앗는다는 것이다. 물론 부모 입장에서는 뺏는다기보다는 보호하기 위함이라고 항변할 것이다. 하지만 아동심리학자 웬디 모겔Wendy Mogel은 아이를 다치지 않도록 보호하면 점점 더 모험을 혐오하게 된다고 말했다. 부모의 이런 태도는 여자아이의 마음속에 자신은 유약하고 무능하다는 생각을 심어줄 수 있고, 결과적으로 낮은 자존감을 갖게 할 수 있다. 여자아이라도 실패하고 다시 시도할 수 있도록 격려해주어야 한다.

남자의 뇌 vs. 여자의 뇌

아들의 뇌, 딸의 뇌

> **TEST**
>
> 이야기는 승용차 한 대에서 시작된다. 열여섯 명의 초등학생이 남녀 짝을 이뤄 초대된다. 여자아이 여덟 명, 남자아이 여덟 명, 아이들은 많은 실험에 참여한다는 사실을 알고 있다. 남녀 한 명씩 각각 정해진 시간에 약속 장소인 '남부터미널역'에서 만나기로 했다. 약속 장소에는 '검정색' 차가 기다리고 있다. 두 아이는 각각 차의 뒷자리에 탄다. 차 안에는 게임 CD와 만화책이 준비되어 있고 차 오디오에서는 비발디의 '사계'가 흘러나온다. 차는 '댄싱 섀도우' 공연이 한창인 예술의 전당을 지나 방송국으로 이동한다.
>
>
> 방송사로 초대받은 남자 초등생들

방송사로 초대받은 여자 초등생들

아이들이 방송국으로 오는 과정에는 한 가지 비밀이 있다. 아이들에게는 말하지 않았지만, 실험은 초대 이후가 아니라 이미 만나는 순간부터 시작되었다는 것. 차 안에서는 관찰카메라가 몰래 아이들을 찍고 있고, 운전자는 연기자다. 연기자는 아이들과 자연스러운 대화를 나누는 도중에 자신의 나이가 '27세'이며, '강남구'에 산다는 것을 밝힌다. 또한 검사 결과는 '화요일'에 도착 예정이라는 사실도 알려준다.

이 실험은 이전에 남녀 아기들에게 실시했던 실험처럼 단순히 취향을 알아보려는 것이 아니었다. 같은 상황을 겪은 남자아이와 여자아이가 과연 이를 어떻게 다르게 기억하는지에 대해 알아보고자 한 것이었다.

자동차가 목적지에 도착한 이후 임상심리사들은 열여섯 명의 아이들에게 각각 질문을 했다.

"혹시 타고 온 차량의 색깔이 어떤 거였는지 기억나요?"

'검은색'이라고 대답한 남자아이들. 관찰 카메라를 돌려보니 이 아이들 중에는 운전사에게 차종이 무엇인지 질문한 아이도 있었다. 그러나 여자아이들은 모두 잘 모르겠다고 대답했다.

"차 안에서 음악 들은 거 기억나요?"

기억이 나지 않는다는 남자아이들. 심지어 "사기?"라고 되물어 웃음을 자아낸 아이도 있었다. 비슷한 음절까지는 겨우 떠올렸지만 결국은 정확하게 기억해내지 못한 것이다. 반면 여자아이들은 '사계'라고 정확하게 대답했고, 구체적으로 '사계 중 봄'이라는 것까지 기억한 아이도 있었다.

"운전사 아저씨가 어디 사신다고 했어요?"

'강남'이라는 지명에 대해 운전자와 꽤 긴 대화를 나누었음에도 남자아이들은 '그런 말은 하지 않았다'거나 '모르겠다'고 답했다. 여자아이들은 어렵지 않게 모두 '강남'이라고 대답했다.

"예술의 전당에서 어떤 공연을 하고 있었어요?"

자동차가 예술의 전당을 지나갈 때 차창 밖에는 '댄싱 섀도우'가 공연 중이라는 것을 알리는 커다란 현수막이 걸려 있었다. 남자아이들은 대부분 대답하지 못했지만 여자아이들은 주저 없이 '댄싱 섀도우'라고 말했다.

"운전사 아저씨랑 어디에서 만났어요?"

남자아이들은 '남부터미널'이라고 정확하게 대답했다. 이에 반해 여자아이들은 단순히 '지하철역'이라고 대답하거나 '교대'라고 헷갈려 하는 등 장소를 또렷하게 기억하는 아이는 드물었다.

실험 결과 남자아이들은 차종이나 약속 장소를 잘 기억한 반면, 여자아이들은 음악이나 운전자의 나이, 사는 곳 등을 더 잘 기억해냈다. 이 결과는 우리가 일반적으로 가지고 있는 남녀의 차이에 대한 선입견과 어느 정도 일치한다. 문제는 왜 이런 차이가 나타나는가인데, 우리는 '뇌'에서 비밀의 열쇠를 찾으려 한다.

여자가 말싸움에서 이기는 이유

열여섯 명의 남녀 초등학생이 이제부터 구체적인 실험을 통해 남자와 여자가 어떤 점에서 얼마만큼 다른지에 대한 궁금증을 풀어줄 것이다. 첫 번째 차이는 '언어유창성 실험'으로 밝혀진다. 아이들은 발음하기 어려운 자음과 모음을 조합한 문장을 읽는 경기를 했다.

짝을 이루어 이루어진 언어유창성 실험

우리집 앞집 옆집 뒷창살은 홑겹창살이고,
우리집 뒷집 앞집 앞창살은 겹홑창살이다.

언어유창성 실험 중인 남자아이

언어유창성 실험 중인 여자아이

예시문으로는 다음과 같은 문장이 주어졌고 남자아이와 여자아이 중 한 번도 틀리지 않고 빨리 문장을 읽은 쪽이 이긴다.

- 우리 집 앞집 옆집 뒷창살은 홑겹창살이고 우리 집 뒷집 앞집 앞창살은 곁홑창살이다.
- 앞집 팥죽은 붉은팥 풋팥죽이고, 뒷집 콩죽은 햇콩단콩 콩죽, 우리 집 깨죽은 검은깨 깨죽인데, 사람들은 햇콩 단콩 콩죽 깨죽 죽 먹기를 싫어한다더라.
- 고려고 교복은 고급교복이고 고려고 교복은 고급원단을 사용했다.

경기는 남녀 쌍을 이뤄 8라운드까지 진행되었고 여자아이와 남자아이의 성적은 6 : 2, 여자 팀이 압도적으로 승리했다. 이긴 여덟 명은 다시 경기를 해 최종 네 명이 남았다. 4강까지 살아남은 남자아이는 단 한 명이었다. 경기를 진행한 남자 성우는 이런 결과에 대해 당연하다는 듯이 말한다. "똑같이 대본을 현장에서 받았을 때 남자 성우들하고 여자 성우들을 비교해보면, 여자 성우들이 습득하고 말하는 데 걸리는 시간이 짧더라고요." 그는 직업에서 얻은 경험을 토대로 언어유창성 실험의 결과를 예측한 듯했다.

남자아이와 여자아이의 언어능력 차이. 이 차이는 남녀의 뇌에서 언어를 담당하는 부위에 차이가 있다는 데서 출발한다. 남자아이의 뇌는 분석적이고 언어적인 활동을 할 때 주로 좌뇌를 사용한다. 그러나 여자아이는 양쪽 뇌를 동시에 사용한다. 1995년 예일 대학 Yale University 의 베넷 세이위츠 Bennett Shaywitz 등은 자기공명영상 MRI 장치를 사용해 남녀가 말을 할 때 뇌의 어떤 부분을 사용하는지를 관찰했다. 그 결과 남자는 말을 할 때 주로 좌뇌를, 여자는 좌뇌와 우뇌를 모두 사용한다는 것

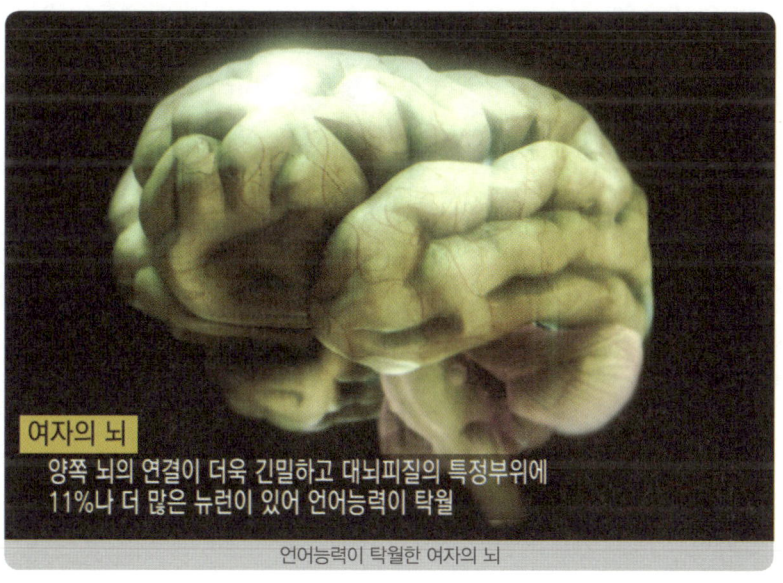

여자의 뇌
양쪽 뇌의 연결이 더욱 긴밀하고 대뇌피질의 특정부위에 11%나 더 많은 뉴런이 있어 언어능력이 탁월

언어능력이 탁월한 여자의 뇌

을 알아냈다.

여자아이가 남자아이와 달리 양쪽 뇌를 모두 사용할 수 있는 것은 여자아이의 뇌량이 남자아이보다 10퍼센트쯤 더 두텁고 넓기 때문으로 추측된다. 뇌량이 넓다 보니 좌뇌와 우뇌의 연결이 긴밀하고 효율적일 수 있는 것이다. 반면 남자아이 뇌의 뇌량은 여자아이에 비해 좁기 때문에 좌뇌와 우뇌 간의 소통이 원활하지 않다. 그런데 감정의 뇌는 우뇌에 있고, 언어의 뇌는 좌뇌에 있다 보니 남자아이는 감정을 언어로 표현하는 데 어려움을 느끼게 된다. 미국 노스캐롤라이나 대학 University of North Carolina 의 연구팀에 의하면 여자의 뇌는 철자를 이해할 때도 양쪽 뇌를 모두 이용한다고 한다. 이에 반해 남자의 뇌는 이 경우도 주로 좌뇌만 이용한다고 한다. 또한 여자아이의 경우 듣고 기억하고 말하는 것을 관장하는 측두엽 부위의 신경세포가 남자아이보다 11퍼센트나 더 많은데, 이것 역시 탁월한 언어능력에 영향을 준다.

일상에서 일어나는 구체적인 상황을 통해 살펴보자. 열 살 난 남자아이는 또래의 여자아이에 비해 일기 쓰기를 싫어한다. 하루 중 어떤 일이 가장 인상 깊었는지 생각해내는 것도 어려워하고, 그 일과 자신의 감정을 연관시키는 것도 곤혹스러워한다. 예컨대 남자아이의 일기는 "오늘 점심을 먹고 나서 축구를 했는데 재미있었다"라는 식으로 간단하다. 그러면 엄마는 어떤 부분이 재미있었는지 구체적으로 쓰라고 지도한다. 하지만 아이는 "그냥 재미있었는데…… 그걸 어떻게 설명해?"라고 반문하기 마련이다. 이에 대해 삭스 박사는 남자아이에게는 감정을 묻는 질문이 적절치 않다고 말한다.

남자아이에게 '어떻게 느끼니?'라고 물으면 아이는 편하고 유창하게 자신의 감정을 말하는 것을 어려워한다. 남자아이에게 '어떻게 느끼니?'라는 질문 좋지 않다. 그 대신에 '그래서 이제 뭘 하려고 하는데?'라고 물어야 한다.

남자아이의 뇌가 가진 언어능력, 그것은 우리가 아들을 어떻게 대해야 하는지에 대해 작은 화두를 던진다. 남자아이에게는 '어떻게 느끼는지'가 아닌 '무엇을 할지'를 물어보는 것이 좋다. 그러면 느낌이나 감정을 물었을 때보다 정신적인 스트레스를 덜 느낀다. 남자아이들은 항상 뭔가 행동을 하도록 프로그래밍되어 있기 때문에 이렇게 물으면 해답을 더 빨리 찾는다.

예를 들어 아들에게 "지금 게임을 그만두지 않으면 숙제를 못할지도 몰라"라고 말하는 것은 옳지 않다. 이런 식으로 말하면 아이는 그 말이 '게임을 그만하고 얼른 숙제해라'는 의미라고 생각하지 않고, 단지 '숙제를 못할 수도 있다'는 정보를 주었다고 생각한다. 따라서 엄마의 말에는 별 신경 쓰지 않고 계속 하던 일을 한다. 이때는 오히려 "지금 당장 게임기 끄고 숙제를 해!"라고 말하는 것이 낫다. 그렇게 말해야 남자아이는 말의 의미를 제대로 파악할 수 있다. 남자아이들은 보통 짧고 직접적이고 해결지향적인 말을 잘 알아듣는다.

주차능력은 남자의 특권?

운전경력이 동일한 남녀 여섯 명의 주차능력을 관찰했다. 여자들은 기어를 넣을 때부터 헤매기 시작해 백미러를 들여다보고 그것도 못미더워 고개를 빼서 뒤를 보고 전진과 후진을 몇 번이나 반복한다. 꼼꼼하기보다는 소심해 보이는 행동. 도무지 한번에 성공하지 못한다. 이에 비해 남자는 백미러를 몇 번 쓱쓱 보고는 핸들을 크게 몇 차례 돌리고 한두 번 만에 주차에 성공한다.

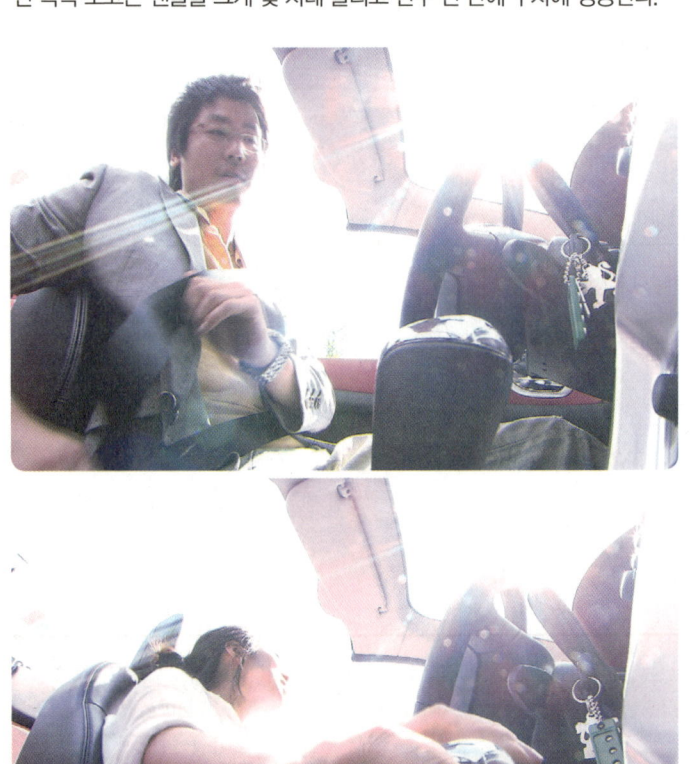

주차능력 실험

관찰 결과 남성의 평균 주차시간은 43초. 이 시간은 주차장 한 칸을 빠져나와 들어가기까지 걸린 시간이다. 여성의 평균 주차시간은 무려 3분 1초였다. 남자의 세 배가 넘는 시간이 걸린 것이다.

영국 바스 대학University of Bath 심리학과 마크 브로스넌Mark Brosnan 교수는 남자들의 주차능력에 대해 이렇게 설명한다.

전형적으로 남자들이 여자들보다 잘하는 것은 심적 회전 과제이다. 이것이 주차능력과 관련이 있다는 연구도 있다. 후진능력, 즉 3차원 공간에서의 차량 이동은 심적 회전력을 반증하는 것이다.

남자들이 심적 회전력이 뛰어나다는 사실은 이미 살펴본 바 있다. 남녀 초등학생 300명에게 도형을 보여주고 머릿속으로 회전해보게 하는 '마음속 회전 과제'에서 남자아이들이 여자아이들보다 높은 점수를 받았다는 사실을 기억할 것이다. 아이든 어른이든 남성은 마음속 회전능력이 뛰어나다는 말이다. 이는 남자가 여자보다 우뇌를 많이 사용한다는 특징과 관련이 깊다. 우뇌의 강점이 바로 공간입체 능력이기 때문이다. 남자아이들은 여자아이들보다 우뇌가 더 빨리 발달한다. 따라서 공간, 논리, 지각 기능이 더 우수하다. 수학, 건축, 퍼즐, 문제해결 과제가 주어졌을 때 여자들보다 쉽게 생각하고 빨리 풀어내 더 좋은 점수를 받는다. 또한 여자아이들보다

남녀의 평균 주차시간

세밀하게 사물의 핵심을 잡아내는 그림을 잘 그린다. 우뇌는 이미지의 뇌로, 직관적으로 사물을 보고 종합적으로 사고하는 특징이 있기 때문이다.

남자의 뇌는 여자의 뇌보다 더 크고 무겁다. 남자의 뇌에는 여자의 뇌보다 뉴런이 약 40억 개나 더 많기 때문이다. 뇌에 신경세포가 많다는 것은 세부 정보에 더 신경을 쓴다는 뜻이다. 뇌에는 두정엽 뒤쪽에 두정면이라는 부위가 있다. 이 영역은 양쪽 뇌에 각각 하나씩 있는데, 남녀 모두 오른쪽 두정면이 왼쪽 영역보다 큰 편이다. 그런데 남자의 경우는 오른쪽이 훨씬 더 크다. 이 오른쪽 두정면이 공간능력에 관여하는 부위다. 따라서 남자아이들은 여자아이들보다 설명서를 보면서 맞추는 조립식 장난감을 좋아하고, 동서남북이 그려져 있는 지도를 쉽게 읽어낸다. 또한 설계도만 보고도 완성된 집 전체의 모양을 상상할 수 있다. 이러한 남자의 뇌가 가진 능력들이 모두 합쳐저 나타나는 것이 바로 운전능력이다. 여자의 뇌는 훌륭한 언어의 뇌와 양쪽 뇌를 원활히 사용할 수 있는 튼튼한 뇌량을 갖췄지만 공간입체 능력에서는 남자를 이길 수 없다. 그래서 대부분의 여자는 남자보다 운전을 못한다. 물론 우리가 이야기하고 있는 것은 통계적인 결과이며, 모든 여자가 남자보다 운전을 못하는 것은 아니다.

앞에서 언급한 남자와 여자 뇌의 차이는 아이들에게 '길 찾기' 과제를 주면 쉽게 드러난다. 도형처럼 구획된 길과 동서남북만이 표시된 지도를 남자아이와 여자아이에게 주고 특정한 건물로 찾아오는 과제를 주면 남자아이들은 별 어려움 없이 제한 시간을 넘기지 않고 찾아

올 것이다. 하지만 여자아이들은 자신이 서 있는 위치에서 지도를 이쪽저쪽으로 돌려보느라고 시간을 지키지 못할 것이다. 그런데 만약 지도를 바꿔본다면 어떨까? 동서남북 표시보다 이정표가 되는 건물의 이름이 적힌 지도를 준다면? ○○부동산, △△슈퍼가 표시된 지도로 바꾸면 좌뇌가 발달한 여자아이들에게 유리해진다. 열여섯 명의 남녀 초등생을 초대했을 때 남자아이는 예술의 전당에서 어떤 공연을 하고 있었는지 아무도 맞추지 못했지만 여자아이들은 대부분 맞췄던 것을 떠올려보라. 여자들은 창밖으로 보이는 다양한 것에도 관심을 기울이는 반면, 남자들은 자신이 관심을 두는 것 이외에는 주변을 살피지 않는 습성이 있다. 따라서 건물 이름만 적힌 지도는 남자아이들의 길 찾기를 더 번거롭게 만들지만, 여자아이들은 방위만 표시된 지도보다 이런 지도를 더 쉽다고 여긴다.

한꺼번에 여러 일을 해내는 여자, 한 가지 일에만 집중하는 남자

TEST 남자아이와 여자아이의 청력 차이를 알아보는 실험을 실시했다. 남녀 초등생 열여섯 명을 대상으로 일단 표준 청력 검사를 한 후, 헤드폰을 쓰게 하고 양쪽 귀에 각각 다른 소리를 들려주었다. 실험은 단어, 문장 각 열 문항으로 진행되었다. 예컨대 단어 문항에서는 오른쪽 귀에 '책상', 왼쪽 귀에 '축구'라는 단어를 동시에 들려준다. 문장 문항에서도 오른쪽 귀에는 '가수 동방신기의 노래가 제일 좋다', 왼쪽 귀에는 '백점 맞았더니 자전거를 사주셨다'를 동시에 들려주는 식으로 진행되었다. 그리고 나서 아이들에게 왼쪽 귀와 오른쪽 귀에서 각각 무슨 소리가 들렸는지를 말하게 했다.

단어, 문장 각 10문항으로 청력검사

여자아이들은 대부분 양쪽 귀에서 들리는 소리를 정확하게 맞힌 반면, 남자아이들은 대개 소리를 혼동하거나 한쪽 귀에서 나는 소리만 맞혔다. 이는 단순히 청력*에

* **청력** 여자아이가 남자아이보다 잘 듣는 것은 태어나는 순간부터다. 루이지애나 주립대학 Louisiana State Univetsity의 제인 캐시디 Jane Cassidy 교수는 남녀 신생아 350명을 대상으로 소리에 대한 내이세포의 반응 정도를 검사하는 일시 유발 이음향방사 기법을 이용해 청력실험을 했다. 신생아들에게 언어식별에 중요한 1천~4천 헤르츠 범주의 소리를 들려준 결과, 남자아이에 비해 여자아이의 청력이 놀랍도록 민감했다.

대한 실험 같지만, 이번에도 비밀은 뇌에 있다. 남자들은 대부분 오른쪽 귀로 들은 단어 하나에만 주의를 기울일 수 있었는데, 이는 말을 할 때와 마찬가지로 들을 때도 남자들은 좌뇌만 사용하기 때문이다. 반대로 여자아이들은 양쪽 뇌를 모두 사용하기 때문에 양쪽 귀에서 들리는 단어에 모두 주의를 기울일 수 있었다. 실험에 참여했던 남자아이에게 양쪽 귀에서 나는 소리를 모두 정확히 듣는 친구도 있다고 살짝 귀띔해줬다. 아이는 어떻게 그걸 알아듣느냐며 깜짝 놀랐다. 자신은 두 소리가 이상한 말로 조합되어 들려서 너무 헷갈렸다면서. 양쪽 귀에 들리는 소리를 구분해 듣는다는 건 남자아이에게는 너무나 멀고도 신기한 능력이다.

이런 능력 덕분에 여자아이는 집단으로 하는 과제에서 여러 명이 한꺼번에 의견을 이야기해도 그들의 말을 따로따로 정확하게 파악할 수 있으며 의견수렴도 잘한다. 또한 수업시간에 선생님이 하는 말도 남자아이에 비해 잘 듣는 편이다. 그런데 이렇게 잘 듣는 능력은 간혹 학습을 하는 데 방해가 될 수도 있다. 방 밖에서 들리는 텔레비전 소리도, 가족들이 대화하는 소리도 여자아이의 귀에는 다 들린다. 수업을 할 때도 마찬가지다. 선생님의 목소리를 들으면서도, 교실 뒤쪽에서 다른 친구들이 주고받는 대화나 학교 앞을 지나가는 과일 장수의 목소리를 다 들을 수 있다. 보통의 여자아이들은 주위가 조용하지 않으면 도무지 집중을 하지 못한다. 그러니 민감한 청각을 가진 여자아이가 공부를 할 때는 분위기를 조용하게 만들어줄 필요가 있다.

반면 남자아이는 정반대다. 학교에서 돌아오자마자 텔레비전 앞에 않는 아들. 주방에서 설거지를 하던 엄마는 아들에게 숙제부터 하라고 말하지만 아이는 들은 척도 하지 않는다. 엄마는 여러 번 똑같은 말을 하다가 지쳐서 화를 내지만, 텔레비전에서 나오는 소리에 집중한 남자아이는 사실 엄마의 잔소리를 정말로 못 들은 것이다. 집중해 있는 남자아이와 대화를 하려면 설거지를 잠시 중단하고 아이의 얼굴을 보고 눈을 맞추며 이야기하는 것이 좋다. 그런데 이러한 남자아이의 특성은 반대로 생각해보면 집중과 몰입이라는 강점이 된다. 뭔가 한 가지 일에 집중하면 다른 자극이 와도 쉽사리 방해받지 않는 특성은 아이의 호기심을 학습으로 연결시킬 경우, 짧은 시간에 높은 학습효과를 거둘 수 있다.

TEST

이번에는 성인인 남녀 대학생을 대상으로 흥미로운 실험을 해보았다. 주방과 거실로 꾸며진 스튜디오에서 10분 내에 여덟 가지 임무를 수행하게 하는 것이었다. 여덟 가지 임무는 간단한 집안일이지만, 각각의 임무에는 수행해야 하는 일에 대한 설명이 있다. 예를 들어 다림질하기에는 '옷의 양팔 부분을 각각 네 번씩 다리시오'라는 조건이 달려 있다. 그런데 모든 일이 거의 동시에 일어난다. 다림질을 하려고 하면 초인종이 울린다. 택배가 온 것이다. 택배 물건을 받아놓으면 이번에는 전화가 온다. 전화로 집의 위치를 설명해주어야 한다. 그 중간에 아기에게 우유도 먹여야 하고 기저귀도 갈아주어야 하고, 안고 달래줘야 하는 임무도 있다. 커피 메이커에서 커피도 내리고, 토스터로 식빵도 굽고, 지시대로 복사도 해놓아야 한다.

여러 가지 일 한꺼번에 하기

정신없는 남자 　　　　　　여유 있는 여자

　　10분 내에 임무를 마친 남성은 단 한 명도 없었다. 남성은 임무를 수행하는 데 평균 13분 52초가 걸렸다. 하지만 여성은 9분 56초를 기록했다. 실험이 시작되자 남자 대학생은 처음부터 당황했다. 그에 비해 여자 대학생은 침착하게 한 번에 두세 가지 일을 능수능란하게 해냈다. 아기를 안고 전화를 받으면서 집의 위치를 설명해주는 동시에 갑자기 도착한 택배 물건을 여유 있게 받았다. 또 다른 여학생은 전화를 받으면서 복사를 하고 내려진 커피에 설탕을 넣었다. 놀랍게도 한 번에 세 가지 일을 허둥대지 않고 완벽하게 해냈다. 여덟 가지 임무를 시간 내에 마치고 여유 있게 커피를 마시는 여학생도 있었다.

이에 비해 남학생들은 전화를 받으면서 복사를 하려고 무리하게 수화기를 잡아당기다가 아예 전화기를 떨어뜨리고, 옷을 다림판에 펼쳐 놓지 못하고 허둥지둥 입은 채로 다리고, 커피메이커에 넣을 물을 찾지 못해 분무기에 든 물을 붓는 등, 일을 해내는 시간도 오래 걸렸지만 수행한 내용도 엉망이었다.

실험에 참가한 남녀 대학생에게 각각 임무를 수행할 때 어떠했는지를 물어봤다. 남학생은 "뭘 어떻게 해야 할지 모르겠더라고요. 복사는 해야 되는데, 전화는 오고, 갑자기 초인종은 울리고, 정말 정신없었어요"라고 말했다. 그러나 여학생은 "토스트나 커피 같은 것은 시간이 걸리니까 먼저 해두고요. 그걸 기다리는 동안 다른 걸 할 수 있지 않을까 하는 생각이 순간적으로 들었어요"라고 답했다. 실험 결과, 여자는 남자보다 어떤 일이 동시에 주어졌을 때 일의 순서를 정해서 수행하는 능력이 훨씬 뛰어나다는 것이 밝혀졌다. 건국대병원 신경정신과 하지현 교수는 이렇게 설명한다.

남성들은 여성들이 가진 이런 능력에 대해 자주 신기해한다. 대표적인 예가 신호 대기 중에 차 안에서 화장하는 행동이다. 남자들은 이런 모습을 보고 '어떻게 이 짧은 시간에 저런 행동을 하지?'라고 생각한다. 남자들은 그런 행동을 절대 해낼 수 없을뿐더러 할 생각도 못한다.

여자는 다양한 감각능력을 갖고 있는데다가 좌뇌와 우뇌의 연결성까지 좋다. 그러다 보니 한꺼번에 여러 가지 일이 주어져도 직관적 수준에서 빠르고 정확한 판단을 내릴 수 있다. 중요도나 소요 시간에 맞춰 일의 순서를 잘 정리해서 처리해낼 수 있는 것이다. 만약 여자아이가 여러 가지 일을 한꺼번에 하려고 든다면 꾸짖을 필요가 없다. 오히려 아이의 그런 능력은 훗날 사회생활을 하는 데 장점이 될 수도 있다. 여러 가지 일이 주어져도 중요도나 소요 시간에 맞춰 일의 순서를 잘 정리해서 마감 안에 일을 처리해낼 것이기 때문이다.

하지만 이렇듯 여러 가지 일을 허둥대지 않고 순서를 정해서 해내려면, 작은 일부터 연습을 해보아야 한다. 두세 가지 일은 스스로 순서를 정해서 처리해볼 수 있도록 기회를 많이 만들어줄 필요가 있다. 예를 들어 학교에 다녀와서 실내화를 빨고, 텔레비전을 보고, 미술 숙제를 하는 일이 주어졌다고 하자. 엄마가 보기에는 숙제가 첫 번째고, 실내화가 두 번째, 텔레비전이 세 번째일 것이다. 하지만 아이가 혼자 생각하고 처리하는 습관을 들이도록 하려면 그 순서가 엄마의 뜻과는 조금 달라도 내버려두어야 한다. 여자아이에게는 가장 좋은 순서를 찾아내서 일을 처리할 수 있는 능력이 충분하다.

다만 아이가 처음 접하는 일이라면, 일의 방법과 소요 시간 등은 미리 설명해주도록 한다. 여자아이들은 처음 접하는 낯선 일에는 지나치게 조심하는 경향이 있어 정확한 정보가 없으면 아예 시도도 하지 않으려 들 수 있기 때문이다.

엄마의 아픔에 공감하는 딸, 무관심한 아들

생후 24개월의 아이를 대상으로 '공감'에 대한 실험을 실시했다. 아이와 엄마가 함께 목공놀이 장난감을 가지고 놀게 했다. 아이가 장난감 망치로 망치질을 할 수 있게 엄마가 못을 잡아준다. 그런데 갑자기 함께 놀던 엄마가 망치에 손을 다친 척하며 아파한다. 그러면서 아이의 반응을 지켜보았다.

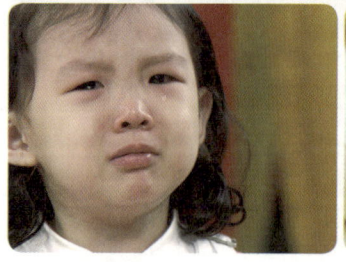

여자아이는 엄마의 손과 얼굴을 번갈아가며 쳐다보더니 금세 눈물을 글썽인다. 시무룩해져서 울음을 터뜨리기도 한다. 그런데 남자아이에게도 똑같은 상황을 설정했더니 전혀 다른 결과가 나왔다. 남자아이는 아픈 엄마를 뚫어지게 바라보면서도 무슨 일이 일어났는지 눈치채지 못한다. 잠깐 엄마의 손을 보다가 이내 하던 놀이를 계속한다. 어째서인지 웃어버리는 아이도 있다.

한날한시에 태어난 쌍둥이는 좀 다르지 않을까? 하지만 실험 상황에서 쌍둥이 남자아이는 역시 아무 반응을 보이지 않고 놀이를 계속했고, 여자아이는 심각한 얼굴을 하더니 엄마의 손가락을 호호 불어주었다.

실제 상황에서도 이런 일은 종종 일어난다. 보통 여자아이들은 상대방이 다쳤다고 하면 금세 그 아픔에 공감하지만, 남자아이들은 무덤덤한 반응을 보인다. 아마 이러한 반응을 보고 여자아이의 엄마는 뿌듯해할 것이고, 남자아이의 엄마는 조금 서운할 것이다. 하지만 오해하지 말자. 남자아이가 엄마의 아픔에 공감하지 못하는 것은 아이의 성격 탓이 아니라 아이의 뇌 탓이다.

이와 유사한 사례가 또 있다. 유치원에 새로운 아이가 들어왔을 때를 생각해보자. 원래부터 있던 여자아이들은 처음 본 아이를 환영하고 이름이나 사는 곳을 물어본다. 잘 모르는 것이 있으면 가르쳐주고 도와준다. 그리고 집에 갈 때는 잘 가라고 따뜻한 인사를 한다. 반면 남자아이들은 처음 유치원에 온 친구에게 어색하고 무뚝뚝하게 대한다. 놀이에 필요하다고 생각하면 끼워주기는 하지만, 이름이나 사는 곳에는 관심이 별로 없다. 왜 남자아이들은 다른 사람의 감정을 잘 이해하지 못하는 걸까?

하버드 대학Harvard University의 데보라 여젤런 토드Deborah Yurgelun Todd 연구팀은 7~17세 남녀를 대상으로 뇌에서 감정 처리가 이루어지는 과정을 조사하기 위한 실험을 했다. 7세까지는 남녀 모두 감정과 관련된 뇌 활동이 뇌 아래쪽에 있는 편도에서 이루어졌다. 하지만 남자아이는 17세가 되어도 계속 편도에서 감정 관련 활동을 하는 데 비해, 여자아이는 자랄수록 편도에서 대뇌피질 전체로 관련 부위가 이동하며 넓어졌다.

또 다른 연구도 있다. 캐나다의 신경과학자 샌드라 위틀슨Sandra Witleson은 남녀를 대상으로 감정을 관할하는 뇌가 어느 부위에 있는지를 알아내기 위한 실험을 했다. 그 결과 남자의 경우는 감정을 관할하는 부위가 주로 우뇌에 있었으나, 여자는 언어를 관할하는 뇌와 마찬가지로 양쪽 뇌에 고루 분포되어 있었다.

이러한 결과를 종합해보면 남자는 감정을 관할하는 부위가 작고 제한되어 있는 반면, 여자는 넓을 뿐 아니라 계속해서 발달해간다는 것을 알 수 있다. 여자의 감성이 남자와 비교도 안 될 만큼 풍부한 것도 이런 이유에서다.

하지만 이런 특성을 가진 여자의 뇌가 항상 좋은 것은 아니다. 여자는 슬픔에 복받치면 다른 일도 모두 그 감정의 영향을 받게 되는 경우가 많다. 감정을 관할하는 부위가 뇌 전체에 넓게 퍼져 있기 때문이다. 이에 비해 남자는 복받치는 슬픈 감정을 느끼더라도 그 감정에 영향을 받지 않고 다른 일을 처리해낼 수 있다. 남자의 경우 뇌의 한 부위에서만 감정을 관할하기 때문에 다른 부위가 기능을 할 때 별로 영향을 주지 않는 것이다. 남자가 가끔 지나치게 이성적으로 느껴지는 것은 그의 뇌가 여자의 뇌와 다르기 때문이다.

남성의 체계화형 뇌, 여성의 공감형 뇌

사람은 누구나 남자나 여자로 태어난다. 둘 사이에 분명한 차이가 있다는 것은 앞선 몇 가지 실험에서도 확인하였다. 그렇다면 그 핵심은 뭘까? 곽금주 교수는 남자와 여자의 차이를 뇌로 설명할 수 있다고 말한다.

남녀 차이의 모든 것은 일명 공감능력과 체계화능력으로 설명할 수 있다. 이것은 성차를 연구하면서 나온 최근 이론인데, 공감화·체계화 모델이라고도 한다. 서울 시내 남녀 초등학생 300명을 대상으로 공감지수empathy quotient, EQ와 체계화지수systemizing quotient, SQ를 조사한 결과, 공감화능력은 여자아이들이 훨씬 더 높았던 반면 체계화능력은 남자아이들이 훨씬 더 높은 것을 볼 수 있었다. 남녀가 보여주는 공감지수와 체계화지수의 차이는 바로 공감이 여성의 특징이고 체계화가 남성의 특징이라는 것을 보여준다.

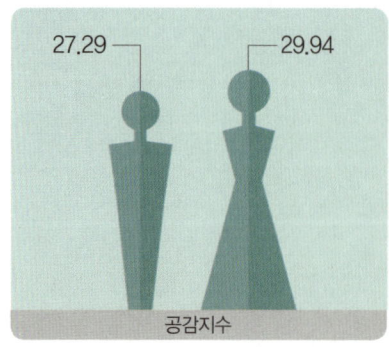
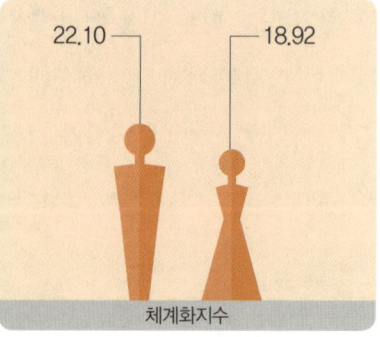

이것은 지능 테스트가 아니다. 공감지수 혹은 체계화지수가 높다고 해서 지능지수가 높다는 것을 의미하지는 않는다. 왜냐하면 공감하기와 체계화하기는 완전히 다른 능력이기 때문이다. 하지현 교수는 공감능력과 체계화능력을 이렇게 설명한다.

공감을 한다는 것은 내가 그 사람의 입장이 되어보는 능력이 있다는 뜻이다. 그 사람의 마음속에 들어가서 '이럴 것이다'라고 느끼는 것이다. 체계화능력이라는 것은 그것이 어떤 구조로 어떤 시스템 안에서 움직이고 있는가를 빨리 잡아내는 것이라고 볼 수 있다.

공감은 다른 사람의 감정과 생각을 이해하고 적절하게 반응하는 것, 즉 그 사람의 입장이 되어보는 것을 말한다. 그 사람의 감정과 생각을 내가 느낀 것처럼 이해하면 그 사람의 행동도 당연히 이해하게 된다. 공감의 대상은 '사람' 혹은 '사람의 행동'이다. 따라서 공감은 사람을 이해하는 방법이라고 할 수 있다. 이에 반해 체계화는 사물을 분석하고 탐색하는 것이다. 사물이 어떻게 작동하는지 또는 작동 법칙이 무엇인지를 알아내는 것이다. 체계화의 대상은 거의 '사물'이다. 따라서 체계화는 사물을 이해하는 방법이라고 할 수 있다. 공감과 체계화는 대상이 다르고 사고가 진행되는 과정도 완전히 다르다. 당연히 뇌 속에서 그 사고가 진행되는 영역도 다르다.

남자아이가 체계화지수가 높고, 여자아이가 공감지수가 높다는 것은 각 사고를 진행시키는 뇌의 능력이 다르다는 것을 의미한다. 남자아이는 체계화하는 뇌가, 여자아이는 공감하는 뇌가 더 발달된 것이다. 남자아이가 공간입체 능력이 높은 이유를 바로 체계화능력의 발달에서 찾을 수 있고, 여자아이가 언어능력이 뛰어난 것은 공감능력 덕분일 수 있다.

이제 남녀의 특성을 뇌의 차이로 정리해보자. 뇌는 우뇌와 좌뇌로 나뉘어 있다. 우뇌는 신체의 왼쪽·창조성·예술·시각·직관·아이디어·상상력·전체적·공간적이라는 특징이 있다. 좌뇌는 신체의 오른쪽·말·수학·논리·사실·연역·분석·실용적·직선적·세부사항의 관찰이라는 특징이 있다. 대체로 남자는 우뇌가, 여자는 좌뇌가 더 발달되어 있다. 태어나서 진행되는 뇌의 발달 과정을 살펴보아도 남자는 우뇌 발달이 빠르고 여자는 좌뇌 발달이 빠르다. 대부분의 여아가 남아보다 말이 빠른 것은 이 때문이다.

그런데 남자는 우뇌와 좌뇌를 각각의 기능에 따라 따로 사용하는 경향이 있다. 언어를 사용할 때는 좌뇌의 언어 부위만, 공감을 할 때는 우뇌에서 공감을 관할하는 작은 부위만 사용한다. 언어와 공감을 관할하는 부위 자체도 여자 뇌의 해당 부위에 비해 작은 편이다. 하지만 체계화하기에서는 이러한 남자 뇌의 작동 원리가 오히려 도움이 된다. 사물을 이해하려면 감정은 배제해야 하기 때문이다. 이에 비해 여자는 양쪽 뇌를 함께 사용하는 경향이 강하다. 공감을 할 때도 언어를 사용할 때도 양쪽 뇌를 함께 사용한다. 또한 여자의 뇌는 성장할수록 공감과 언어를 관할하는 부위가 넓어지므로 남자보다 해당 능력이 탁월하다.

신은 공평하게도 남자에게는 높은 체계화능력을, 여자에게는 높은 공감능력을 주었다. 그런데 남자들이 가진 높은 체계화능력은 전문적인 일을 할 때나 운전을 할 때는 빛을 발하지만, 일상에서 다른 사람과 상호작용을 할 때는 별로 도움이 되지 않는다. 공감하지 않으면 원만한 상호작용이 어렵기 때문이다. 하루 종일 아이들을 돌본 아내가 힘들었다고 하소연하면, 남편은 공감을 하는 대신 무엇을 체계화할지 고민한다. 그래서 나온다는 말이 "다른 여자들도 다 그렇게 살잖아?" 하는 식이다. 남편뿐 아니라 아들의 공감능력도 이런 수준이다. 하지만 남자들의 이런 태도는 사랑의 정도가 아니라, 단지 뇌가 가진 능력의 차이일 뿐이라는 사실을 염두에 두자. 분명한 것은 남자와 여자가 서로 경쟁해야 하는 존재가 아니라 서로 도와야 하는 존재라는 것이다.

왜 그럴까? ❸

남자아이는 폭력적인 것에 끌린다

> 이제 곧 만 다섯 살이 되는 남자아이 우현이는 매일 부수고 싸우는 폭력적인 그림책만 읽어달라고 한다. 두 살 터울인 누나는 따스하고 포근한 느낌의 그림책만 좋아했는데, 아무리 남자아이라고 해도 너무 심한 것 같다. 혹시 심리적으로 무슨 문제가 있는 것은 아닌지 우현 엄마는 걱정이다. 계속 그런 그림책만 보여주면 폭력적으로 자라는 것은 아닌지도 고민이다.

남자아이는 남성호르몬인 테스토스테론의 영향으로 여자아이에 비해 훨씬 공격적이다. 공격적인 것은 정상이고, 우현이가 폭력적인 그림책을 좋아하는 것 역시 지극히 자연스러운 일이다. 남자아이는 폭력적이고 공격적인 그림책을 보면서 대리만족을 느낀다. 하지만 남자이기에 앞서 어린 아이인 만큼 계속 그런 그림책만 본다면 폭력적인 것을 모방하고 싶은 욕구가 들 수도 있다. 아이가 폭력적이거나 공격적인 성향을 갖지 않게 하려면 그런 성향을 표출할 기회를 만들어주어야 한다. 아빠와 레슬링을 한다거나 공을 던져 맞추는 놀이, 커다란 오뚜이 인형을 샌드백처럼 치는 놀이, 축구나 피구 등 아이의 공격성을 표출할 수 있는 놀이와 운동을 고안하여 즐길 수 있도록 하자. 그런 놀이들을 통해 공격성의 표출이 충족된다면 다른 다양한 종류의 그림책을 주어도 거부하지 않을 것이다.

손가락에 담긴
과학적 사실

손가락 길이와 성호르몬의 관계

 방송국에 초대되었던 남녀 초등학생 열여섯 명의 이야기로 돌아가 보자. 방송국에 도착하자마자 그 아이들의 오른손과 왼손 손바닥을 복사했다. 손가락 길이를 재기 위해서였다. 최근 영국 센트럴 랭커셔 대학University of Central Lancashive 심리학과 존 매닝 교수는 손가락의 길이만으로 성호르몬*의 차이를 알 수 있다는 주장을 제기했다. 손가락 연구는 최근 성차 연구에서 가장 뜨거운 주제다. 매닝 교수에게 열여섯 명의 아이들 손바닥 자료를 전달했다. 손바닥을 찍은 복사지 외에는, 아이의 성별은 물론 어떤 정보도 주지 않았다. 그는 아이들의 손바닥이 복사된

> *성호르몬 동물의 생식샘에서 분비하는 호르몬을 가리킨다. 정소에서는 남성호르몬인 테스토스테론이, 난소에서는 여성호르몬인 에스트로겐이 분비되며, 생식기의 발육·기능유지, 2차성징의 발현 등에 관여한다.

종이에서 둘째손가락과 넷째손가락의 길이를 꼼꼼히 잰 후, 그 수치만으로 아이들의 성별을 거의 다 맞혔다. 그는 그 원리에 대해서 이렇게 설명한다.

손가락 길이 비율(검지 길이 ÷ 약지 길이)은 두 번째 손가락, 즉 검지와 네 번째 손가락, 즉 약지의 비율로 정의할 수 있다. 검지는 출생 전 에스트로겐에 민감하고 약지는 출생 전 테스토스테론에 민감한 것으로 추정된다. 그러니까 검지에 비해 약지가 상대적으로 길면 길수록 출생 전 테스토스테론에 많이 노출되었던 것이라고 볼 수 있다.

즉 검지가 긴 경우 여성호르몬을 많이 가졌으므로 여자일 확률이 높고, 약지가 길면 남성호르몬을 많이 가졌으므로 남자일 확률이 높다는 것이다.

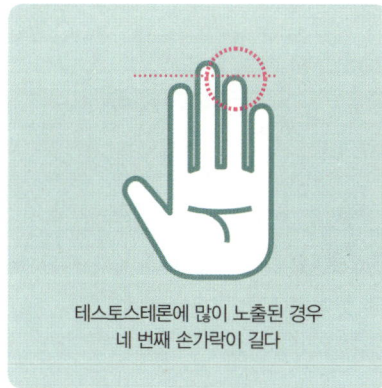
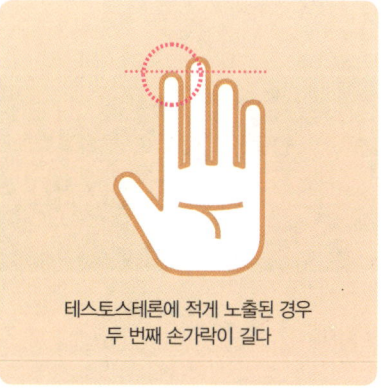

난자와 정자가 수정한 후, 태아가 남자면 테스토스테론이 빠르게 분비된다. 테스토스테론은 부신에서도 분비되므로 여자 태아도 이를 만들어내기는 하지만, 남아가 좀 더 많이 만들어낸다. 생물학에서 인간이 발달하면서 테스토스테론이 비교적 많이 분비되는 시점은 세 번이다. 첫 번째는 태아기, 즉 임신 후 8~14주다. 그다음은 출생 후 5개월, 마지막 시기는 사춘기다. 이때는 뇌가 호르몬 변화에 가장 민감한 시기로, 출생 이전부터 호르몬이 뇌가 어느 한 부분을 활성화하는 데 영향을 미치는 것으로 보인다.

바스 대학의 브로스넌 교수는 임신 14주째에 테스토스테론 수치가 정점에 이르며, 대체적으로 이 정점에 약지 길이가 결정된다고 설명했다. 매닝 교수는 이러한 이론을 뒷받침하는 증거로 영국의 프로축구 선수들의 손가락 길이 비율을 예로 들었다.

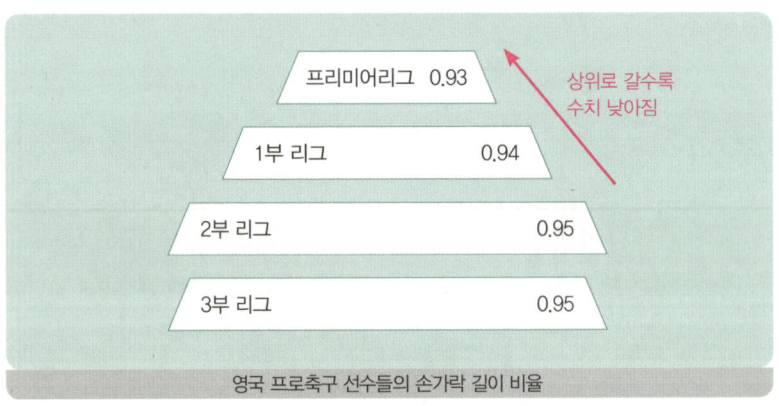

영국 프로축구 선수들의 손가락 길이 비율

영국의 프로축구 선수 305명을 분석했을 때 그중 국가대표 선수들은 상당히 남성적인 손가락 비율을 가졌다. 그리고 주전 선수가 후보 선수보다 더 남성적인 손가락 비율을 가졌다. 또한 프리미어리그 선수들은 하위 리그 선수들보다 더욱 남성적인 손가락 비율을 가졌다. 진화론으로 추정해보면 생식기관 발생기가 팔다리 발생기와 일치하는 것으로 분석된다.

즉 성호르몬으로 인해 생식기와 뇌의 성별뿐 아니라 골격 차이가 나타난다는 것이다. 그의 조사에 따르면 프리미어리그 선수의 손가락 길이 비율은 0.93, 1부 리그 선수는 0.94, 2부와 3부 리그 선수는 0.95로 상위로 갈수록 수치가 낮아졌다. 이 수치가 낮다는 것은 약지의 길이가 검지의 길이보다 상대적으로 길다는 것을 의미하며, 즉 테스토스테론의 분비가 많아 좀 더 남성적일 것이라고 짐작할 수 있게 해준다. 수치가 높다면 약지에 비해 검지가 상대적으로 길어 여성적일 것이다.

테스토스테론이 남성적인 사람을 만든다는 말은 무슨 뜻일까? 미국의 신경학자 노먼 게슈윈드 Norman Geschwind는 출생 전 테스토스테론이 좌뇌와 우뇌의 성장 속도에 영향을 끼친다고 말한다. 테스토스테론이 많을수록 우뇌가 더 빨리 발달하고, 이에 비해 좌뇌는 느리게 발달한다는 것이다. 결국 테스토스테론이 많은 남자아이는 우뇌가 우세해진다. 남자아이들에게 왼손잡이가 비교적 많은 이유도, 여자아이보다 말을 잘 못하는 이유도 모두 테스토스테론으로 설명된다.

손가락 길이에 따른 남성성과 여성성의 발달, 그에 따른 우뇌적 강점과 좌뇌적 강점은 비단 스포츠 선수들만으로 증명된 것은 아니다. 2009년 1월 캠브리지 대학 연구팀은 『미국립과학보』에 44명의 금융거래 종사자를 대상으로 한 손가락 길이 연구 결과를 게재했는데, 이들은 약지가 검지보다 상대적으로 길었다. 연구팀은 상대적으로 긴 약지는 고도의 집중력과 반사능력을 말하며, 이것은 갑작스러운 상황에 대응해야 하는 금융거래 종사자들에게 무엇보다 필요한 능력이라고 주장했다. 그런데 이 고도의 집중력이나 반사능력은 뇌의 오른쪽 반구, 즉 우뇌가 가진 특성에 해당한다.

또한 『영국심리학저널』에 실린 바스 대학 심리학과 연구진이 6~7세 아동 75명을 대상으로 진행한 연구에 따르면, 아이들의 손가락 길이가 수학능력과 언어능력에 연관이 있는 것으로 나타났다. 약지가 긴 남자아이들은 수학능력이 뛰어난 반면, 검지와 약지가 비슷한 길이인 여자아이들은 언어능력이 우수할 가능성이 큰 것으로 나타났다. 연구팀은 약지 길이를 좌우하는 테스토스테론이 수학능력과 연관된 뇌 영역 발달을 촉진시키고, 상대적으로 에스트로겐은 언어능력과 연관된 뇌 영역에 영향을 미친다고 밝혔다. 즉 손가락 길이는 태아기 호르몬 노출에 대한 표시인 동시에 선천적인 언어능력과 수학능력을 말해준다는 것이다.

남과 여, 예외는 있다

> **TEST**
> 열여섯 명의 남녀 초등학생이 넓은 잔디밭에 모여 있고, 잔디밭에는 좁은 부채꼴 모양의 흰 선이 그어져 있다. 부채꼴의 반지름은 4미터. 꼭짓점이 되는 곳에 투호병을 놓고 1미터 간격으로 선을 그어놓았다. 아이들에게 원하는 지점에서 화살을 던져보라고 했다. 처음에는 혼자만의 연습이라고 하며 제작진이 모두 자리를 피해줬다. 그리고 잠시 후에는 제작진이 모두 등장해 녹화를 시작한다며 정식으로 게임을 하자고 했다. 조건은 똑같다. 화살을 던지는 지점은 정해져 있지 않다. 물론 카메라는 처음부터 숨어서 이 장면을 몰래 지켜봤다.

아무도 보지 않을 때는 남녀 모두 목표물 가까이까지 다가가 화살을 던졌다. 던지는 모습도 비슷했다. 관건은 제작진이 지켜볼 때다. 여자아이들은 연습할 때와 마찬가지로 목표물 앞으로 다가가 가만히 서서 화살을 조심스럽게 던졌다. 그런데 남자아이들의 행동은 이전과 완전히 달랐다. 연습을 할 때는 앞으로만 가던 아이들이, 녹화가 시작된다고 하자 자꾸만 뒤로 물러선다. 목표물에서 멀찍이 물러섰다가 달려오면서 날리듯이 화살을 던진다.

심리학에서는 남자아이들의 이런 상반되는 행동을 '모험적 전환'이라고 부른다. 이런 행동은 성인 남자의 경우도 마찬가지다. 간혹 객기나 허풍으로 오해되는 남자들의 이런 행동은 대부분의 남자들이 가진 '모험적' 특성에 기인한다. '안전'을 추구하는 여자와는 다른 것이다. 남자아이들은 괜히 높은 곳에 올라가서 뛰어내린다든지, 손을 놓

연습할 때의 모습

녹화할 때의 모습

고 자전거를 탄다든지, 좁은 담벼락을 평균대 삼아 걷는다든지 하는 무모한 도전을 종종 한다. 아이들의 이런 행동은 관객이 있을 때면 더 심해진다. 학자들은 남자아이들이 이런 행동을 하는 이유를 자율신경계에서 찾기도 한다. 여아와 달리 남아의 자율신경계는 모험적이고 위험한 활동에서 흥분과 자극, 호기심을 느끼도록 프로그래밍되어 있다는 것이다.

그런데 이 실험에서 유독 한 남자아이는 녹화를 한다고 했을 때도 연습 때와 마찬가지로 목표물에 가까이 다가가 조심스럽게 화살을 던졌다. 이 아이는 언어유창성 실험에서도 4강까지 살아남았던 유일한 남자아이다.

 이번에는 남녀 초등생 열여섯 명에게 각각 큐브를 하나씩 주고 누가 빨리 맞추는지를 알아보는 실험을 해보았다.

지금까지 밝혀진 남녀의 두뇌 차이를 감안하면 남자들이 우세할 것이다. 큐브 맞추기는 체계화능력과 상당히 관련이 깊기 때문이다. 그런데 결과는 예상을 뒤엎었다. 큐브를 가장 빨리 맞춘 아이는 여자였다. 그 뒤로 2, 3위는 예상대로 남자아이가 차지했다. 1위의 기록은 24초, 2위는 47초, 3위는 1분 42초였다. 다시 한 번 경기를 해보자 1, 2위가 바뀌었다. 3위는 이전과 동일한 아이가 차지했다. 하지만 1위와 2위의 기록 차이는 첫 번째 실험 때보다 줄었다. 1위는 23초, 2위는

30초, 3위는 37초를 기록했다. 남자아이들이 강하다는 체계화능력 실험에서 좋은 성적을 낸 이 여자아이. 이 결과는 도대체 무엇을 말해주는 걸까?

지금까지 알아본 대로 남자와 여자의 뇌는 성별에 따라 뚜렷한 차이를 보였다. 그러나 이는 단지 평균적이고 통계적인 결과다. 모든 학문이 그렇듯 예외는 있다. 언어유창성 실험에서 4강까지 살아남았고 투호 놀이에서도 안정을 추구한 남자아이, 큐브 맞추기 실험에서 1등을 한 여자아이가 그렇다.

사실 손가락 길이와 뇌의 성별 연구까지 알아본 것은 방송국으로 초대된 열여섯 명의 남녀 초등학생 중 성별과는 전혀 다른 결과를 보여준 이 두 명의 아이 때문이었다.

분명 남성형 뇌, 여성형 뇌는 있다. 먼저 남성형 뇌의 가장 왼편에 있는 아이, 가장 남성형 뇌를 가졌다고 분석된 성현이를 살펴보자. 놀랍게도 매닝 교수는 성현이의 손바닥을 복사한 자료만 보고 남성적 성향을 정확하게 짚어냈다.

손가락 길이의 비율이 0.91~0.92로 낮은데, 즉 약지가 긴 편이다. 이 아이는 출생 전 테스토스테론에 많이 노출되었다는 것을 뜻한다. 이런 손을 가진 사람들은 일반적으로 운동을 잘하고 달리기가 **빠를 것이다**. 국가대표 축구선수나 육상선수를 조사하면 이 정도의 수치가 곧잘 나온다.

실제로 올해 열두 살인 성현이는 도 대표 축구선수다. 담임선생님은 성현이에 대해 축구에 관심이 많고 굉장히 잘한다며 승리욕이 강한 편이라고 설명한다. 성현이는 자신의 그런 성향에 대해서 딱히 축구를

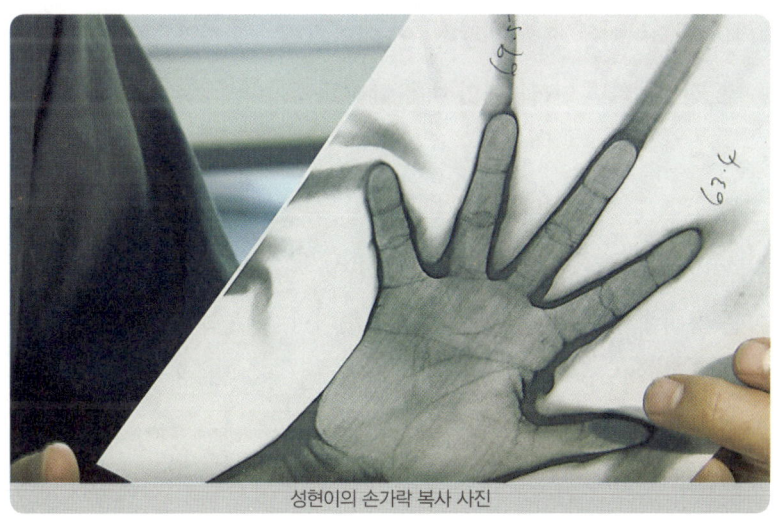

성현이의 손가락 복사 사진

해야겠다, 이겨야겠다는 생각을 하는 건 아닌데, 그냥 저절로 그렇게 되는 것 같다고 말한다. 실험을 위해서 아이들을 방송국으로 초대할 때, 차 안에서 들은 비발디의 사계를 "사기?"라고 되묻고는 잘 기억이 안 난다고 말한 남자아이, 운전자가 강남에 산다는 말에 "강남이요?"라고 반문해놓고는 임상심리사가 질문하자 "인천? 잘 모르겠는데요"라고 말한 아이가 바로 성현이다.

한편 실험 참가자의 최종결과를 보면 여성형 뇌 쪽에 속해 있는 한 명의 남자아이를 발견할 수 있다. 이 아이의 이름은 창희. 남성적이라기보다는 오히려 여성적이라고 해야 할 것은 뇌를 가진 남자아이. 존 매닝 교수는 창희의 손가락 길이 자료를 보고 매우 혼란스러워했다.

꽤 특이한 손가락 길이다. 처음 봤을 때 손가락이 꽤 길어서 남자아이일 거라고 생각했지만, 손가락 비율은 매우 여성적이다. 비율이 1인 남자아이는 흔하지 않다. 이 아이에게는 장점과 단점이 있는데, 장점이라면 언어능력이 매우 탁월할 것이다.

올해 열세 살인 창희의 장래희망은 국어선생님. 친구들은 창희를 '아줌마'라고 부른다. 수다쟁이고 잔소리가 많기 때문이란다. 창희 엄마는 창희에 대해 잘 울고 겁이 많은 편이라며, 요리나 설거지 하기를 좋아하지만 밖에서 뛰어노는 건 싫어한다고 말했다. 창희는 투호놀이 실험에서 녹화를 한다고 했을 때도 연습 때와 마찬가지로 목표물에 가까이 다가가 조심스럽게 화살을 던졌고, 큐브 맞추기 실험에서도 소

남성형 뇌, 여성형 뇌를 지닌 아이들

극적이었다. 하지만 언어유창성 실험에서는 발음하기 어려운 단어들로만 만들어진 문장을 단 한 번의 실수 없이 단번에 읽어 내려가 사람들을 놀라게 했다. 창희에게는 뭔가 특별한 것이 있는 것이 분명하다.

또 한 명의 아이, 이번에는 최종결과 그래프에서 남성형 뇌 쪽에 속해 있는 여자아이다. 창희와는 정반대편에 서 있는 이 아이의 이름은 소은이다. 큐브 맞추기 실험에서 남자아이와 1등을 주고받은 소은이는 남성적인 뇌, 체계화형 뇌를 가진 것이 틀림없다. 소은이는 학교에서 수학 영재로 뽑힐 정도로 수학이나 과학을 잘하고, 그런 쪽에 관심이 많다. 소은이 엄마는 아이가 지나칠 정도로 활달하다며, 다른 여자아이들처럼 섬세한 면이나 예쁜 인형을 탐내는 면도 있으면 좋겠다고 덧붙였다. 소은이에게도 보통 여자아이와는 다른 무언가가 있다.

17퍼센트의 비밀

모든 남자가 남성적인 뇌를 갖고 모든 여자가 여성적인 뇌를 갖는 것은 아니다. 소은이와 창희처럼 남자와 여자의 뇌의 보편적인 특징에서 벗어나는 예외가 있다. 영국 킹스 대학 King's College London 의 쌍둥이연구소 팀 스펙터 Tim Spector 교수 팀은 25~79세의 607쌍의 여자 쌍둥이를 대상으로 손가락 길이를 측정한 후, 스포츠 능력을 분석했다. 연구 결과 약지가 긴 여성이 축구나 테니스 같은 빠른 달리기를 필요로 하는 스포츠와 육상운동에서 더 우수한 능력을 보였다. 이 연구는 소은이처럼 남성성을 가진 여자들이 생각보다 많다는 것을 뜻한다. 또한 2009년 1월 존 매닝 박사는 오케스트라의 남성 단원에게서 여성처럼 검지와 약지의 길이가 같거나 비슷한 경우를 발견했다는 연구를 발표했다. 창희처럼 여성성을 가진 남자들이 꽤 있다는 말이다.

최근 성차를 연구하는 세계적인 학자들에 의하면 우수한 극소수의 사람들에게는 양쪽 뇌의 특징이 공존하는 것으로 나타났다. 캠브리지

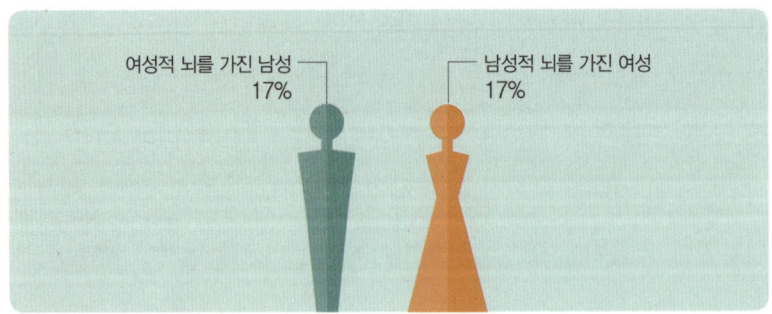

대학의 심리학 및 실험심리학 교수인 사이먼 배런 코헨^{Simon Baron-Cohen} 등의 공동논문 「공감·체계화 능력과 자폐증」에서는 전체 인구 중 17퍼센트가 반대 성의 뇌를 가졌다고 한다. 83대 17. 확실히 보편적인 수치에 비해서는 소수다. 왜 인류에게는 그런 예외가 있는 것일까? 하지현 교수는 이런 예외를 '이기적 유전자'라는 말을 써서 설명한다.

이기적 유전자의 관점에서 볼 때 항상 그런 십 몇 퍼센트를 남겨놓는 경향이 있다. 지금은 사회에서 비적응으로 보일 수 있지만 환경이라는 것은 언제 어떻게 변할지 모른다. 환경이 변하면 지금은 마이너리티, 비주류, 소수라고 말하는 그런 경향성이 가장 생존하기 좋은 방향으로 바뀔 수도 있기 때문이다.

남성적인 뇌를 가진 여자, 여성적인 뇌를 가진 남자. 그들은 분명 83퍼센트보다 훨씬 작은 숫자임이 분명하다. 하지만 그 17퍼센트의 소수를 이해할 때 인간의 지평은 더 넓어질 것이다. 지금은 비주류지만 그들은 환경에 적응하고자 하는 우리의 미래인지도 모른다.

내 아이, 있는 그대로 존중하기

아이의 성별과 상관없이 부모들이 가장 바라는 것은 아이가 바르고 건강하게 자라는 것이다. 앞서 남녀 초등생 열여섯 명을 대상으로 실시한 실험은 혹시나 남자아이여서 또는 여자아이여서 어떤 상처가 더 생기는 것은 아닌지, 이전에 부모들이 가졌던 발달에 대한 오해 때문에 행여나 아이가 삐뚤어지는 것은 아닌지 염려하는 마음으로 진행되었다. 그리고 그 결과 단 열여섯 명 중에서도 남성적인 뇌를 가진 남자, 남성적인 뇌를 가진 여자, 여성적인 뇌를 가진 남자, 여성적인 뇌를 가진 여자가 모두 있었다. 아마 우리의 아이도 이 네 부류 중 하나에 속할 것이다.

지금 이 순간에도 많은 학자들에 의해서 실험이 계속 진행되고 있고 앞으로도 남녀의 과학적 차이가 계속해서 밝혀지겠지만, 우리가 말할 수 있는 것은 단지 이 네 부류의 우열을 가릴 수 없다는 사실뿐이다. 네 부류 중 누가 더 낫거나 못한 것은 아니다. 각자 오묘하게 장점과 단점을 가지고 있으며, 그들이 가진 장점은 서로 함께 살아가는 데 꼭 필요하다.

부모로서 아들과 딸을 대할 때도 이 점을 명심해야 한다. 아들이지만 여성적인 뇌를 가졌을 수 있고, 딸이라도 남성적인 뇌를 가졌을 수 있다. 또한 아이에게는 단점도 있지만 세상을 조화롭게 하는 장점도 분명히 있다. 그래서 아이는 어떤 뇌를 가졌느냐에 상관없이 그 모습 그대로 존중되어야 한다. 부모가 해야 할 일은 아이의 단점을 지나치게 오해하지 않고, 아이가 도움을 요청할 때 손을 잡아주는 것이다.

왜 그럴까? ❹

아들과 딸, 나이는 같아도 **훈육은 달라야 한다**

> 네 살 난 남녀 쌍둥이인 인수와 인희. 엄마는 요즘 인수 때문에 고민이다. 얼마 전 인수가 장난감으로 친구를 때렸다. 엄마는 인수를 앉혀놓고 자녀 교육서에서 배운 대로 "만일 다른 친구가 너를 때린다면 너는 기분이 어떻겠니?"라고 대화를 시작했다. 그런데 황당하게도 인수는 "나도 때려줄 거야"라고 대답했다. 인희는 이런 경우 슬픈 얼굴이 되어 "아프고 슬플 거야"라고 대답하는데, 인수는 도통 엄마가 원하는 반응을 보이지 않는다.

남자아이와 여자아이는 뇌가 다른 만큼 훈육도 다르게 해야 한다. 인희가 친구를 때렸다면 엄마가 실행한 방법은 옳다. 맞은 아이의 기분을 상상해보게 하면, 다른 사람의 감정에 공감할 줄 아는 여자아이는 자신의 행동이 잘못되었다는 것을 안다. 하지만 남자아이는 다르다. 공감을 유도하는 말을 이해하지 못한다. 오히려 짧게 "친구를 때려서는 안 된다"라고 따끔하게 말해주는 것이 낫다. 만약 말이 효과가 없다면 타임아웃을 실행한다. 타임아웃이란 일종의 벌로, 바람직하지 못한 행동을 했을 때 3~10분 정도 일정한 장소에 격리되어 있는 것을 의미한다. 보통 빈방이나 '생각의자' 등을 활용하는데, 격리되는 상황이나 장소에는 흥미를 끄는 물건이 없어야 한다.

네 살이라면 4분 정도 혼자 있게 하면 된다. 체벌은 어떤 경우도 바람직하지 않지만, 꼭 해야 한다면 남자아이의 경우 엉덩이를 한두 대 때리는 것은 효과를 볼 수 있다. 하지만 여자아이의 경우 오히려 역효과가 나므로 절대로 체벌을 해서는 안 된다.

아들과 딸, 다르게 키워야 한다

미술시간에 나타난 남녀의 차이

> TEST
>
> 미국 텍사스 주의 산안토니오 아카데미. 네 살 아이들로 이루어진 학급에서 선생님이 아이들에게 물병, 우산, 호두, 스컹크 등이 그려진 8절지를 주고 그림을 오려보게 시킨다. 아이들은 제각기 작은 가위를 들고 그림을 오리기 시작한다. 남자아이와 여자아이는 오리기에서도 차이를 보일까?

남자아이와 여자아이의 종이 오리기

　남자아이들은 뭉텅뭉텅 잘라서 도무지 선을 따라가지 못한다. 그림의 윤곽선을 다 잘라버려서 형체를 알 수 없는 것도 있고, 대충 둥글게 잘라놓은 것도 있다. 이에 비해 여자아이들이 오린 그림은 사물의 윤곽선이 분명하게 드러나 있다.

　남자아이와 여자아이를 키워본 부모라면 이런 결과를 충분히 예상할 수 있었을 것이다. 비단 오리기뿐 아니라 종이접기나 만들기를 할 때도 마찬가지다. 같은 연령이라도 여자아이들은 깔끔하게 작업을 마무리하는 데 비해 남자아이들은 뭔가 엉성한 결과물을 내놓는다. 남자아이들은 왜 손으로 하는 섬세한 작업에 서툰 걸까?

　이에 대한 답을 하려면 소근육과 뇌의 비밀을 주목해야 한다. 손의 근육은 매우 작고 기다란 사슬 형태이며 서로 미끄러지듯 빠르게 움직인다. 그래서 섬세한 움직임이 가능하다. 글씨를 쓰거나 작은 물건을 집을 때 근육은 아주 미세하게 수축한다. 그런데 손의 근육을 움직일 때 가장 중요한 것이 뇌다. 뇌에서 운동 기능을 담당하는 부위의 무려 30퍼센트가 손에 해당하는데, 이는 손가락의 움직임이 그만큼 정교한 정보처리를 요구하기 때문이다. 그런데 소근육을 관장하는 소뇌가 남자아이들은 늦게 발달한다. 따라서 가위질, 글씨 쓰기 같은 활동을 어렵게 여기는 것이다. 삭스 박사는 이렇게 지적한다.

남자아이와 여자아이의 뇌는 서로 다른 순서로 발달한다. 이것은 10년 전에는 전혀 알려지지 않았던 사실이다.

버지니아 공과대학 Virginia Tech 연구팀은 생후 2개월~16세 남녀 508명을 대상으로 뇌 활동을 검사했다. 그 결과 여자아이들은 언어나 소근육 운동과 연관된 뇌 부위가 남아보다 약 6년 정도 빨리 발달하고, 남자아이들은 여아보다 목표 적중이나 공간기억과 관련된 부위가 약 4년 정도 빨리 발달한다는 사실이 밝혀졌다.

이 밖에 근육운동의 협응, 인과관계 유지 능력도 남녀의 발달 순서와 속도가 서로 달랐다. 하지만 남자가 성인이 되어서도 여전히 가위질을 못하거나 글씨를 잘 쓰지 못하는 것은 아니다. 순서가 다를 뿐 30세 정도가 되면 서로 다른 순서로 발달하던 뇌의 모든 부위가 성숙기에 이르러 남녀 간 차이가 거의 존재하지 않게 된다.

[TEST] 이번에는 미술 시간. 그림을 그린다기보다는 마음대로 도화지를 채워보는 시간이다. 붓에 물감을 묻혀 힘껏 뿌리기도 하고, 물감을 걸쭉하게 풀어 도화지에 잔뜩 묻혀보기도 한다. 물론 그냥 붓으로 칠해도 된다. 오직 하나뿐인 아이만의 그림이 완성되는 순간이다.

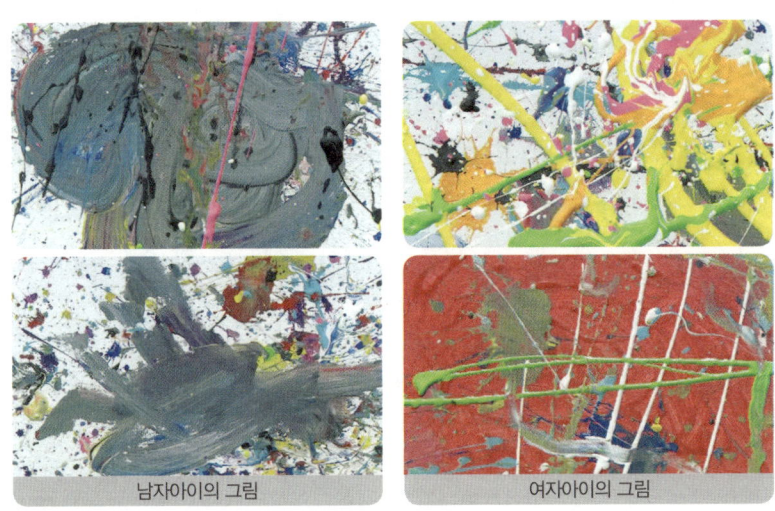

남자아이의 그림 / 여자아이의 그림

그런데 희한하게도 그림만 봐도 남자아이가 그렸는지 여자아이가 그렸는지 한눈에 구분이 간다. 유치원 미술 교사들은 여자아이들은 대체로 분홍색, 빨간색, 오렌지색, 녹색 등의 밝은 색을 좋아하는 반면, 남자아이는 검정색, 남색 등 어두운 색을 고르는 경향이 있다고 말한다. 아이들에게 이러한 차이는 왜 나타나는 걸까? 여기에 태어날 때부터 다른 남녀의 취향에 대한 답이 있다. 삭스 박사는 이렇게 말한다.

비밀은 아이들의 눈에 있다. 남자아이와 여자아이들의 망막은 서로 다르다. 여자들에게 많은 P세포는 색깔과 질감 식별에 유리하다. 남자들에게 많은 M세포는 움직임을 포착하고 사물의 방향이나 속도를 잘 감지한다.

인간의 망막은 빛을 신경학적 신호로 전환시키는 기관으로, 망막에 들어 있는 간상세포와 원뿔세포가 받아들인 신호를 신경질세포로 보내는 역할을 한다. 신경질세포는 두께에 따라 얇은 P세포와 두터운 M세포로 나뉜다. P세포는 '저것이 무엇인가'를 파악하며 사물의 질감이나 색깔에 대한 정보를 수집한다. M세포는 '물체가 지금 어디에 있고 앞으로 어디로 이동할 것인지'를 파악하며 동작이나 방향에 대한 정보를 주로 수집한다. 정보수집이 끝나면, P세포는 사물의 색이나 성질

을 분석하는 대뇌피질 부위로, M세포는 공간관계나 움직임을 분석하는 대뇌피질 부위로 각각 정보를 보낸다. 그런데 대부분의 남자들은 여자보다 망막이 두꺼운 편으로 M세포가 많고, 여자들은 망막이 얇은 편으로 P세포가 많다. 이러한 차이는 키와 연령과는 무관하게 오직 성별에서만 차이가 난다.

남녀가 그린 그림의 차이도 여기에서 비롯된다. 여자아이들이 밝은 색을 좋아하는 데 비해, 남자아이들은 색깔보다 움직임에 끌린 이유는 바로 눈에 있었다. 여자아이들이 머리부터 발끝까지 분홍으로 꾸미고 싶어 하는 것이나 예쁜 인형을 보면 사달라고 조르는 것도, 남자아이들이 움직이는 자동차를 좋아하는 것도 그들의 눈이 가진 비밀 때문이었다.

그런데 눈을 관장하는 것 역시 뇌다. 하지현 교수는 "남성의 뇌는 성호르몬의 영향에 의해서 시상하부의 일부 영역이 여성에 비해 2.5배 정도 크다"고 지적한다. 시상하부는 성적 행동, 체온, 감정 등 사람의 본능에 관여하는 부분이다. 이에 덧붙여 하이어 박사는 남자아이와 여자아이의 뇌의 차이를 논할 때 우리가 결코 간과해서는 안 되는 사실이 있다고 지적한다.

MRI로 동일한 지능지수를 가진 남녀의 뇌를 분석했는데, 놀랍게도 남녀에 따라 지능과 관련된 뇌가 활성화되는 부위가 달랐다. 지능과 관련된 회백질이 남자들은 앞부분 정중앙에 있는 반면, 여자들은 앞부분 측면에 있었다. 하지만 연구에서 중요한 것은 서로 다른 경로를 통해 동일한 지능에 도달할 수 있다는 것이다.

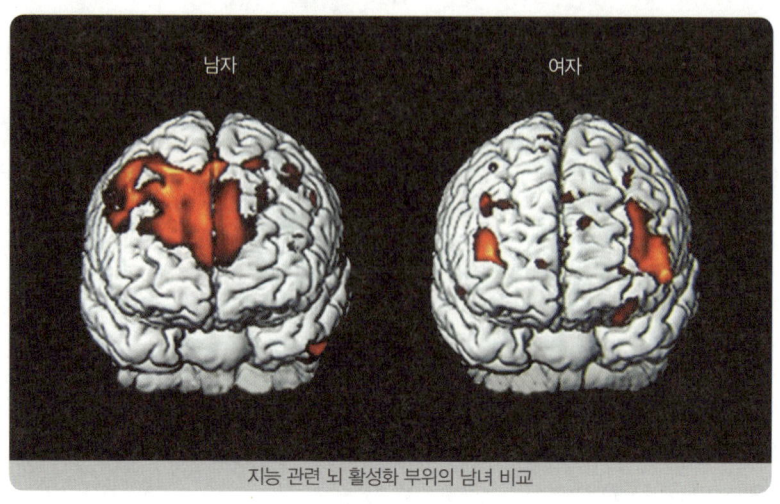
지능 관련 뇌 활성화 부위의 남녀 비교

남자와 여자의 뇌는 확실히 다르다. 하지만 중요한 것은 서로 다른 경로를 통해서도 같은 곳에 도달할 수 있는 사실이다. 서로 다른 경로를 이용하고 있다는 것을 밝히는 이유는 누가 더 우월한가를 알아내기 위해서가 아니라, 서로를 더 잘 이해하는 방법을 찾기 위해서다.

남자아이와 여자아이, 다른 교육이 필요하다

20~30년 전만 해도 대학 입학시험의 수석 합격자나 사법고시 합격생이나 병원의 의사는 모두 남자였다. 일반적으로 똑똑하고 능력 있는 사람들이 하는 것으로 여겨지는 전문직은 '남자'들이 도맡아 하고 있었다. 따라서 우리는 아들이 딸보다 똑똑하다고 믿었다. 그러나 요즘

은 높은 수준의 전문성을 요구하는 분야에 진출하는 여성이 계속해서 증가하고 있다. 2008년 행정고시와 외무고시에서 여성 합격자 수는 전체의 51.2퍼센트, 65.7퍼센트로 남성 합격자 수를 넘어섰다. 2009년 신규 임용된 검사 중 여성의 비율도 50퍼센트를 넘었다. 전통적으로 남성이 두각을 보여온 의료계도 예외가 아니다. 2008년 의사면허 취득자 중에서도 여성이 33.5퍼센트를 차지했다. 그야말로 알파걸*이 넘쳐나고 있는 것이다.

> * **알파걸** 하버드 대학 아동심리학과의 댄 킨들런Dan Kindlon 교수가 만들어낸 신조어. 그는 미국과 캐나다의 열다섯 개 학교를 방문해 재능 있고, 성적이 우수하며, 현재 리더이거나 앞으로 리더가 될 가능성이 있는 10대 소녀 113명을 인터뷰하고 950명에게 설문을 실시했다. 그리고 여학생의 20퍼센트가량이 공부, 운동, 친구관계, 미래에 대한 비전, 리더십 등 모든 면에서 남학생을 능가한다는 사실을 발견했다. 그는 그런 여학생을 그리스어의 첫째 자모 알파(α)를 따서 알파걸이라고 명명했다.

　상황이 이렇다 보니 말문이 트이는 것도 느리고, 말귀도 잘 못 알아듣고, 한글도 늦게 뗀 아들을 보는 엄마들의 시선이 곱지가 않다. 남매를 기르는 엄마는 종종 둘을 비교하며 푸념을 늘어놓는다. 딸은 과외며 학원이며 시키지 않아도 공부를 잘하는데, 아들은 도통 공부에 흥미가 없다는 것이다. 밖에 나가 친구들과 공차기나 좋아하고 집에서는 게임기만 붙잡고 있다. 말을 해도 흘려듣고 숙제나 준비물도 챙겨주지 않으면 빼먹기 일쑤다. 물론 모든 아들들이 다 이렇다는 것은 아니지만 말이다.

　옛날 어른들의 말씀처럼 남자아이는 모든 면에서 여자아이보다 느린 걸까? 기다리면 나아지고 언젠가 마음만 잡으면 모든 것을 한꺼번에 잘하게 될까? 어른들의 말씀 중 반은 맞고 반은 틀리다. 일부는 맞지만 일부는 틀리다.

우선 '남자아이는 여자아이에 비해 느리다'는 말은 틀렸다. 느린 것이 아니라 다른 것이다. 남아는 여아와 다른 발달 순서를 밟는데, 유감스럽게도 자신의 발달 순서에 불리한 환경을 제공받는다. 게다가 부모가 아이에게 기대하는 능력은 얄궂게도 대부분 여아의 발달 단계에 맞춰져 있고, 학습 과정 또한 그렇다. 그래서 남자아이들은 항상 못한다는 소리를 듣는다. 여아는 소근육과 사고, 언어가 먼저 발달하는 데 비해, 남아는 대근육과 행동이 먼저 발달한다. 여자아이는 발달 시기에 맞게 말하기와 읽기, 쓰기를 배운다. 여자아이들은 별 어려움 없이 원하는 정보를 얻고 실력을 발휘해서 칭찬을 받는다. 그러나 남자아이들에게 그 시기는 대근육을 발달시키는 시간이다. 한창 움직이고 싶어 하는 아이에게 우리는 앉아서 공부할 것을 강요하는 셈이다. 이 시기에 남자아이의 대근육 발달은 여자아이를 능가하지만, 아무도 아이의 대근육 발달을 칭찬해주지 않는다.

두 번째 '기다리면 언젠가 한꺼번에 잘하게 된다'는 말은 맞다. 발달 순서가 다르긴 하지만 여자아이나 남자아이나 뇌의 성숙이 대부분 이루어지면 발달 정도는 비슷해진다. 물론 앞 장에서 살펴본 대로 몇 가지 능력에서는 평생 동안 남자가 앞서거나 여자가 앞선다. 유아기, 아동기에는 남녀의 발달 순서에 따른 차이가 심하지만 자라면 자랄수록 줄어든다. 때가 되면 남자도 여자만큼 할 수 있다.

그러나 남녀의 차이는 분명히 존재한다. 삭스 박사는 남자아이의 특성이 반영되지 않은 교육 현실을 걱정한다.

남자아이와 여자아이는 다른 방향으로 접근해야 한다. 학교에서 소년과 소녀의 차이와 특성을 이해하고 교육하는 것이 중요하다. 다섯 살짜리 남자아이의 경우, 언어와 관련된 뇌 부위들을 살펴보면 세 살 반짜리 여자아이와 비슷하다. 문제는 미국에서 5세 남자아이에게 읽기와 쓰기를 여자아이들과 똑같이 가르친다는 사실이다.

그는 다섯 살짜리 남자아이에게 읽기와 쓰기를 가르치는 것은 너무 빠르며, 차라리 유치원에 보내지 말거나 초등학교에 1년 늦게 보내야 한다고 주장한다. 읽기와 쓰기에 필요한 모든 능력, 즉 언어로 자신을 표현하게 하는 뇌 부위, 글씨를 보고 이해하는 뇌 부위, 언어를 듣고 이해하는 뇌 부위, 쓰기를 위해 필요한 소근육을 관할하는 뇌 부위 등의 발달을 종합해볼 때, 남자아이들은 여자아이에 비해 최소 1년~6년까지 늦을 수밖에 없기 때문이다. 따라서 조금 극단적으로 들릴지도 모르겠으나 단성교육 single-sex education*이 필요하다고 말한다.

물론 극단적인 단성교육은 우리 교육 현실에서 어려울 수 있지만 곽금주 교수는 이렇게 말한다.

*단성교육 양성교육의 반대 개념으로, 남자아이와 여자아이를 발달 특성이나 시기에 따라 구분해 교육하는 것을 이른다. 남녀 분리교육이라고도 한다.

심리적으로 다르게 느낀다는 것은 다르게 교육할 필요가 있다는 말이다. 남자아이와 여자아이의 차이가 있음은 분명하고 개인차는 또 다른 문제다.

남녀에게 다른 교육 방식이 필요하다는 데 대해서는 전문가들도 한 목소리를 낸다. 일단 부모들부터 남자아이와 여자아이의 특성에 대해 제대로 이해할 필요가 있다. 그러면 그동안 잘못 가지고 있었던 조급증을 조금은 다스릴 수 있을 것이다.

아들은 왜 게임의 유혹에 약할까?

왜 남자아이들은 게임에 그토록 몰입할까? 삭스 박사는 그 이유를 남자아이는 여자아이보다 권력의지가 앞서기 때문이라고 설명한다. 권력의지란 남을 정복하고 이겨서 스스로 강해지려는 의지를 말한다. 대부분의 여자아이는 남에게 좋은 평가를 받는 것을 중요하게 여기지만, 남자아이는 다른 사람의 평가보다는 스스로의 지배력이나 의지를 중요하게 생각한다. 이런 성향 때문에 남자아이들은 승패가 분명하고 조작만 잘하면 지배력을 맛볼 수 있는 게임에 몰입하게 되는 것이다. 간혹 아이가 게임을 잘하면 머리가 좋은 것으로 착각하는 부모도 있는데, 지나치게 게임을 하면 뇌에 좋지 않은 영향을 준다. 7~14세 남자아이를 대상으로 한 연구 결과, 비디오게임을 하면 뇌의 혈액순환이 원활하지 않은 것으로 밝혀졌다. 특히 전두엽으로 가는 혈류가 막힌다. 뇌는 혈액이 골고루 공급되어야 제대로 작동할 수 있는 기관인데 게임을 하면 뇌의 한 부위에 피가 과도하게 몰려서 혈류가 막힐 수도 있다는 것이다. 또한 게임을 통해서 권력의지를 맛보며 희열을 느끼더라도 그것은 현실세계와는 아무 상관이 없는 것이라 현실적인 자존감에도 도움이 되지 않는다.

아이의 게임 시간은 줄이면 줄일수록 좋다. 두뇌 발달을 위해서도 현실생활에 적응하게 하기 위해서도 그렇다. 하지만 갑자기 끊으면 아이가 불안해할 수 있으므로 전략적으로 서서히 진행해야 한다. 처음에는 게임을 하는 장소를 바꾸고, 그다음에는 게임의 종류를 바꾸고, 서서히 시간을 줄이는 등 단계적인 노력이 필요하다. 또한 게임이 아닌 실제 경험에서 권력의지를 맛볼 수 있도록 대체물을 찾아주는 것도 좋다.

첫 번째 변화는 장소. 보통 아이가 게임을 하는 곳은 자신의 방이다. 혼자만의 공간에서 게임을 하면 부모가 감시하기가 어려워, 아이는 부모의 눈치를 보지 않고 게임을 오래 즐긴다. 그러므로 가족이 항상 드나들고 어수선한 공간, 그러니까 거실이나 서재, 주방으로 컴퓨터를 옮기는 것이 좋다. 부모는 항상 아이가 무슨 게임을 하고 있는지 알아야 한다.

그런 다음에는 게임 종류를 서서히 바꾼다. 만약 아이가 게임에 중독되어 있다면 그것은 십중팔구 무기로 무언가를 파괴하는 것이나, 총으로 사람을 죽이는 것, 또는 자동차 경주일 것이다. 일반적으로 폭력성이 있는 게임은 아이들에게 중독 증상을 가져온다. 하지만 마을을 만든다든지, 강아지를 키운다든지 하는 게임은 중독성이 강하지 않다. 폭력성이 강한 게임은 금하고 건전한 게임으로 그 종류를 바꾸어간다.

또한 게임을 할 수 있는 조건과 시간을 정확히 정한다. 게임을 할 수 있는 조건은 아이가 숙제나 학원 수업 등 해야 할 모든 일을 다 끝낸 뒤로 정한다. 만약 여러 가지 일, 예를 들어 가족, 학교, 친구와 관련된 일과 게임이 겹쳤을 때, 게임은 맨 마지막에 하는 것으로 약속을 한다. 가족이 1순위, 학교가 2순위, 친구가 3순위, 게임은 4순위라는 것을 명심시킨다. 그리고 하루 40분, 주말에는 한 시간 정도의 시간을 할애해준다. 이러한 규칙은 미리 말해주어야 하고 종이에 써서 컴퓨터 책상 앞에 붙여놓아도 좋다. 그리고 어떤 상황이라도 그 규칙을 지키도록 한다. 손님이 오거나 부모가 기분이 좋다고 해서 규칙을 깨도록 허용해서는 안 된다. 남자아이는 유동적인 규칙보다 강력한 규칙을 더 잘 지킨다.

그리고 아이가 게임에 중독되지 않게 하려면 승부욕과 지배욕을 분출할 수 있는 대체물을 찾아주어야 한다. 폭력적인 게임을 좋아하는 아이라면 신체적인 접촉이 심한 스포츠, 땀을 흠뻑 흘리면서 가쁜 숨을 몰아쉬어야 하는 운동을 시켜야 한다. 달리기, 농구, 축구, 레슬링, 태권도, 검도 모두 괜찮다. 방학 때는 극기 훈련 캠프 같은 곳에 보내보는 것도 좋다. 자동차 경주에 심취한 아이라면 놀이공원에 가서 범퍼카를 실컷 태워주든지, 아빠와 자전거 경주를 하는 것도 좋다. 아이는 이런 현실 속 경험을 통해서 게임보다 실제 경험이 더 재미있다는 것을 알게 된다. 이러한 실제 경험은 아이의 자존감을 키워주는 데도 효과가 있다.

남자아이에게서 ADHD가 많이 나타나는 이유

ADHD(주의력결핍 과잉행동장애 Attention Deficit Hyperactivity Disorder)는 충동을 억제하지 못하고 부주의한 행동을 자주 하거나 과잉행동, 공격성 등이 주요 증상으로 나타나는 소아정신과 질환 중 하나다. 7세 이전의 아동기에 발병해 취학 연령 전후에 발견되는 것이 일반적이다. 정확한 원인은 밝혀지지 않았으나 뇌 신경전달물질의 분비 이상이 가장 유력한 원인으로 꼽힌다. 이 외에도 임신 중의 과도한 스트레스나 유전적인 요소, 부모의 양육방식이 원인이 된다는 연구도 있다. 하지만 일반적으로 유치원이나 초등학교에 들어가기 전까지는 발견하기가 어렵다.

ADHD와 게임중독은 남자아이에게 유독 심하게 나타난다. 특히 최근 한 학급당 서너 명을 차지할 정도로 증가하고 있는 ADHD는 평균적으로 남자아이의 발병률이 여자아이보다 3~5배 정도 높다. 남녀의 차이에 대해 연구하는 학자들은 남자아이에게서 ADHD가 많이 나타나는 이유를 발달 차이에서 찾는다. 남자아이는 여자아이보다 발달시켜야 하는 근육의 양이 많고, 특히 유치원이나 초등학교 시기는 대근육을 발달시키는 때이므로 산만하게 보인다는 것이다.

하버드 대학의 앨런 랭어 Ellen Langer 교수는 '주의력결핍'이란 교사나 부모가 원하는 일이 아닌 다른 일에 주의를 기울이는 현상을 달리 표현한 말일 뿐이라고 지적한다. 삭스 박사 역시 『알파걸들에게 주눅 든 내 아들을 지켜라』라는 저서에서 남자아이를 ADHD로 진단할 때는 아주 신중해야 한다고 강조한다. 오랫동안 한곳에 조용히 앉아 있기를 바라는 것은 남자아이의 발달에 올바르지 않다고 그는 말한다. 가만히 앉아 있는 수업에서는 산만하고 부주의하지만, 체육이나 과학 등 활발한 활동을 하는 수업에서는 그렇지 않다면 그 아이는 ADHD가 아닐 수도 있다. 또한 7세 이전에는 괜찮았는데 상급학교로 올라가면서 갑자기 그런 증상을 보인다면 ADHD가 아니라 우울증이나 다른 심리적인 문제 때문일 수도 있다. 이처럼 정확한 진단을 내리기 어려우므로 너덧 군데 병원에서 검사를 받아볼 필요가 있다. 면담과 관찰뿐 아니라 MRI를 이용한 검사도 해보는 것이 좋다.

 ADHD를 조기진단하고 치료하는 것을 권하는 이유는 방치할 경우 46퍼센트가 성인이 되어서도 증상이 이어지지만 초기에 치료할 경우 70~80퍼센트 정도가 호전되기 때문이다. 성인이 되어서도 ADHD를 가지고 있는 경우 학습은 물론 정서나 대인관계 등 광범위한 문제로 발전할 수 있다. 그러나 약물, 부모 교육, 놀이, 사회성 기술 훈련 등 다양한 방법으로 치료를 하면 산만함과 사회성 부족 같은 ADHD의 대표 증상은 호전된다. 일찍 발견될수록 완치의 확률이 높다. 하지만 삭스 박사는 효과가 빠르다고 쉽게 약물치료를 결정해서는 안 된다고 주장한다. 오히려 뇌에 좋지 않은 영향을 줄 수 있기 때문이다. 아이가 ADHD로 의심된다면 그런 증상을 보이는 환경적인 원인을 찾아보고, 그것을 교정하는 것이 우선이다. ADHD 진단을 받은 남자아이 중에는 특유의 활동성을 분출해 정상적으로 성장한 경우도 많기 때문이다.

ADHD 체크리스트

- 아이가 보인 지난 일주일 동안의 행동을 생각하며 체크한다.
- 총점이 19점 이상인 경우 ADHD가 의심된다.

전혀 그렇지 않다 : 0
약간 혹은 가끔 그렇다 : 1
상당히 혹은 자주 그렇다 : 2
매우 자주 그렇다 : 3

		0	1	2	3
1	학교 수업이나 일, 혹은 다른 활동을 할 때, 주의집중을 하지 않고 부주의해서 실수를 많이 한다.				
2	가만히 앉아 있지 못하고 손발을 계속 움직이며 몸을 꿈틀거린다.				
3	과제나 놀이를 할 때 지속적으로 주의집중하는 데 어려움이 있다.				
4	수업시간이나 가만히 앉아 있어야 할 상황에 일어나 돌아다닌다.				
5	다른 사람이 말할 때 귀담아 듣지 않는다.				
6	상황에 맞지 않게 과도하게 뛰어다니거나 기어오른다.				
7	흔히 시키는 일을 끝내지 못하고 도중에 포기해버린다.				
8	조용히 하는 놀이나 오락활동에 참여하는 데 어려움이 있다.				
9	과제나 활동을 체계적으로 하는 데 어려움이 있다.				
10	항상 끊임없이 움직이거나 마치 모터가 달려서 움직이는 것처럼 행동한다.				
11	공부나 숙제 등 지속적으로 정신적 노력이 필요한 일이나 활동을 피하거나 싫어하거나 하기를 꺼린다.				
12	말을 너무 많이 한다.				
13	과제나 활동을 하는 데 필요한 것들(장난감, 숙제, 연필 등)을 잃어버린다.				
14	질문을 끝까지 듣지 않고 대답한다.				
15	외부자극에 의해 쉽게 산만해진다.				
16	자기 차례가 올 때까지 잘 기다리지 못한다.				
17	일상적인 활동을 잊어버린다(숙제를 잊어버리거나 준비물을 두고 학교에 간다).				
18	다른 사람을 방해하고 간섭한다.				

(출처 : 조지 듀폴 George Dupaul 평가척도)

아들, 느긋하게 기다려라

남자아이는 장점이 많다. 여자아이에 비해 공간능력이 우수하고 집중력도 높다. 사물을 꿰뚫어보는 눈이 있으며 감성과 이성을 분리할 줄 안다. 운동능력이 뛰어나며 도전정신이 탁월하다. 이러한 많은 장점을 가졌음에도 몇 가지 약점 때문에 남자아이의 유아기와 아동기는 패배감, 좌절감으로 얼룩지기도 한다. 남자아이의 약점은 여자아이와 발달 순서가 다르다는 것, 그러나 그를 키우고 가르치는 대부분의 사람들이 그런 특성을 이해하지 못하는 '여자'라는 데서 비롯된다.

가정에서도 유치원에서도 초등학교에서도 여자아이와 비교당하는 남자아이의 엄청난 스트레스를 생각해보라. 아무도 이 아이의 쓰기와 읽기의 능력이 그보다 두 살 어린 여자아이 정도라고 이해해주지 않는다. 아이는 읽기와 쓰기를 배우기 시작하면서 속으로 수도 없이 '나는 공부를 못한다', '공부는 재미없다', '나는 할 줄 아는 것이 별로 없다'는 생각을 하며 공부에 대한 선입견을 갖게 될 것이다.

그런데 이 시기에 읽기, 쓰기보다 더 중요한 것은 자아존중감 self-esteem*이다. 자아존중감은 학자에 따라서 초등학교 이전 혹은 초등학교 시기에 완성된다고 보는데, 이 시기에 읽기, 쓰기로 인해서 아이가 경험한 열등감은 자신에 대한 부정적인 이미지로 남아 평생을 살아가는 데 좋지 않은 영향을 준다.

> *자아존중감 '자존감'이라고도 하며 한 개인이 자신에 대해 스스로 어떻게 생각하는가를 말한다. 자존감의 핵심 요소는 '자기 가치'와 '자신감'이며, 나는 사랑받고 존중받을 가치가 있다고 여기는 것, 나는 어려운 일도 잘해낼 수 있다는 기대감으로 표출된다.

뇌 발달 측면에서 보면, 처음에는 발달이 더딘 남자아이도 중학교나 고등학교 시기가 되면 여자아이보다 더 높은 학업과제 수행능력을 갖게 될 수 있다. 하지만 유치원이나 초등학교 시절 자신에 대한 열등감을 심어놓은 아이는 이 시기가 되어 잘할 수 있는 능력이 갖춰져도, 여전히 자신의 능력을 믿지 않는다. 그래서 공부에 적극적으로 임하지도, 노력하지도 않게 된다. 이런 아이가 더 자라 사회에 나간다면 어떻게 될까? 자신감도 없고, 자아존중감도 낮은 성인이 될 것이다. 물론 남자아이들의 삶이 모두 이 시나리오대로 진행되는 것은 아니지만, 부인할 수 없는 것은 이미 우리 주위에 이런 아이가 많다는 것이다.

초보 부모로서 아기를 키울 때를 생각해보자. 아기들이 걷는 시기가 보통 생후 12개월이라고 하지만 실제로는 저마다 다르다. 생후 8개월에 걷는 아기가 있는가 하면 15개월이 지나서야 걷는 아이도 있다. 고작 몇 달 차이지만, 초보 부모들은 아이가 일찍 걸으면 월등한 능력을 지닌 것처럼 좋아하고, 반대로 돌이 지났는데도 걷지 않으면 무슨 이상이 있는 것은 아닌지 조급해한다. 하지만 아이가 초등학생이 되고 나면 첫걸음마를 8개월에 했든 15개월에 했든, 말문이 두 살에 트였든 세 살에 트였든 열 살쯤 되면 별 차이가 없다는 것을 알게 된다. 남자아이는 이런 마음으로 키워야 한다. 하지현 교수는 "남자아이를 키우는 데 가장 필요한 것은 꾸준한 인내를 가지고 기다리는 것"이라고 말한다. 초등학교에 입학하는 아이를 둔 엄마가 돌쟁이 엄마를 바라보는 그런 여유로운 눈으로 아이를 바라봐야 한다.

그렇다면 남자아이를 잘 키우기 위한 구체적인 방법에는 어떤 것이 있을까?

첫째, 감정을 솔직하게 표현하는 모습을 많이 보여준다

우리는 흔히 남자다움은 감정을 억제하는 것이라고 생각한다. 아이가 다쳐서 울 때도 남자니까 참아야 한다고 말한다. 그런 특징이 굳어지지 않게 하려면 어릴 적부터, 특히 아빠가 감정을 솔직하게 표현하는 모습을 보여줄 필요가 있다. 남자아이의 역할모델은 아빠이기 때문이다.

둘째, 스킨십을 자주 해준다

테스토스테론이 가진 성향에는 공격성도 있으므로 남자아이들은 여자아이들보다 공격적이다. 그래서 남자아이들은 말로 하면 될 일도 밀치고 던져서 해결한다. 남자아이를 폭력적이지 않고 부드럽게 키우려면 애정이 듬뿍 담긴 스킨십을 해라. 많이 안아주고 사랑한다는 말도 자주 해주자. 엄마 아빠와 신체접촉을 할 수 있는 운동, 예를 들어 씨름이나 축구를 하는 것도 좋다. 스킨십을 많이 한 아이는 그렇지 않은 아이에 비해 공격성이 적을 뿐 아니라 감수성도 풍부해진다. 남자아이라도 울거나 속상해할 때는 따뜻한 스킨십으로 그 마음을 알아줄 필요가 있다. 아이를 안아주거나 어깨를 다독여주는 것만으로 아이는 공감을 느끼고 배울 수 있다.

셋째, 부정적 감정을 받아주고 말로 표현하는 연습을 시킨다

남자아이는 초등학교에 가면 조금 반항적으로 변한다. 자아가 뚜렷해지는 데 비해 주위에는 그것을 알아줄 사람이 없기 때문이다. 초등학생 시기에 아이들은 남들의 평가로 자신을 가늠한다. 그런데 초등학교 교사의 90퍼센트가 여성이다 보니, 남자아이들의 특성을 이해하지 못하는 경우가 종종 생긴다. 예컨대 남자아이의 '창의성'이 수업에 방해되는 '돌발행동'으로 오해되기도 한다. 그래서 남자아이는 초등학교에 들어가면서 부정적인 감정을 많이 느끼게 된다. 아이가 이런 감정을 쌓아두지 않게 하려면 아이와 대화를 많이 하고 부정적 감정을 말로 표현하는 연습을 시켜야 한다. 아이가 언어로 표현하는 것을 어색해한다면 엄마가 먼저 '화가 났구나', '슬프구나', '폭발하기 직전이구나'처럼 아이의 감정 상태를 거울에 비추듯 이야기해주자. 아이는 자신의 감정 상태를 언어적으로 표현할 수 있다는 사실을 알게 되고, 감정을 언어로 표현하는 능력을 이전보다 더 빨리 습득할 수 있다. 또한 다른 사람이 자신의 감정에 공감해준다는 것을 앎으로써 부정적 감정이 엷어지는 효과도 있다.

넷째, 공부를 못한다고 혼내지 않는다

앞서서 여러 번 말했지만 남자아이의 학습능력은 생각보다 늦게 발달된다. 유아기나 아동기의 남자아이가 부모의 바람만큼 못하는 것은 아이의 머리 탓이라기보다는 발달의 순서가 달라서라는 사실을 이해해야 한다. 현실적으로 남자아이만 따로 모아놓고 가르치는 것이 어려운 만큼, 아이가 기초 정도만 파악했다면 만족하고 너무 잘하기를 기대하지 마라. 윽박질러 자존감을 낮춰놓지만 않는다면 때가 되면 남자아이도 다 잘한다.

다섯째, 몸으로 느낄 수 있는 체험학습을 많이 시킨다

지금까지 살펴본 남자아이의 특징을 정리해보면 수학, 영어, 논술 학원에서 가서 조기교육을 받는 것은 오히려 아이를 망치는 행위라는 결론에 도달할 수 있다. 오히려 체험학습을 통해서 아직 학습을 받아들일 준비가 되지 않은 남자아이의 고충을 덜어주는 것이 낫다. 남자아이는 앉아서 설명을 듣고 글씨를 쓰는 것은 늦지만, 호기심이 왕성하고 움직이면서 배우는 것은 여자아이보다 빠르다. 따라서 학습 내용에 맞춰 최대한 체험토록 하면 능률을 높일 수 있다. 체험학습이란 코끼리에 대해 배우기 위해 직접 코끼리를 만져보는 것만을 의미하지 않는다. 물론 직접 경험이 가장 좋긴 하지만, 그것이 어렵다면 코끼리 모형 등을 이용하는 간접 경험도 괜찮다. 영화나 텔레비전, 슬라이드, 사진 등 간접적 체험학습도 도움이 된다.

여섯째, 경쟁에서 배우게 하고 승리욕을 자극한다

남자아이들은 여자아이에 비해 승리욕이 강하다. 어린 남자아이가 밥을 잘 먹지 않을 때, 누가 빨리 먹는지 내기를 하자고 하면 정신없이 숟가락질을 하기 시작한다. 조금은 유치해 보이지만 남자아이의 이런 습성은 꽤 오랫동안 지속된다. 초등학교에 입학해 청군 백군으로 팀을 나눠 승부를 겨룰 때 상기되어 열심히 하는 것은 대부분 남자다. 남자아이는 경쟁과 승부를 즐긴다. 따라서 적당한 선에서 아이가 경쟁할 수 있는 상황을 만들어주면 의욕을 북돋고 성취 결과도 좋게 만들 수 있다. 하지만 한 가지 주의할 점은 아이가 경쟁이나 승부를 즐기기 전에 도덕적 규칙을 먼저 일러주어야 한다는 사실이다. 규칙을 지키지 않는 경쟁이나 승부는 이겨도 이긴 것이 아니라는 사실을 반드시 가르쳐준다.

일곱째, 애완동물이나 식물을 키워보게 한다

남아의 언어능력이나 감정표현 능력이 여아에 비해 뒤지는 것은 공감능력이 부족하기 때문이다. 남자의 공감능력은 어릴 때는 물론 성인이 되어서도 여자를 따라가지 못한다. 그러니 아이가 어릴 적부터 공감해볼 수 있는 기회를 많이 만들어줘라. 어린 시절 아이들은 움직이고 살아 있는 것은 모두 친구가 될 수 있다고 생각하므로 동물이나 식물을 키우도록 해서 나 이외의 다른 존재에 대해 생각할 기회를 주는 것이 좋다. 햄스터나 강아지, 고양이, 병아리, 금붕어 등 애완동물에게 먹이를 주고 씻겨주고 놀아주면서 아이는 다른 사람의 입장이 되어보고 남을 배려하는 연습을 할 수 있다. 나 이외의 다른 존재에 대해 아는 것은 다른 사람의 정서를 인식하는 능력으로 발전한다.

여덟째, 운동에너지를 발산하도록 한다

남자아이가 발달시켜야 하는 대근육은 여자아이가 발달시켜야 하는 양보다 많다. 남자아이가 산만해 보일 정도로 분주하게 움직이는 것은 운동에너지가 넘쳐나기 때문이다. 집 안에서 뛴다고 혼낼 것이 아니라 하루에 한 시간은 밖에서 마음껏 뛰어놀도록 한다. 아빠와 자전거를 타든지, 농구를 하든지, 달리기 시합을 하든지 다 괜찮다. 땀이 나도록 신나게 뛰어놀고 나면 왕성한 운동에너지를 분출할 수 있을뿐더러 아빠와도 더욱 가까워진다.

감정이 통해야 마음을 여는 딸

여자아이는 뇌 과학적으로나 행동학적, 심리학적으로 남자아이와 확연히 다르다. 발달도 남자아이보다 빠른 것 같고, 엄마의 지도에 따라 비교적 순조롭게 성장하는 것처럼 보인다. 하지만 여기에는 함정이 숨겨져 있다. 여자아이는 무엇이든 똑똑하게 잘해나가는 것 같아도 속으로는 응석을 부리고 싶은 마음이 있을 수 있다. 그 속마음을 헤아려줘야 한다. 자신의 감정을 이해받을 때, 비로소 딸들은 부모를 신뢰한다.

여자아이의 부모들 중에는 "우리 애는 신경 안 써도 뭐든 알아서 잘해요" 하고 말하는 사람이 많다. 자기가 알아서 잘하니까 특별히 신경도 안 쓰고, 당연하게 생각하곤 한다. 그러나 딸들은 그 순간 칭찬받고 싶어서 필사적으로 노력하고 있을지도 모른다. 말썽꾸러기 아들에게 관심을 기울이는 만큼 뭐든 잘하는 딸에게도 신경을 써야 한다는 말이다. 부모는 딸의 노력을 알아줘야 한다.

뇌 구조가 다른 만큼 아들과 딸은 키우는 방법도 달라야 한다. 딸 키우는 데 있어 가장 중요한 것은 아이가 보내는 메시지를 들어주고, 공감하는 것이다. 딸들은 감정이 통했다고 느끼면 부모를 신뢰하는데, 신뢰관계가 형성되면 나머지는 수월하게 풀린다.

딸들은 '관계'를 중요하게 여긴다. 상대방이 싫어할 것 같은 일은 아예 시도하지 않은 채 성장하기도 한다. 엄마가 "하지 마!"라고 몇 번 말하면, 남자아이는 그럼에도 불구하고 계속해서 시도하고 꾸지람을 듣는 쪽을 택하지만 여자아이는 엄마가 싫어할 것이 꺼려져서 꾹 참아버린다는 것이다.

여자아이들은 예민한데다 머리도 좋고 언어 발달도 빠르다. 그래서 자신의 잘못을 지적받으면 남의 핑계를 대거나 상황 탓을 하기도 한다. 또 말대답을 하거나 울며 떼를 쓰기도 한다. 이것은 자신의 메시지를 전하는 소극적이지만 다양한 방법이다. 이럴 때는 아이가 보내는 메시지를 공감해주는 것이 중요하다. 부모가 자신의 마음을 알아줄 때 여자아이들은 비로소 통했다고 느끼고 안심을 하며, 거기에서 자신감도 나오게 된다.

부모는 아이가 태어나 처음으로 관계를 맺는 사람이다. 최초의 관계에서 만족감을 느끼면 딸은 자신을 긍정하게 되고, 세상으로 당당하게 나아갈 힘을 얻는다.

딸, 당당한 리더로 키워라

다중지능 이론의 창안자인 하버드 대학 교육학과 하워드 가드너 교수는 리더가 되려면 보통 사람에 비해 서너 가지의 지능이 좋아야 한다고 말했는데, 이는 대부분 여성에게서 돋보이는 지능이다. 그는 우선 언어지능이 뛰어나야 한다고 보았다. 사람들에게 설득력 있게 말을 할 수 있어야 하기 때문이다. 또한 사람을 이해하는 지능이 높아야 하고, 자신을 돌아보는 자성지능도 갖춰야 한다고 하였다. 여자아이는 대개 가드너 교수가 말한 리더의 지능을 갖추고 있다. 언어능력이 발달해 언어지능이 높고, 공감능력이 발달해 대인관계지능, 자기이해지능이 높은 편이기 때문이다. 여자아이는 이미 리더가 될 만한 유리한 고지를 점령하고 있는 것이다.

늘어나고 있는 유능한 여성 CEO들의 성공 이유를 살펴보면 여자의 뇌가 가진 강점이 고스란히 녹아 있다. 천부적인 언어감각, 정도경영, 사람 중시, 투명경영, 듣기 등이 그것이다. 이것은 모두 공감능력에서 비롯된다. 공감능력을 가진 리더는 직원을 필요와 욕구를 충족하기 위해 이용하는 도구로 보지 않고, 감정을 가진 한 개인으로 본다. 그들도 사적인 시간과 공간이 필요한 개인적인 삶을 산다는 것을 이해한다. 그래서 '친절한 리더십', '따뜻한 리더십'이 나올 수 있는 것이다.

하지만 공감능력 하나만으로는 리더가 될 수 없다. 대학을 졸업하고 회사에 입사할 때까지만 해도 여자들은 남자들보다 우수한 능력을 자랑한다. 그런데 이상하게도 정치계든 경제계든 학계든 고위직은 대부분 남성의 차지다. 똑똑한 여자들은 다 어디 가고 이른바 윗자리에는 남자들만 남아 있는 걸까? 이는 사회적 구조에 따른 문제이기도 하지만, 뇌에도 일부 원인이 있다. 리더가 되는 데 중요한 '도전정신, 추진력, 끈기'가 여성의 뇌에 상대적으로 부족하기 때문이다. 이러한 뇌의 특성을 보완하려면 여자아이는 의식적으로라도 더 많이 도전해보게 하고, 스스로 리더가 되어 다른 사람을 이끌어보게 하고, 뭐든 시작한 일은 끝까지 해내도록 하는 훈련을 많이 시켜야 한다. 여자아이를 리더로 키우고 싶다면 다음의 몇 가지를 명심하자.

첫째, 다양한 장난감을 사준다

여자아이의 취향은 대개 비슷해서 인형이나 액세서리, 옷 등을 좋아한다. 그러나 '이제 여자아이의 뇌가 좋아하는 것을 알았으니 인형이나 분홍색 옷을 사줘야겠다'고 생각하는 것은 좀 위험하다. 물론 인형이 좋다는 아이에게 억지로 자동차를 가지고 놀게 하라는 것은 아니다. 하지만 아이는 여자이기 이전에 오감을 자극받아 뇌를 고루 발달시켜야 하는 단계에 있다는 점을 간과해서는 안 된다. 아이가 좋아하는 것만 가지고 놀게 하지 말고, 점점 다양한 장난감을 접해보고 조작해볼 수 있는 기회를 주어야 한다.

둘째, 스스로 도전해서 실패하고 성공하는 기회를 만든다

흔히 여자는 남자보다 약하다고 생각한다. 그래서 항상 보호받아야 할 존재라고 여긴다. 신체적인 조건에서는 여자가 남자보다 연약할 수 있지만, 정신적인 면에서는 그렇지 않다. 그러나 대부분의 부모들은 딸을 보호하고 또 보호하면서 그야말로 '온실 속의 화초'로 키운다. 남자보다 모험심이나 도전정신을 부족하게 타고난 여자아이를 부모가 품 안에서만 키우려고 들면, 아이는 의존적인 성향을 안고 자랄 수밖에 없다. 아주 작은 일부터 시작해서 아이가 스스로 도전해보고 실패하고 성공하는 경험을 쌓을 수 있도록 하자. 마치 자전거 타기를 배울 때처럼, 부모는 처음에는 뒤에서 잡아주었다가 서서히 손을 떼면 된다. 점진적으로 아이 혼자서 페달을 밟아 저 멀리까지 갈 수 있도록 해줘야 한다.

셋째, 많이 뛰어놀도록 한다

여자아이들은 남자아이들에 비해 바깥놀이를 별로 좋아하지 않는다. 그것은 남자아이들이 서툴기 때문에 글씨 쓰는 것을 좋아하지 않는 것과 같은 이유다. 여자아이니까 그럴 수 있다고 내버려둘 것이 아니라, 운동능력을 키울 수 있는 바깥놀이를 자주 하도록 해야 한다. 남자의 뇌든 여자의 뇌든 운동자극은 교감신경을 활성화해 우리 몸을 새로운 자극을 받아들일 수 있는 준비상태로 만든다. 남자아이들이 끊임없이 새로운 도전을 할 수 있는 것은 그들이 여자아이보다 좀 더 오랜 시간 대근육을 발달시키는 운동자극을 즐기기 때문인지도 모른다. 안전지향적인 성격을 가진 여자아이들은 새로운 일보다는 익숙한 일을 좋아하지만, 익숙한 일만 계속해서는 발전하기 힘들다. 또한 스트레스 해소를 위해서도 바깥공기를 쏘이며 뛰는 일은 중요하다.

넷째, 주체적 사고를 심어준다

아이가 하고 싶어하는 것이 있으면 뭐든 해보도록 해라. '착하다', '예쁘다'는 말을 남용하면서 여자아이의 행동을 고정시키지 마라. 아이가 사회에 나가서도 정정당당하게 경쟁하게 하려면 자신의 의지대로 행동할 수 있는 기회를 주어야 한다. 그러려면 아주 위험한 행동만 아니면 "안 돼"라는 말은 덜 사용하는 것이 좋다. 언어능력과 공감능력이 우수한 여자아이들은 부모의 지시에 잘 따른다. 또한 여아는 남아보다 어른에게 사랑받고자 하는 욕구가 강하다. 부모가 안 된다고 말하면 아이는 부모의 뜻에 맞춰서 자기가 하고 싶은 것을 하나둘 포기할 것이다. 그러다 보면 스스로 해보고 싶은 것이 아무것도 없는 소극적인 어른으로 자랄 수 있다. 딸에게 "안 돼"라고 말할 때 혹시 그 말 앞에 "너는 여자니까"가 숨어 있지는 않은지 한 번쯤 생각해보라.

다섯째, 여성적인 것을 강요하지 않는다

모든 여자아이가 여성적인 취향을 가진 것은 아니다. 그저 자동차와 인형 중 인형을 더 좋아하고, 태권도와 피아노 중 피아노를 더 하고 싶은 것이지, 자동차와 태권도를 싫어하는 것은 아닐 수 있다. 또한 나의 아이가 전형적인 성에 걸맞은 뇌를 가진 83퍼센트가 아니라 17퍼센트의 예외일 수도 있다. 따라서 아이에게 태권도나 수영, 축구를 시켜보아도 괜찮다. 블록이나 기차 장난감을 주는 것도 좋다. 이는 아이에게 부족한 공간능력이나 체계화능력을 키우는 데 도움이 될 수 있다. 여성적인 뇌든 남성적인 뇌든, 뇌는 고정된 것이 아니라 학습을 통해 계속 변하고 발달한다.

여섯째, 이성인 아빠가 딸아이 교육에 많은 시간을 할애한다

　여자아이는 엄마를 많이 닮는다. 여자아이의 역할모델은 엄마다. 하지만 프로이트 Sigmund Freud 의 말에 따르면 여자아이가 엄마를 닮으려고 하는 것은 아빠의 마음에 들기 위해서라고 한다. 따라서 엄마의 열 마디보다 아빠의 한 마디가 여자아이에게는 더 큰 영향을 줄 수 있다. 특히 초등학교 저학년 때까지는 자신감, 독립심, 자율성을 키워갈 때인 만큼 아빠의 관심과 격려가 더욱 필요하다. 아빠가 딸과 더 많은 시간을 보내고 많은 경험을 함께해야 한다. 알파걸이라는 신조어를 만든 킨들런은 아빠가 가진 대범하고 장난스러운 성향이 여자아이의 유머 감각 발달에 도움을 주며 긴장을 완화시켜준다고 지적한다. 또한 아빠와 관계가 좋은 여학생은 더 주관이 뚜렷하며 새로운 경험에 대해 겁을 덜 내며 적극적이라고 말했다. 무엇보다 아빠를 보고 남자들을 다루는 법, 특히 경쟁 상황에서 대처하는 법을 배운다고 한다. 요컨대 여자아이로서 가지는 핸디캡을 아빠가 교육에 참여함으로써 해결할 수 있다는 말이다.

왜 그럴까? ⑤

남자아이 대부분은 숙제를 잘 하지 않는다

> 윤재는 초등학교 2학년 남자아이다. 지난번 성적표에서 '매우 잘함'을 반 이상 받아왔을 정도로 비교적 공부를 잘하는 편이다. 그런데 윤재의 생활 모습은 그다지 착실해 보이지 않는다. 미리 숙제를 한다거나 준비물을 챙겨두는 적이 없다. 하루 종일 아무 말 없다가 학교에 가기 직전에 숙제가 있느니, 준비물을 사야 하느니 이야기를 해 가족을 초비상 사태로 만든다. 엄마는 숙제 시키느라 바쁘고, 외할머니는 문구점에서 준비물을 사느라 정신없다.

결론부터 말하자면 윤재가 특히 불성실해서 그런 것이 아니다. 남자아이 대부분은 누가 챙겨주지 않으면 숙제를 잘 하지 않고, 준비물도 빠뜨리기 일쑤다. 아주 공부를 잘하는 학생조차 그러하다. 하지만 여자아이들은 학교 다녀와서 숙제를 하고 준비물을 챙겨놓는 등 능숙하게 학교생활을 한다. 여자아이는 선생님이나 부모 등 어른에게 잘 보이고 싶어하는 성향이 있지만, 남자아이에게는 그런 성향이 없기 때문이다.

그러므로 남자아이를 키울 때는 학교에 다녀온 후 알림장부터 확인하고 숙제와 준비물 챙기기를 최우선으로 지도해야 한다. 하지만 잔소리처럼 해서는 안 된다. 그러한 원칙을 말해주고, 그것이 필요하다는 것은 스스로 경험으로 알 수 있게 한다. 등교 직전 숙제나 준비물을 말한다면 그냥 학교에 보내라. 선생님에게 혼이 나거나 친구들에게 준비물을 빌리면서 '다음부터는 그러지 말아야지'라고 생각할 것이다. 매번 부모가 알아서 해준다면, 학년이 올라가도 아들의 그런 성향은 고치기 힘들다.

아들과 딸, 최적의 학습법은 따로 있다

유아기부터 초등 저학년까지, 내 아이에게 필요한 학습법을 알아보자. 물론 개인차가 존재하지만, 아들과 딸에게 맞는 방법을 구별해서 적용하면 좀 더 효과적인 학습을 유도할 수 있다.

0~3세
아들은 대근육이 발달하고, 딸은 소근육과 언어능력을 키우는 시기

아들

● **말문 트기를 강요하지 않는다**

남자아이들은 대개 여자아이에 비해 말이 늦게 트이는 편이다. 아이가 엄마의 말을 잘 알아듣고 행동으로나마 자신의 의사를 표현한다면 굳이 말하기를 강요해서는 안 된다. 아이가 말귀를 잘 알아듣는 것 같다면 꾸준히 주변의 사물 이름이나 신체의 명칭 등을 말해주면서 말문이 트이기를 기다린다. 아이가 표현을 하려 할 때 부모가 먼저 그 말을 해줘서는 안 된다. 스스로 찾아낼 수 있도록 기다려줘야 한다.

● **움직이는 사물 위주로, 활동 위주로 그림책을 읽는다**

딸이든 아들이든 그림책은 글자가 아닌 그림 위주로 읽어주는 것이 좋다. 그런데 그림 위주로 읽더라도 책에 빠져들게 하는 데는 남자아이와 여자아이에게 방법을 달리하는 것이 효과적이다. 남자아이는 여자아이에 비해 감정을 이해하는 속도가 느리다. 그러므로 그림책을 읽어주면서 "아기 오리는 얼마나 슬펐을까?"라고 감정적으로 접근하는 것보다는 그림책 속에 나오는 사물의 이름이나 용도, 주인공의 이름이나 행동을 중심으로 설명해주는 데 더 집중한다. 남자아이는 움직임에 더 관심이 많기 때문이다. 또한 가만히 앉아서 그림책을 보기보다는 그림책을 가지고 활동을 유도하는 것이 책에 관심을 갖게 하는 데 도움이 된다

● **호기심을 자극하는 환경을 만든다**
보통 이 시기 남자아이들의 호기심은 여자아이를 넘어선다. 이러한 남자아이의 호기심을 충족시키기 위해서는 지나치게 깨끗하고 정돈이 잘된 환경은 좋지 않다. 남자아이들은 자신이 아무것도 할 수 없는 상황이 되면 솟아오르는 호기심을 주체할 수 없어 '사고'를 칠 수도 있다. 남자아이들이 별 문제를 일으키지 않게 하려면 충분히 몸을 움직일 수 있고, 직접 조작하고 타볼 수 있는 활동적인 장난감과 환경을 제공해야 한다.

딸

● **부드럽고 예쁜 목소리로 말한다**
여자아이는 남자아이보다 소리에 민감하다. 딸에게는 조금 더 작고 부드러운 목소리를 들려주는 것이 정서적인 안정을 준다. 또한 생후 8개월 정도만 되어도 소리를 모방하려고 하기 때문에 양육자는 신경질적이거나 큰 목소리로 말하지 않도록 한다.

● **감정이입을 하는 그림책 읽기가 적당하다**
여자아이의 경우 생후 24개월 정도만 되어도 감정을 이해하기 시작한다. 그러므로 사물의 이름을 손가락으로 가리키며 읽기보다 그림책 주인공의 감정을 상상하게 하는 책읽기가 더 효과적이다.

● **커다란 행동을 모방하는 놀이를 자주 한다**
남자아이에 비해 대근육 발달이 늦는 여자아이들은 주로 그림책을 읽거

나 인형을 가지고 노는 조용한 활동을 즐기는 경향이 있다. 하지만 운동 발달 측면을 떠나서도, 신나게 뛰어놀면서 아이가 얻는 것은 생각보다 많다. 모방하기를 좋아하는 여자아이의 특징을 이용하여 부모나 친구들과 함께 독수리처럼 양팔을 펼치고 달리는 운동이나 고무공을 주고받는 놀이 등 대근육을 움직일 수 있는 놀이를 유도한다.

3~6세
아들에게는 체험 위주 학습을, 딸에게는 감정을 배려하는 양육을

아들

● **체험학습장을 자주 간다**

가만히 앉아서 무언가를 배우는 것이 불가능한 시기다. 다른 시기의 남자아이도 마찬가지지만 특히 이 시기는 체험할 수 있는 기회를 많이 만들어주어야 한다. 아이를 안고 앉아서 숫자를 가르치고 한글을 가르치기보다는 직접 만져보고 타보면서 사물을 배워가게 하는 것이 좋다. 동물원, 놀이동산, 박물관 등 체험학습장을 되도록 자주 찾는다.

● **한글 떼기는 취학 직전에 한다**

남자아이의 두뇌 발달상 이 시기에 한글을 떼는 것은 무리다. 더군다나 쓰기까지 완벽하게 떼려고 하는 것은 과욕이다. 남자아이의 한글 교육은 최대한 느긋하게 생각한다. 취학 전 6개월이나 1년 정도부터 서서히 시작하는 것이 바람직하다.

● **블록이나 퍼즐 등 소근육 놀이를 한다**

여자아이들의 놀이는 그 자체가 소근육을 활용한 것들이 많다. 인형놀이나 소꿉장난 등은 모두 소근육을 발달시키는 놀이다. 하지만 남자아이의 놀이는 대부분 굴리고 밟고 타는 등 대근육을 이용한 것들이라서 소근육을 이용하는 쓰기나 그리기에 여자아이보다 서투르다. 따라서 아이가 호기심을 보이는 블록이나 퍼즐 등을 준비해 소근육을 발달시키는 놀이를 하도록 유도한다.

● **간단하게 혼내고 바로 타임아웃을 활용한다**

이 시기의 아이를 키우다 보면 혼낼 일이 참 많다. 아이가 잘못을 했을 때는 되도록 짧게 혼내고 타임아웃 방법을 활용하는 것이 좋다. 자아존중감이 한창 발달하고 있는 때이므로 말로 길게 혼내는 것은 좋지 않다. 더군다나 남자아이는 귀로 들리는 것에 별로 집중하지 않아 아무리 좋은 훈계도 잔소리가 되기 쉽다.

딸 ● **한글에 관심이 있다면 가르쳐도 좋다**

여자아이는 남자아이에 비해 모방하는 행동을 더 즐긴다. 그러다 보니 낙서도 더 많이 하고 그림 그리기도 더 많이 한다. 부모가 했던 것처럼 책을 들고 읽고 글씨를 쓰는 척하기도 한다. 만약 아이가 한글에 관심을 보인다면 가르쳐도 좋다. 지나치게 일찍 가르칠 필요는 없지만 아이가 배우고 싶어한다면 놀이처럼 아이가 원하는 만큼 가르친다.

● **아이를 맡길 때는 충분히 설명을 해준다**

여자아이는 일찍부터 감정이입이 가능한 만큼 아이의 감정을 최대한 존중해주어야 한다. 단순히 이래야 한다, 저래야 한다는 식의 통보보다는 아이가 충분히 이해할 수 있도록 설명을 해준다. 아이가 어린이집에 장기간 가야 할 경우는 더더욱 그렇다. 시간이 좀 걸리더라도 아이가 원하는 만큼 충분히 이유를 설명해주고 헤어질 때는 따뜻하게 안아주고 손을 흔들어주는 등의 노력이 필요하다.

● 다양한 색감을 접하는 환경이 필요하다

남자아이들이 '움직이는 것'에 시선을 뺏긴다면 여자아이들은 '밝고 화려한 색'에 시선을 뺏긴다. 그리고 이런 색감의 자극은 아이의 뇌 발달에도 좋은 영향을 줄 수 있다. 따라서 여자아이의 환경은 따뜻하고 밝고 다양한 색감을 느낄 수 있도록 준비해주는 것이 좋다. 아이의 방 인테리어부터 생활용품까지 되도록 많은 색감에 자극을 받을 수 있도록 한다.

● 엄하게 혼내되 감정에 호소한다

여자아이라면 입장 바꿔 생각해보게 하는 것이 가장 효과적이다. "친구가 너를 때렸다면 너는 기분이 어땠겠니?"라고 그 친구의 기분을 생각해보게 한다. 하지만 여자아이라고 해서 계속 부드러운 말투만 써서는 안 된다. 잘못된 행동에 대해서는 단호하고 엄하게 혼을 내야 한다. 이는 크고 무서운 목소리와는 다르다. 만약 말로 혼내는 것이 안 된다면 여자아이에게도 타임아웃을 적용한다.

6~12세
아들과 딸의 단점을 극복할 수 있도록 칭찬하라

아들

● 아이가 잘하는 것을 칭찬한다

초등학교에 들어가면 남자아이는 칭찬받을 일보다 교정받을 일이 많아진다. 그렇다고 규칙을 배워야 할 초등학교 시절에 무조건 받아주면서 혼내지 않을 수도 없는 일. 규칙은 꼭 지켜져야 한다는 것을 확실히 알려주면서, 아이가 잘하는 것을 찾아내 충분히 칭찬할 필요가 있다. 잘못한 일은 확실히 교정해주고, 잘한 일은 가능한 한 많이 찾아내 구체적으로 충분히 칭찬해주는 것이 이 시기 학습의 기본원칙이다.

● 할 일을 적어주고 눈을 보고 말한다

남자아이들은 숙제도 잘 안 하고, 잘 씻지도 않고, 물건을 제자리에 두지도 않는다. 해야 할 일을 잊어버린다. 이러한 행동은 남자아이가 가진 뇌의 특성과도 관련이 있다. 따라서 아이의 일에 계속 참견하고 잔소리할 것이 아니라 할 일을 미리 적어주고 하지 않았을 때는 자신이 책임지게 한다. 또한 아이의 잘못이나 해야 할 일을 알려줄 때는 아이의 눈을 보고 말하도록 한다. 남자아이는 자신의 눈을 보고 하지 않은 말은 잘 듣지 못한다.

● 애완동물을 키우게 한다

뇌의 특성상 남자아이는 여자아이에 비해 감성이 부족하다. 이를 보완해주려면 직접 체험하는 것을 선호하는 특성을 이용하도록 한다. 오리나 토끼, 햄스터, 거북이 등 직접 애완동물을 키워보면서 감정이입을 유도한다.

● 악기 연주와 같은 음악 교육을 한다

음악 교육은 주로 여자아이들에게 많이 시키는데, 사실 음악에는 공간적인 상상력이나 형태 인식력을 향상시키는 기능이 있어 남자아이가 가진 특성에도 맞고 단점도 보충할 수 있는 좋은 방법이다. 소리를 다루는 교육은 언어의 뇌를 발달시키므로 언어영역에 약한 남자아이들에게 도움이 된다. 또한 악기를 다루면 소근육 발달에도 도움이 된다.

● 아이의 친구에게 관심을 갖는다

남자는 조직적이고, 여자는 개인적이다. 남자는 조직 안에서 무언가를 이루고 인정을 받았을 때 성취감을 느끼지만, 여자는 자신의 능력을 바탕으로 정체성을 만들어간다. 아이들도 마찬가지다. 여자아이는 친구와 상관없이 스스로 공부해서 얻는 결과에 자긍심을 갖지만, 남자아이는 조직이 중요하다 보니 친구들 사이에서의 인정이 중요하다. 만약 어울리는 집단에서 열심히 공부하는 친구를 '범생이'라고 생각하고 폄하한다면, 아이는 친구들이 놀릴까 봐 공부를 잘 하지 않는다. 남자아이의 경우 우등생 집단 속에 있어야 우등생이 되는 경우가 많다.

● 듣기 교재보다는 시청각 교재를 활용한다

남자아이들은 세심하게 듣지 못한다. 귀로 듣는 것은 흘려버리는 경향이 있다. 효율적인 학습을 원한다면 듣는 교재보다는 보면서 듣는 교재를 활용해야 한다. 움직임을 보여주거나 주위 체험과 관련된 시각교재를 이용하면 더욱 좋다.

● 상상을 요하는 책보다는 사실 위주의 동화책을 준다

대부분의 남자아이들은 환상적인 이야기, 사랑스럽고 따뜻한 이야기에는 흥미를 보이지 않는다. 그보다는 현상을 밝히고 사실을 다루는 이야기를 좋아한다. 따라서 남자아이에게는 권장도서를 읽도록 강요할 것이 아니라 외계인이나 인체, 혹은 『허클베리 핀의 모험』이나 『보물섬』 같은 아이의 구미에 맞는 책을 권해야 한다. 일단 독서가 재미있다는 것을 깨달으면 자연스럽게 문학적 취향도 넓어져서 점점 다양한 분야의 책을 스스로 찾게 된다.

딸

● **아이가 스스로 해결할 때까지 기다린다**

유아기나 아동기 때 흔히 여자아이는 남자아이보다 모든 것을 잘해낸다고 생각한다. 그런데 그 내면을 들여다보면 여자아이는 자신이 필요로 하는 것 이상으로 너무 많은 도움을 너무 빨리 받고 있다. 뛰다가 넘어져도 남자아이보다는 여자아이를 얼른 일으켜준다. 책을 읽을 때도 여자아이가 틀리면 얼른 수정을 해준다. 이런 여러 가지 상황에서 여자아이는 의존적인 성향을 키우게 된다. 안쓰러워 보여도 아이가 스스로 문제를 해결할 수 있을 때까지 기다려줄 필요가 있다.

● **또래와 어울려 땀을 흘릴 수 있는 운동을 가르친다**

여자아이들은 혼자서도 잘한다. 하지만 혼자서만 잘해서는 안 된다. 다른 사람과 경쟁도 해보고 때로는 이겨도 보고 져보기도 하는 기회를 주어야 한다. 태권도, 축구, 농구, 수영 등 신체를 활발하게 움직이는 운동을 가르친다. 조금 거친 운동을 해서 다쳐도 된다. 자신의 신체를 최대한 움직이는 과정에서 아이는 뇌 속에서 새로운 것에 도전하고 모험을 받아들일 수 있는 에너지를 만든다.

● **들으면서, 입으로 되뇌면서 학습하게 한다**

여자아이는 한 번에 여러 가지 소리에 귀를 기울일 수 있다. 이 때문에 남자아이들보다 집중력이 떨어지는 단점이 있다. 여자아이가 학습을 할 때 이런 단점을 보완하려면 입으로 소리 내어 읽거나 들으면서 공부하게 하는 것이 좋다. 최대한 감각을 많이 이용해서 학습해야 다른 곳에 주의를 빼앗기지 않는다.

● 아이가 문제를 말하면 진심으로 받아들인다

여자아이는 자신이 감정이입을 잘하는 만큼, 다른 사람들도 자신의 문제에 감정이입을 해주기를 바란다. 여자아이가 문제를 말했을 때는 진심으로 문제를 아이만큼 심각하게 받아들이고 있다는 것을 느끼게 해야 한다. 아이의 입장에서 문제를 풀기 위해서 함께 노력해야 한다. 여자아이는 자신을 진심으로 받아주는 사람을 신뢰한다. 신뢰가 바탕이 되어야 무슨 교육이든 가능하다.

● 설명을 해준 후 경험하게 한다

여자아이는 남자아이만큼 경험을 즐기지 않는다. 그래서 간혹 과학이나 수학 등의 과목에서 남자아이보다 낮은 점수를 보이기도 한다. 하지만 충분히 납득할 만한 설명을 해주고 직접 원리를 발견하게 한 후 실험하게 하면 남자아이 못지않은 실력을 발휘한다. 여자아이에게는 새로운 체험이나 실험을 하기 전 반드시 그것을 하는 이유와 예측 결과에 대해 충분히 설명해준다. 여자아이는 납득이 되어야 학습에 관심을 보인다.

● 외국어 학습에 유리하다

여자아이는 남자아이보다 말을 잘하고 언어에 관심이 많다. 그래서 외국어 학습에 유리하다. 영어 교육의 경우, 같은 시간을 투자해도 발음이나 암기에서 여자아이가 남자아이보다 더 높은 성취를 보이는 이유도 이 때문이다. 영어에 국한하지 말고 아이가 관심을 보이는 언어를 택해 하나 정도 가르쳐보는 것도 괜찮다. 자신만이 할 수 있는 특기를 가지면 자존감을 키우는 데 도움이 된다.

● 무엇을 가르치든 아이에게 선택하게 한다

여자아이는 대부분 부모의 말을 잘 따른다. 이런저런 학원을 보내도 투정 부리지 않고 잘 다닌다. 물건을 사줄 때도 엄마가 골라주는 것을 좋아한다. 여자아이는 다른 사람의 마음을 이해하려는 특성이 있기 때문이다. 하지만 이런 상황이 많아지면 아이는 점점 자신의 의견을 표현하는 능력을 잃어버린다. 어릴 때부터 사소한 것이라도 자신의 의견을 말하고 원하는 것을 선택하는 연습을 많이 해보아야 한다.

상대성 이론을 발표한 물리학자 알버트 아인슈타인
그의 언어구사력은 엉망이었다.

왜 인간의 머리는
하나를 잘하면 하나는 못하는가.

자신의 장점을 재능으로 승화시킨 사람들과
뇌의 명령을 따르지 않은 불행한 사람들

지금 당신의 이야기이자
당신 아이의 미래에 대한 이야기

PART 2
다중지능, 나만의 프로파일을 찾아서

무한한 가능성, 아이의 두뇌

뇌는 특별한 것에 집중한다

옆집 아이는 한 번 들으면 기억하는 것을 왜 우리 아이는 계속해서 헷갈려할까? 복잡한 공룡의 이름은 잘도 기억하면서 구구단은 어쩜 그렇게 못 외울까? 아이가 공부라는 것을 시작한 이후, 부모라면 누구나 한 번쯤 아이의 기억력 때문에 답답해했을 것이다. 기억하라는 것은 잊어버리고, 별로 중요하지 않은 것은 기억해내는 아이. 그런데 이상하게도 잊어버리는 것은 매번 국어, 영어, 수학 등 학습과 관련된 것들이고, 기억하는 것은 게임이나 놀이처럼 아이가 좋아하는 것들이다. 이것은 뇌가 가진 독특한 특성 때문이다. 뇌의 특성을 잘 알고 활용하면, 아이의 대뇌피질을 활성화시켜서 학습효과도 높일 수 있지 않을까? 이제 여러 가지 테스트를 통해 뇌의 특성에 대해 알아보자.

TEST 다음 단어들을 정확히 30초 동안 암기한 후 종이에 적어본다.
'오리 울보 지하철 굴비 행복 버스정류장 틀니 봄 커피 운동회 텔미 링컨'

언어 기억력 검사

몇 개의 단어를 적을 수 있었는가? 만약 여덟 개 이상 기억해냈다면 아주 잘한 것이다. 그런데 평범한 단어보다는 특이한 단어를 기억하기가 쉽지 않았는가? 아마도 '텔미'나 '링컨'이 '행복'이나 '봄'보다 더 쉽게 기억났을 것이다. 이것이 뇌의 첫 번째 특성이다. 뇌는 특이한 것에 집중하는 습성이 있다.

대뇌피질에는 항상 방대한 양의 정보가 들어온다. 하지만 뇌가 그 모든 것을 기억하지는 않는다. 중요하다고 생각되는 정보만 골라내고 나머지 정보는 대개 무시해버린다. 대뇌피질 신경세포는 방대한 정보를 취사선택하는 과정에서 강하고 중요한 자극, 즉 특이한 것에 뚜렷한 반응을 보이고 중요하지 않은 약한 자극에 대해서는 반응을 보이지 않는다. 한꺼번에 많은 정보가 들어오면 정보들끼리 상호경쟁을 하는데, 만약 그 가운데 월등히 강한 정보가 있다면 우리의 뇌는 그것만 기억하고 나머지는 잊어버린다.

심리학에서는 이것을 '선택적 주의'라는 용어를 써서 설명하기도 한다. 의식적이든 무의식적이든 중요하다고 생각하는 정보만 기억하려고 든다는 것이다. 같은 수업을 듣거나 같은 책을 읽어도 사람마다 중요하다고 생각하는 부분이 다를 수 있다. 따라서 기억에 남는 부분도 각자 달라진다. 또한 여러 무리의 사람들이 한 공간에서 와자지껄 이야기꽃을 피우고 있어도, 누가 내 이름을 거론하는 것 같으면 신기하게도 그 대화는 잘 들린다. 이것을 '칵테일파티 현상'이라고 한다. 칵테일파티와 같이 여러 사람의 대화가 오가는 상황에서는 어느 순간부터는 자기가 관심을 가지거나 중요하다고 생각하는 대화만 듣게 된다고 해서 붙여진 이름이다.

만약 아이가 반드시 받아들여야 할 정보가 있다면, 아이가 그것을 중요하게 생각하게 하라. 주입하지 않아도 스스로 주의를 기울이게 하는 것이 최우선이다. 그러려면 아무래도 아이가 좋아하는 것, 아이의 요즘 최대 관심사에서 출발하는 것이 좋다. 아이가 아이돌 가수를 좋아한다면 거기에서부터 출발한다. 예를 들어 앞서 실시했던 언어 기억력 테스트의 암기 효과를 높이려면 '원더걸스' 멤버 하나하나와 단어 하나하나를 이어가면서 기억하게 하는 것도 좋은 방법이다. 또는 '텔 미'의 멜로디에 암기해야 할 단어를 넣어서 기억하게 하는 것도 괜찮다. '원더걸스' 멤버 중 아이가 좋아하는 한 사람의 사진을 보며 그 사람이 '오리'를 데리고 '울면서' '지하철'을 탄다는 식으로, 기억해야 할 사항을 그 사람과 관련지어 생각하게 하는 것도 도움이 된다. 뇌는 특이한 것, 특이한 분위기, 특이한 음 같은 것에 민감하다는 점을 적극 활용하자.

뇌는 소리를 잘 기억한다

15초 동안 다음 숫자를 암기한 후 눈을 감는다. 그렇게 1분을 기다린 후 종이에 적어본다.

'728345786'

일곱 개 이상의 숫자를 기억했다면 아주 잘한 것이다. 아마도 바로 전에 해본 '언어 기억력 검사'보다 조금 어려웠을 것이다. 아무런 특징이 없는 숫자는 단어나 그림보다 기억하기가 어렵다. 그런데도 이 숫자를 기억해낸 것은 '단기기억' 덕분이다. 대부분 사람들의 단기기억 저장은 일곱 개의 숫자를 넘지 못한다.

기억은 뇌가 정보를 저장하는 시간에 따라 단기기억, 감각기억, 장기기억으로 구분된다. 단기기억이란 20~30초 동안 정보를 가지고 있을 수 있는 기억능력을 말한다. 단기기억에는 용량의 한계가 있는데, 숫자나 문자, 단어의 경우 약 일곱 개가 한계다. 감각기억이란 1초도 안 되는 짧은 시간 동안 감각정보를 유지하는 것으로, 더 이상 감각자극이 없는 경우에도 아주 짧은 시간 동안 시각적 패턴이나 소리, 감촉 등을 기억하는 것을 말한다. 예를 들어 한참 동안 어떤 물체를 보다가 눈을 감았을 때 잠시 동안 선명한 이미지가 보이는 것이 감각기억이다. 우리의 기억은 매우 짧은 기간인 1, 2초 동안 감각기억에 저장되었다가 주의를 받으면 단기기억으로 넘어간다. 장기기억은 1분 이상, 또는 영원히 잊히지 않는 기억을 말한다. 장기기억의 저장량은 거의 제한이 없다. 앞에서 실시했던 '언어 기억력 검사'나 '숫자 기억력 검사'는 모두 단기기억을 알아보는 검사에 속한다. 단기기억은 반복 또는 암송을 통해서 장기기억으로 넘어가고 그렇지 못한 정보는 잊어버리게 된다.

기억한 숫자의 개수가 일곱 개 이상이면 잘한 것이라고 했는데, 왜 하필 '7'이라는 숫자가 언급된 것일까? 밀러 George Miller 는 「마법의 수 7±2」라는 논문에서 친숙하지 않은 정보를 기억하게 했을 때 사람들은 대략 일곱 개 정도의 항목을 회상할 수 있다고 밝혔다. 그는 그것이 단기기억의 저장용량이라고 보았다. 물론 ±2를 잊지 말아야 하겠지만, 뇌가 기억할 수 있는 항목의 개수는 대체로 일곱 개 정도다. 하지

숫자를 입으로 되뇌면 더 많이, 더 오래 기억할 수 있다

만 이것은 성인을 기준으로 나온 연구다. 단기기억의 양은 연령이 높아지면서 증가하므로 아이는 이보다 더 적게 기억한다. 유치원생은 서너 개 정도, 7세는 다섯 개 정도다. 유아의 경우 단기기억 검사에서 수행능력이 떨어지며, 감각기억의 경우도 마찬가지다. 유아는 아동에 비해 빨리 잊어버린다.

'숫자 기억력 검사'에서 아홉 개의 숫자를 모두 기억한 사람도 분명 있었을 것이다. 그는 아마도 우리가 114로 전화번호를 문의한 후 잊어버리지 않기 위해서 알려준 전화번호를 되뇌는 것처럼, 여러 번 숫자를 소리 내어 중얼거렸을 것이다. 이렇게 숫자를 여러 번 발음하면 확실히 아무것도 하지 않고 눈으로만 숫자를 기억할 때보다 훨씬 많은 양을 오랫동안 기억할 수 있다. 무의식적으로 사용하던 이 방법, 즉 여러 번 소리 내어 발음하는 것은 뇌가 가진 두 번째 특성과 연관이 있다. 뇌는 소리를 더 잘 기억한다.

심리학에서는 획득한 정보를 반복적으로 생각하거나 말로 되뇌는 과정을 '시연'이라고 한다. 이렇게 소리를 이용해서 시연을 할 경우 기억은 30초 이상 유지된다. 따라서 단기기억의 용량을 늘리거나 그것을 장기기억으로 넘어가게 하고 싶다면 시연 방법을 사용하면 된다.

> 1959년 피터슨 L. R. Peterson과 피터슨 M. J. Peterson은 단기기억 정보는 시연을 하지 않으면 시간이 지남에 따라 급속도로 소멸된다는 것을 밝혀냈다. 이 연구에서는 실험에 참가한 사람들에게 시연을 하지 못하도록 MVK 같은 의미 없는 세 자음을 제시한 후 곧이어 491 같은 숫자를 들려준 후 그 숫자를 3씩 빼면서 거꾸로 세도록 하였다. 그리고 숫자를 거꾸로 세기 시작한 3, 6, 9, 12, 18초 후에 각각 얼마나 기억하고 있는지를 체크해보았다.

시간이 길어질수록 철자에 대한 기억은 희미해졌다. 연구 결과, 사람들은 친숙하지 않은 정보를 기억하려고 할 때, 시연할 수 없는 상황이 되면 단기기억력이 급속하게 떨어졌다. 시연 없이 정보를 기억할 수 있는 시간은 대략 20~30초에 불과했다.

> 아이들의 경우는 어떨까? 1966년 플라벨 J. H. Flavell을 비롯한 몇몇 학자들은 다음과 같은 연구를 했다. 5세, 7세, 10세의 아이 스무 명에게 각각 물건이 그려진 그림을 일곱 장씩 보여주고 그중 세 장을 차례로 지적했다. 그리고

> 약 15초 후에 지적한 순서대로 세 장의 그림을 골라내게 했다. 그림이 지적된 후 15초 동안은 아이들이 그림을 볼 수 없도록 눈을 가렸다. 눈을 가리고 있는 동안 아이들의 입술 움직임도 세심히 관찰했다. 그림의 이름을 시연하는지 알아보기 위해서였다.

관찰 결과 5세 아이 중 두 명, 7세 아이 중 열두 명, 그리고 10세 아이 중 열일곱 명이 입으로 반복 시연을 했다. 시연을 한 아이는 그렇지 않은 아이들에 비해 더 많이 기억할 수 있었다. 특별히 가르쳐주지 않아도 아이들 역시 기억을 높이기 위해 시연을 사용할 줄 알았던 것이다. 또한 연령이 높아짐에 따라 그 비율도 증가하고 있었다.

이듬해에 이루어진 후속연구 결과도 흥미롭다. 첫 번째 실험 당시 그림의 이름을 시연한 아이는 그렇지 않은 아이에 비해 1년 전의 그림 순서를 더 잘 회상했다. 놀라운 것은 시연을 하지 않은 아이에게 시연 방법을 설명해주자 금세 시연을 하는 아이의 수준까지 기억량이 증가했다는 점이다. 그러나 그 아이는 다음 실험에서는 다시 시연을 하지 않았다.

이 실험은 무엇을 보여주는 것일까? 아이들은 시연을 할 수 있는 능력이 있음에도 불구하고 시연을 사용하지 않기도 한다는 점이다. 이에 대해 플라벨은 아이가 특정 정보를 기억해야 한다는 필요성을 느끼지 못했거나, 주어진 정보에서 자신이 해야 할 일을 정확히 몰랐기 때문이 아닌가라고 추측했다. 반복 시연은 생각보다 상당한 노력과 주의력을 필요로 하는 것으로, 아이에게는 조금 어려울 수도 있기 때문이다.

뇌는 이야기를 좋아한다

한 공간에 서로 관련이 없어 보이는 열한 가지 사물을 배치했다. 사물을 잠시 살펴본 다음 1분 후, 기억나는 물건의 이름을 모두 적어본다.

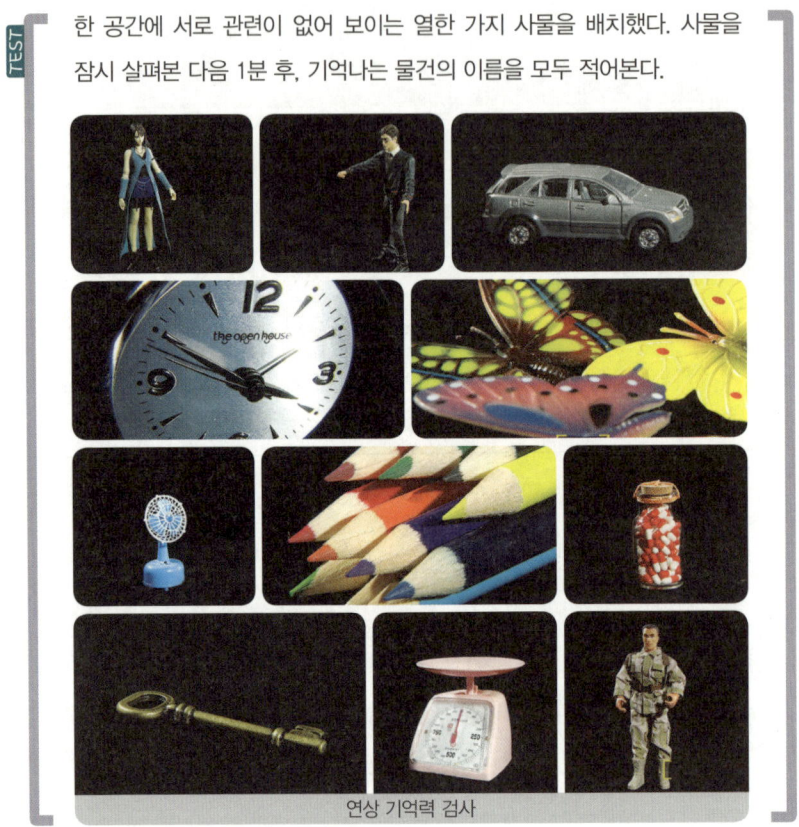

연상 기억력 검사

얼마나 기억해낼 수 있었는가? 전혀 기억하지 못했다면 0점, 단어로 기억했다면 1점, 줄거리로 기억했다면 2점이다. 앞서 배운 시연 방법, 그러니까 소리를 잘 기억하는 뇌의 특성을 이용한다고 해도 열한 개라는 항목은 외우기에 좀 많다. 이것들을 암기할 수 있는 더 나은 방법은 없을까? 있다. 바로 줄거리로 기억하는 것이다. 주어진 물건들을 가지고 나름대로 이야기를 만들어내면 더 많이 기억할 수 있다. 예를 들어 다음과 같이.

여자와 남자가 있었습니다 (여자, 남자)
그들은 나비가 나는 봄날 (나비)
자동차를 타고 데이트를 즐겼죠 (자동차)
시간이 흐르고 (시계)
남자는 군대에 가게 됩니다 (군인)
더운 나라였지요 (선풍기)
여자는 그리운 마음을 색색의 색연필에 담아 편지를 씁니다 (색연필)
그러나 여자는 병에 걸리고 맙니다 (약병)
체중은 날마다 줄어가는데 (저울)
여자의 불치병을 낫게 할 열쇠는 뭘까요 (열쇠)

줄거리는 개인의 취향이나 능력에 따라 얼마든지 다양하게 나올 수 있다. 이런 방법이라면 아마 물건을 몇 개 더 늘려도 기억할 수 있을 것이다. 왜냐하면 뇌는 이야기를 유독 좋아하기 때문이다. 이것이 뇌의 세 번째 특성이다.

이러한 뇌의 특성은 1969년 바우어 G. H. Bower 와 클라크 M. C. Clark 의 연구에서 밝혀졌다. 그들은 관련 없는 단어 목록을 기억해야 하는 상황에서 단어를 가지고 줄거리를 만들면 사람들이 훨씬 더 많은 것을 정확하게 기억한다는 사실을 발견했다. 줄거리를 만든 사람들은 그렇지 않은 사람들에 비해 단어의 개수뿐만 아니라 단어의 순서까지 더 정확하게 기억해냈다.

　줄거리를 만든다는 것은 기억해야 할 두 가지 이상의 사물 간에 공통적으로 존재하는 것을 찾거나 공유하는 의미를 갖도록 연결 지어 떠올리는 것이다. 예를 들어 '호랑이'와 '머리끈'이라는 단어를 기억해야 하는 경우, '머리끈을 한 호랑이'나 '호랑이 줄무늬의 머리끈'을 머릿속으로 상상하는 것이다. 이러한 연결은 논리적으로 말이 되든 안 되든 시각적 영상으로 남아 뇌에 강한 이미지를 심어준다. 시각적 영상은 많은 단어를 한 장면에 기억하게 하거나 짧은 영화처럼 자연스럽게 기억하게 만든다.

　이런 식으로 몇 가지 물건의 이름을 외워야 하는 경우는 평상시에도 흔히 발생한다. 장보기가 대표적이다. 장을 보러 갈 때 사야 할 물건들을 종이에 적어 가지 않으면 으레 한두 가지는 잊어버리고 안 사 가지고 오는 일이 흔하다. 만약 고추, 두부, 파, 식빵, 달걀을 사야 한다고 하자. 이것을 이야기로 만들어 기억해보자. 자기 취향이나 개성대로 이야기를 만들면 된다. 하지만 좀 더 효과적으로 기억하려면 가장 익숙한 영상에 기억해야 할 것들을 겹치는 식으로 이야기를 만드는 것이 좋다.

　이를테면 익숙한 집 안 풍경을 떠올려보자. 집으로 돌아와 제일 먼저 접하는 현관에 고추가 주렁주렁 널려 있다. 다음으로 신발장을 열어보니 신발 대신 두부가, 우산 놓는 자리에는 파가 세워져 있다. 식탁 위에는 식빵이, 의자 위에는 달걀이 있다. 누군가 모르고 의자에 앉는다면 달걀이 깨질지도 모르는데……라고 생각한다면 마트에 가서 살 물건을 잊어버리기는 쉽지 않다. 매일 보는 장소에 저마다의 물건을 놓았기 때문에 더 쉽게 기억된다. 심리학에서는 이런 기억 저장 방법을 '장소법*'이라고 한다.

바우어는 1972년의 후속연구에서 집 안의 적정한 장소에 질서 있게 물건을 배치한 후 그 영상을 뚜렷하게 기억하면 기억능력이 2~7배까지 높아질 수 있다고 말했다. 그는 또 물건을 배치할 때는 최대한 기발하고 괴상하게 하는 것이 기억을 돕는다고 충고했다. 그 이유는 뇌가 특이한 것을 더 잘 기억하는 특성과 연관이 있다. 바우어는 그 예로 차도에 놓인 거대한 핫도그, 현관문에 던져진 잘 익은 토마토, 옷장 속에 걸려 있는 바나나처럼 장소법을 창의적이고 기발하게 활용하라고 설명했다.

하지만 기억력을 향상시키는 이러한 방법을 너무 어린 아이들에게는 강요하지 말아야 한다. 취학 전 아이들의 두뇌는 아직 기억에 필요한 기본 능력, 즉 어휘력 같은 언어능력과 사물을 인지하는 능력 등이 부족하기 때문이다. 기억력을 향상시키는 방법은 기본 능력은 가지고 있으나 자발적으로 사용하지 않는 초등학교 저학년 이상의 아이들에게 서서히 적용해볼 수 있다. 그러나 제대로 효과를 보려면 초등학교 고학년 정도가 되어야 한다.

* **장소법** 시각적 심상을 이용해 친밀한 장소와 기억해야 할 항목을 연결시켜 이 장소를 마음속에서 탐색함으로써 쉽게 기억할 수 있도록 하는 것이다. 고대 그리스와 고대 로마 사람들도 연설문을 기억하는 데 장소법을 이용했다고 한다. 예를 들면 로마의 웅변가 키케로Marcus Tullius Cicero는 익숙한 자기 집을 골라 기억해야 할 첫 항목을 집의 대문 앞에, 그다음 항목은 안마당, 그다음은 현관, 안방…… 식으로 모든 항목을 각각 적당한 위치에 배치하고 그 모양과 상태까지 고려했다. 고대인들은 뇌과학의 힘을 빌리지 않았지만 오랜 경험의 결과로 뇌가 이야기를 좋아한다는 것을 이미 알고 있었던 것이다.

뇌는 기분 좋은 것을 저장한다

흥미 있는 일이나 좋아하는 것은 빨리 기억하지만, 싫어하는 것은 금세 잊어버린 경험이 누구에게나 있을 것이다. 칭찬을 받고 기분 좋은 상태에서 공부를 하면 집중이 잘되지만, 꾸지람을 듣고 우울한 상태에서 공부를 하면 이해도 되지 않고 기억에 남지도 않는다. 여기에 뇌의 네 번째 특성이 숨어 있다. 마음이 즐거울 때나 기분이 좋을 때는 수많은 뇌의 회로가 막힘없이 잘 흘러서 한 가지 일에 집중할 수 있다. 하지만 우울할 때나 뭔가를 억지로 할 때는 뇌의 회로가 어느 한 부위에서 막혀버려 집중할 수가 없게 되는 것이다. 왜냐하면 뇌는 '기분 좋은 것'을 더 잘 저장하기 때문이다. 기억력은 감정과도 매우 밀접한 관련이 있다.

뇌의 밑바닥 줄기 한가운데는 '망상활성화계'라고 불리는 신경세포의 그물이 있다. 망상활성화계는 뇌의 맨 위쪽에 있는 대뇌 신경세포에 계속 자극을 보내 정신을 맑게 유지해주고, 한곳으로 집중할 수 있게 해준다. 그런데 감정이 복잡하거나 여러 갈래로 흩어질 때는 이 망상활성화계도 흩어지고 억제되어 주의력이 산만해지고 기억 기능이 잘 이루어지지 않는다. 따라서 기억을 잘하고 싶다면 우선 기억하려는 일에 재미와 흥미를 느끼며 즐거운 마음 상태를 가지고 감정을 안정시키는 것이 중요하다.

기분 좋은 것을 좋아하는 뇌에는 또 한 가지 비슷한 특징이 있다. 뇌는 '긍정적인 생각'을 좋아한다는 것이다. 긍정적인 생각은 신경회로를 활짝 열고, 새로운 회로를 만들기도 한다. 반면 부정적인 생각은 회로 간 흐름을 방해하거나 억제한다. 뭐든 좋게 생각하고 잘해보려고 노력하면 대뇌 세포에 신선한 자극이 전달돼 기억력도 좋아진다. 서유헌 교수는 뇌에서 감정을 관장하는 곳인 변연계에 대해 다음과 같이 설명한다.

변연계는 이성적으로 사고하거나 사건을 해석할 때 거치는 여과장치 같은 곳이다. 슬픔에 빠졌거나 우울증에 빠졌을 때는 부정적인 여과장치를 통한다. 변연계가 부정적인 상태에 있는 사람은 사건을 자꾸 부정적인 쪽으로만 생각한다. 부정적인 사람과 대화하면 자꾸 부정적인 방식으로 사고가 작동되는 것이 이런 원리이다. 하지만 긍정적인 사람과 이야기를 하면 어떤 일에든 이성적으로 판단하고 해석할 수 있는 힘이 생긴다. 그것은 변연계가 제대로 기능을 발휘하기 때문이다.

그러므로 기억력을 좋게 하려면 뇌가 가진 네 번째 특성을 가장 잘 기억해두어야 한다. '기분 좋은 분위기와 느낌'은 두뇌가 제대로 활동하도록 하는 기본 조건이다.

뇌는 진화할 준비가 되어 있다

> 1997년 영국 런던 대학 University of London 의 엘레노어 맥과이어 Eleanor Maguire 연구팀은 택시 운전사의 경우 위치와 경로에 관한 정보를 저장하는 뇌의 영역, 즉 해마상융기의 뒷부분이 일반인보다 2~3퍼센트 크다는 연구 결과를 발표했다. 경력이 오래된 운전기사일수록 해당하는 뇌의 영역이 더 컸다.
>
> 미국 버클리 대학 University of California, Berkeley 의 마크 로젠즈웨이그 Mark Rosenzweig 박사와 매리언 다이아몬드 Marian Diamond 박사는 쥐를 가지고 뇌에 관한 실험을 해보았다. 그들은 쥐를 세 그룹으로 나눴다. 첫 번째 그룹은 장난감을 주고 쥐 열두 마리가 함께 지내게 했다. 두 번째 그룹은 장난감도 주지 않고 아주 제한된 공간에서만 지내게 했다. 세 번째 그룹은 보통 상태에서 키웠다. 그 결과 장난감을 넣어줘서 마음대로 놀게 한 쥐들만 뇌의 무게가 10퍼센트 증가했다.

뇌는 태어나면서부터 죽을 때까지 변한다. 갓 태어난 아기의 뇌는 약 400~500그램으로 성인의 25퍼센트밖에 되지 않는다. 생후 3년이 되면 두 배로 자라 1천 그램 정도가 되고 10세까지 꾸준히 자라서 성인이 되면 1천 300~1천 500그램이 된다. 이후에도 뇌는 중요한 회로를 더 복잡하게 만들거나 필요 없는 회로를 폐쇄시키기도 하고, 더 필요한 부위의 크기를 키우거나 별로 쓰지 않는 부위의 크기를 줄이기도 한다. 하지만 모든 사람의 뇌가 좋은 쪽으로만 변하는 것은 아니다. 어릴 때는 총명했던 사람이 자랄수록 총기를 잃기도 하고, 어릴 때는 평범했던 사람이 성인이 되어서는 머리 좋다는 말을 듣는 경우도 있다. 이런 차이는 어디에서 오는 것인가? 사람마다 뇌 발달의 차이가 있는 것은 무슨 이유일까? 서유헌 교수는 이렇게 설명한다.

아인슈타인은 두정엽이 보통 사람보다 15퍼센트 더 컸다. 수학, 물리학, 공간적 사고, 계산, 연상 등을 관장하는 것이 두정엽이기 때문에 과학 천재가 될 수 있었던 것이다. 또 두정엽과 측두엽 사이의 고랑인 실버안고랑이 더 많은 세포로 채워져 있었고 보통 사람보다 얇았다. 이 부분이 바로 천재성과 관련이 있다. 그런데 아인슈타인도 언어를 관장하는 측두엽은 보통 사람보다 작았다. 실제로도 언어 발달이 느려서 3세가 되어서야 말을 하기 시작했다고 한다. 언어를 관장하는 측두엽 발달이 다른 사람보다 느렸던 것이다. 부모들은 아이마다 뇌 발달에 차이가 있다는 것을 이해해야 한다. 어떤 시기에 아이가 무엇을 잘한다고 해서 '영재다', '천재다' 장담할 수 없다. 어떤 것이 다른 아이보다 뛰어난 것은 그쪽을 담당하는 뇌 부위가 다른 아이들보다 먼저 발달하고 있기 때문일 뿐이다. 착각하고 마구잡이로 공부를 시켰다가는 뇌 신경회로가 다 망가질 수 있다.

뇌가 학습과 경험에 의해서 끊임없이 변하는 것은 사실이다. 그러나 뇌 발달에 적합한 자극을 주어야 좋은 쪽으로 발달해나갈 수 있다. 시기에 맞지 않는 자극을 억지로 밀어 넣으면 발달은커녕 뇌 신경회로가 망가지는 사태를 초래할 수 있다. 서유헌 교수는 『천재아이를 원한다면 따뜻한 부모가 되라』라는 책에서 태어나서 3세까지는 일생 중 신경회로가 가장 많이 발달하는 시기인데, 잠깐 스치면서 듣고 보고 배운 정보가 입력되기 때문에 일관되고 고른 자극을 줘야 한다고 말한다. 또한 3세부터 6세까지는 판단하고 사고하고 느끼는 전두엽이 빠르게 자라는 시기이므로 다양한 교육을 받을 수 있는 기본기를 다지는 것이 중요하다고 했다. 예의와 도덕을 가르쳐야 한다는 것이다. 두정엽과 측두엽이 발달하는 초등학교 시기가 되어야 비로소 여러 가지 학습이 가능해진다. 두정엽은 물리적, 수학적 기능을 담당하고, 측두엽은 언어영역을 관장하기 때문이다. 이 시기는 언어의 뇌가 가장 빠르게 발달하므로 이 즈음에 외국어를 배우는 것이 학습효과가 좋다. 하지만 이때의 교육에는 감정표현, 인지기능, 철학이 포함되어야 한다. 암기 위주의 주입식 교육을 시키면 인지기능이 다양해지지도 않고 자신의 기분을 정확하게 표현하는 언어능력도 생기지 않는다.

태어난 순간부터 뇌는 '사용하라, 그렇지 않으면 잃게 된다'는 원칙에 따라 움직인다. 뇌는 적절히 쓰면 쓸수록 좋아지나 사용하지 않으면 그 회로는 사라진다. 각 개인의 노력과 경험에 따라 신경세포들 사이의 어떤 연결은 강화되고 발달되지만 어떤 회로는 약화되거나 사라진다. 재미없는 일을 할 때보다 재미있는 일을 할 때 뇌는 더 활발하게 움직인다. 지루하고 재미없는 일을 할 때는 집중력이 흩어져서 뇌의 일부분만 조금 움직인다. 따라서 일의 효율을 높이고, 아울러 뇌를 발달시키려면 스스로 흥미를 느끼고 즐거운 일을 해야 한다.

어떤 뇌를 타고났는지는 중요하지 않다. 이제 와서 그것을 따져봐야 누구에게도 득이 될 일은 없다. 중요한 것은 10년 후, 20년 후 아이의 뇌다. 그때 아이가 지금보다 더 좋은 뇌를 가지느냐, 더 나쁜 뇌를 가지느냐는 그동안 아이의 보호자로 있는 부모의 책임이다.

지금 당신은 아이의 뇌에 어떤 정보를 주고 있는가? 많이 경험하고, 많이 생각하고, 많이 느껴보게 해라. 뇌는 그때마다 조금씩 진화해간다. 아이의 뇌에 가능한 한 많은 정보를 입력해주어라. 아이의 뇌는 늘 새로운 정보를 기다리고 있다. 하지만 잊지 말자. 그것은 아이에게 즐겁고 신선한 자극이어야 한다는 사실을. 아이가 오늘 밤 행복한 꿈을 꾼다면, 아이의 뇌는 분명 그 행복을 기억할 것이다.

💬 왜 그럴까? ❻

많이 걸으면 머리가 좋아진다

열 살 인호는 움직이는 것을 무척 싫어한다. 어린아이답지 않게 항상 '귀찮아서'라는 말을 달고 산다. 심지어 좋아하는 떡볶이를 사 오라고 해도 움직이기 귀찮아서 안 먹겠다고 말하곤 한다. 점점 무기력해지는 인호가 걱정이 된 엄마는 헬스클럽에 함께 다니며 운동을 하자고 설득해보지만 효과가 없다.

인호뿐만 아니라 요즘 아이들은 걸을 일이 별로 없다. 공부할 것이 많다 보니 학교 앞까지 차로 데려다주는 일이 다반사고 하교 시에는 차량을 이용해 학원으로 직행한다. 이렇게 걷는 기회를 박탈하고 많은 정보만 머릿속에 넣어주는 것은 효과적인 학습법이 아니다.

움직이지 않으면 무기력해지는 것은 당연하고, 무기력은 학업 성적에도 영향을 준다. 따라서 억지로라도 아이를 움직이게 해야 한다. 일단 걷기부터 시작해도 좋다. 사실 걷기는 다리를 튼튼하게 만드는 것은 물론 뇌의 발달도 촉진한다. 인간의 신체 중 가장 큰 근육은 허벅지 근육인데, 이 근육의 신경은 뇌간과 연결되어 있다. 그래서 걸으면 근육에서 나온 신호가 뇌로 전달되고, 이 신호가 뇌를 자극해 움직임을 활발하게 만든다. 또한 심장은 평상시 1분간 약 5리터의 혈액을 흘려보내는데 걷는 동안에는 약 열 배 더 흘려보낸다. 이런 작용은 뇌에 산소와 영양소를 충분히 공급해 뇌 활동을 활발하게 한다. 뇌는 움직이지 않는데, 정보를 넣어준다고 그것이 저장될 리 없다. 학원 수를 줄이더라도 아이가 하루에 30분~한 시간 정도는 걸을 수 있도록 하는 것이 학습에 더 효과적이다.

다중지능에 주목하라

성공한 사람들의 비밀

어떤 아이는 축구선수가 꿈이고, 어떤 아이는 선생님이 되고 싶어한다. 또한 어떤 아이는 훌륭한 대통령이 되고 싶다며 자신의 꿈을 당당

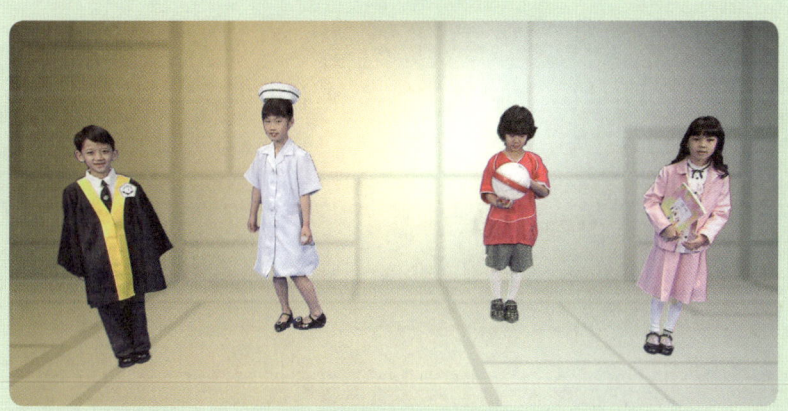

하게 말한다. 그러나 모든 아이들이 자라서 꿈을 이루는 것은 아니다. 막상 현실을 보면, 꿈과 현재 하고 있는 일의 괴리 때문에 고민하는 사람이 많다.

[EBS에서는 직업과 적성에 대해 인터넷으로 설문조사를 했다. 보름간 실시된 설문조사에는 총 2,698명이 참여했다. 설문은 적성과 직업이 맞는지에 대한 질문과 직업을 바꿀 의향에 대한 질문으로 나누어 이루어졌다.]

결과는 우리의 예상을 뛰어넘었다. 첫 번째 질문인 적성*과 직업이 맞는지에 대한 질문에는 '그렇다'고 대답한 사람이 49퍼센트인 반면, '그렇지 않다'고 대답한 사람은 그보다 더 많은 51퍼센트나 되었다.

*적성 어떤 지식이나 특정의 반응 방식을 훈련이나 경험에 의해 획득하기 전에 예측할 수 있는 실마리가 될 만한 징후나 징후군. 적성을 찾기 위해서는 양육자나 교육자가 적절하고 다양한 자극을 제공하고 그에 대한 학생의 반응을 오랫동안 지켜본 후 판단을 내려야 한다. 물론 학생 본인의 관심사도 판단의 중요한 준거가 된다.

또한 현재의 직업을 바꿀 의향이 있느냐는 질문에 대해서도 '그렇다'고 대답한 사람이 54퍼센트로 '그렇지 않다'고 대답한 사람인 46퍼센트보다 많았다.

왜 이토록 많은 사람들이 자신의 적성과 다른 직업을 갖고 있으며, 직업을 바꾸려고 하는 걸까? EBS에서는 자신의 직업에 불만이 있다고 답한 사람 중 비교적 불만도가 높은 여덟 명을 초대했다. 이들은 모두 현재 자신이 하고 있는 일에 대해 심각하게 고민하고 있었고, 새로운 직업을 갖고 싶어했다. 그런데 의외로 이들의 현재 직업은 누구나 한 번쯤은 꿈꿔봤을 직업이었다.

영어 교사인 영은 씨는 늘 학생들과 맞닥뜨려야 하며, 아이들의 생각을 읽고 소통해야 하는 교사라는 직업을 부담스러워하고 있었다. 자신의 성격과 맞지 않다고 생각하기 때문이다. 그녀는 사람을 대하는 것보다 동물과 함께 있는 것이 마음이 더 편하다. 현재 그녀가 꿈꾸는 직업은 수의사다. 의과대학에 들어간 진영 씨는 공부를 잘해 들어간 의과대학이 몸에 맞지 않는 옷처럼 느껴졌다. 자연과학을 공부하는 것이 적성에 맞지 않았던 그녀는 학교를 다니는 내내 방황할 수밖에 없었다. 그녀는 대학을 휴학하고 방송작가의 꿈을 키우고 있다. 도정책연구관으로 근무하고 있는 윤환 씨는 딱딱하고 틀에 박힌 연구관보다는 자신의 끼를 발휘할 수 있는 쇼호스트가 되기 위해 학원을 다니고 있고, 인터넷 쇼핑몰을 운영하는 지현 씨는 남들이 부러워하는 사장이라는 직함 대신 성우를 꿈꾸고 있다.

만약 이들이 어릴 때부터 자신의 진정한 재능과 적성이 무엇인지 알았다면, 지금처럼 직업을 바꾸고 싶어했을까? 또한 그들은 현재의 직업을 갖고 있었을까?

EBS에서는 적성과 직업에 대한 설문조사를 토대로 비교적 불만도가 높은 여덟 명을 추출, 그들에게 다중지능 테스트를 실시했다.

테스트 결과, 놀랍게도 이들이 꿈꾸는 직업은 강점지능과 일치하는 것으로 나타났다. 그렇다면 이들은 지금까지 전혀 엉뚱한 분야에 자신의 에너지를 쏟았다는 말이다. 재능 없는 곳에 능력을 쏟았으니 재미도 없고, 성공에 대한 투지도 생길 리 없었을 것이다.

그렇다면 성공한 사람들은 자신의 직업과 재능을 어떻게 연결시키고 있을까?

이번에는 자신의 직업에서 성공했다고 평가되는 사람들에게 다중지능 테스트를 해보았다. 패션 디자이너 이상봉, 가수 윤하, 외과의사 송명근, 발레리나 박세은 씨가 참여해주었다.

실험자들의 직업과 테스트를 통해 각자 두각을 드러낸 강점지능과의 상관관계를 보니 강점지능과 직업이 일치하고 있었다.

패션 디자이너 이상봉은 한글의 서체를 디자인 모티브로 삼아 전

강점지능과 희망 직업

세계적으로 높은 평가를 받고 있다. 그런데 그가 처음부터 패션 디자이너를 꿈꿨던 것은 아니었다. 그는 청년시절에 연극배우를 꿈꿨고 대학에서의 전공도 방송연예과였다. 하지만 한국에서 젊은 연극배우로 현실을 살아간다는 것은 그다지 녹록한 일이 아니었다. 그는 자신의 진로를 패션 쪽으로 돌렸다. 연극배우를 꿈꾸던 이상봉과 패션 디자이너가 된 이상봉 사이에서 우리는 언뜻 공통점을 찾지 못할지도 모른다. 하지만 다중지능의 관점에서 살펴보면, 이 두 직업은 하나의 지능으로 연결된다. 그것은 바로 '공간지능'으로, 이상봉이 다중지능 테스트에서 강점을 보인 바로 그 지능이다.

연극배우는 무대라는 공간 안에서 자신의 재능을 최대한 발산해야 하는 사람이다. 공간 안에서의 동선과 호흡이 연극에 있어서 매우 중요한 자리를 차지한다는 것은 누구나 알고 있다. 패션 디자이너도 마찬가지다. 평면이 아니라 사람의 몸이라는 입체를 감싸는 의상디자인 역시 '공간'을 떼어놓고는 생각할 수가 없다. 그는 진로를 연극배우에서 패션 디자이너로 바꾸었지만, 결국 자신이 갖고 있는 강점지능을 잘 살려 몰입한 결과 이 분야에서 최고가 되었던 것이다.

스무 살 나이에 골든디스크상 신인상을 수상한 가수 윤하는 일찍부터 자신의 길을 발견해 성공한 경우다. 네 살 때부터 피아노를 치기 시작한 윤하는 곧 피아노에 푹 빠졌고, 여기에 일본 드라마에 대한 흥미가 더해져 자연스럽게 일본 음악에 대한 관심으로 이어졌다. 일본 드라마에 흥미를 가진 그녀는 드라마를 보면서 독학으로 일본어를 익혔고, 이는 일본에서 먼저 데뷔를 할 당시 큰 도움이 되었다. 다른 가수들이 넘어야 할 언어에 대한 장벽이 없었기 때문이다. 음악을 좋아하고 일본 드라마를 좋아하면서 자연스럽게 일본 음악으로 관심이 넓혀졌다는 윤하의 이야기를 들으면 성공한 사람들이 자신이 좋아하는 분야와 재능을 어떻게 결합해나가는지를 자연스럽게 살펴볼 수 있다.

다른 실험자들의 이야기도 크게 다르지 않았다. 다들 강점지능을 적절히 살린 덕분에 그 분야에서 두각을 나타내며 성공할 수 있었다.

IQ 검사의 한계

머리가 좋고 똑똑하다고 말할 때 우리가 떠올리는 것이 바로 지능지수, 즉 IQ다. 이는 이전까지 추상적으로만 여겨졌던 지능을 구체적으로 수치화해내면서 객관적인 비교를 가능하게 만들었다는 데 의의가 있다. 최초의 IQ 검사*는 1883년 프랑스에서 의무 교육제도를 실시하면서 정규 학교에 입학하기 어려운 지적장애아, 학습부진아를 가려내기 위해 기초 학습능력 평가를 목적으로 만들어졌다. 그러던 IQ가 지능의 대명사가 돼버린 것이다.

> *IQ 검사 1883년 프랑스의 심리학자 비네Alfred Binet와 의사인 시몽T. Simon이 개발한 심리검사법 '비네 시몽 검사법 Binet-Simon test'이 오늘날 IQ 테스트의 원형이다. 유아에서 성인에 이르는 각 연령에 알맞게 각각 몇 개의 문제가 난이도 순으로 배열되어 있어 피검사자가 문제를 차례로 풀면 어느 단계까지 합격했는가에 따라 지능 연령이 정해지는데 이를 실제의 만 연령과 비교해 IQ를 산출한다. 이 검사법은 여러 기능을 종합해 종합적인 성적으로 지능을 결정하며, 특별한 교육을 받지 않은 보통 사람도 누구나 알 수 있는 내용을 검사 문제로 택한 점이 특징이었다.

이후 오랫동안 우리는 IQ가 높으면 영리하고 똑똑한 사람, 그렇지 못하면 머리가 좋지 않고 학습에도 부진한 사람이라고 판단했다. 물론 높은 IQ를 가진 아이는 다른 아이들에 비해 비판적 읽기나 계산, 사고 기능 등과 관련된 과목에서 높은 성취도를 보이는 경우가 많다. 이는 IQ 검사가 기초 학습에 필요한 최소의 능력인 언어 이해력, 어휘력, 수리력, 암기력 등을 위주로 검사 문항을 작성했기 때문이다. 학습의 기초 능력인 IQ 검사에서 높은 점수를 받은 아이는 같은 능력을 측정하는 학업 평가에서 높은 점수를 받는 것이 당연했다. 하지만 문제는 IQ 검사가 인간의 지적 능력 중 극히 일부분만을 체크한다는 점이다.

하지만 IQ 테스트가 아니라 다중지능 이론에 따른 방식으로 기억력 테스트를 해보면 어떤 결과가 나올까?

EBS에서는 초등학교 학생 400명을 대상으로 다중지능을 체크한 후, 그중 40명을 방송국으로 초대했다. 20명은 음악지능이 높게 나온 아이들이고, 20명은 언어지능이 높게 나온 아이들이다. 이 아이들을 대상으로 네 종류의 기억력 테스트를 실시했다. 두 가지는 음악에 관련된 테스트. 짧은 피아노 연주를 듣고 같은 멜로디를 고르는 문제와 장구 연주를 듣고 같은 리듬을 고르는 문제가 출제됐다. 나머지 두 가지는 언어 기억력 테스트로 이루어졌다. 30개의 단어를 보여준 후 1분 후에 기억나는 단어를 적어보게 하는 문제와 1분 30초짜리 구연동화를 들려준 후 기억나는 단어를 체크해보게 하는 문제였다.

다중지능 기억력 테스트

테스트 결과는 아이들이 다중지능 검사에서 강점을 보인 지능과 일치했다. 언어지능이 높은 20명의 아이들은 언어점수 69.5점, 음악점수 57점으로 언어점수가 12점 더 높게 나왔다. 반대로 음악지능이 높게 나타난 아이들의 경우 음악점수 61.6점, 언어점수 57.27점으로 음악점수가 4점이 더 높았다. 모두 자신의 강점지능 영역에서 더 높은 기억력을 발휘한 것이다.

이것은 이전의 IQ 테스트로는 체크할 수 없었던 차이였다. 결국 IQ가 높은 아이가 그렇지 않은 아이보다 기억력이 좋다는 기존의 평가는 편견이고 오류였던 셈이다. 또한 아이들이 멜로디를 더 잘 기억하고 싶다거나 단어를 더 잘 기억하고 싶다고 해서 되는 것이 아니라, 자신이 가지고 있는 두뇌의 프로파일에 따라 기억력이 좌우된다는 것을 살펴볼 수 있었다. 즉 이는 뇌의 명령이었던 것이다. 한 개인이 보이는 강점지능과 약점지능 역시 뇌의 명령으로부터 나온다. 바꿔 말하면 잘하는 것과 못하는 것은 어느 정도 타고난다는 뜻이기도 하다.

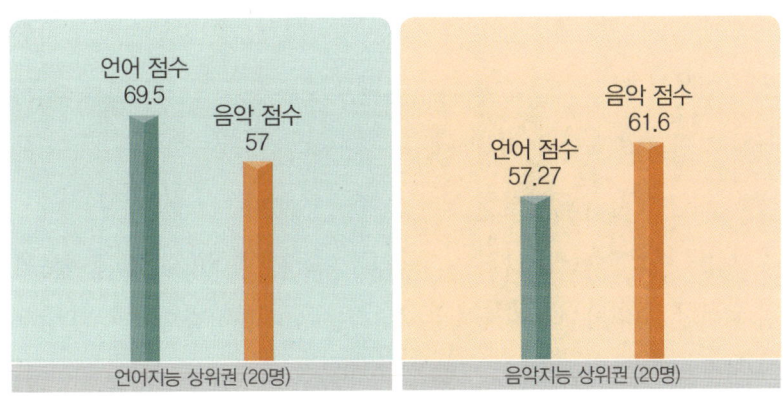

다중지능의 발견, 뇌에 숨겨진 지능 영역

다중지능의 발견은 신경과학neuro science*의 발달에 힘입은 바 크다. 신경과학을 통해 인간의 두뇌는 영역에 따라 다른 역할을 담당하고 있다는 것이 밝혀졌으며, 각 영역의 발전 정도에 따라 해당 능력에도 차이가 생긴다는 것이 밝혀졌기 때문이다. 예를 들어 두정엽은 물리적, 수학적 기능을 담당하고, 측두엽은 언어영역을 관장하며, 전두엽은 대인관계와 관련된 역할을 한다는 것이다.

*신경과학 뇌와 신경계 전체를 연구 대상으로 삼아, 인간 두뇌의 과학적 모습을 밝힘과 동시에 두뇌가 어떻게 기능하는지, 뇌를 포함한 신경계가 어떻게 만들어지고 유지되는지, 나아가 인간의 마음에까지 과학적으로 접근하려는 학문이다.

미국 하버드 대학 교육학과 교수인 하워드 가드너는 기존의 IQ가 광범위한 인간의 인지능력 영역을 설명하지 못하는 것을 발견하고, 새로운 지능의 개념을 고민하기 시작했다. 그리고 인간의 지능은 단일지능이 아니라 여러 가지로 구성되어 있다는 것을 발견했다. 지능이란 단 한 분야의 능력이 아닌, 두뇌 발달, 인간 발달, 진화, 문화적 자극을 통해 여러 분야의 지능으로 나뉜다는 것이다. 또한 뇌가 손상된 사람들을 연구한 결과 그들에게 다른 능력들은 온전하게 남아 있는 채 손상된 부위의 능력만이 심각하게 훼손되었다는 것을 확인한 후, 이를 통해 '지능은 각기 독립되어 있다'는 주장을 했다.

이것이 바로 1983년 발표된 다중지능 이론의 핵심이다. 그에 따르면 현재 여덟 가지 이상의 지능이 존재한다는 것이 밝혀졌으며, 두뇌 연구가 활발해짐에 따라 앞으로는 더 많은 지능이 밝혀질 것이라고 한다.

현재 밝혀진 지능만 해도 언어지능, 논리수학지능, 공간지능, 신체운동지능, 음악지능, 인간친화지능, 자기이해지능, 자연친화지능 등이 있다. 이외에도 사회와 문화에 따라, 뇌 연구의 발달에 따라 다양한 후보군이 등장할 것이다. 아마도 몇 십 년 후에는 더 많은 지능들이 밝혀질 것이다.

그렇다면 현재 밝혀진 여덟 가지 지능 영역은 구체적으로 어떠한 역할을 담당하고 있으며, 두뇌의 어떤 부분과 연관되어 있을까?

언어지능

언어지능은 단어의 소리, 리듬, 의미에 대한 감수성이나 언어 기능에 대한 민감성 등과 관련된 능력이다. 대부분의 아이들에게 언어지능은 보편적으로 나타나는데, 문화권과는 상관없이 일정한 발달과정을 거쳐 발현된다. 유난히 한글과 외국어를 빨리 배우고, 말을 조리 있게 하는 아이들은 언어지능이 높다고 할 수 있다. 언어를 관장하는 두뇌는 보통 전두엽으로 알려져 있으며, 브로카^{broca} 영역*이라 불리는 뇌의 특정 영역은 문법적인 문장을 만들어내는 것과 관련이 있는 것으로 밝혀졌다. 언어지능에는 모국어를 조리 있게 말하는 능력, 외국어를 잘하는 능력, 글을 잘 쓰는 능력 세 가지가 모두 포함된다. 그런데 주목해야 할 점은

> ***브로카 영역** 프랑스의 외과의사이자 인류학자인 브로카$^{Paul\ Broca}$의 이름을 딴 뇌의 영역. 언어중추는 크게 브로카 영역과 베르니케^{Wernicke} 영역이 핵심이라 할 수 있는데, 브로카 영역은 언어의 운동중추로 말을 만드는 곳이라 할 수 있고, 베르니케 영역은 언어의 감각중추로 말을 이해하는 곳이라 할 수 있다.

각각의 능력이 반드시 모두 연관된 것은 아니라는 점이다. 모국어를 조리 있게 말한다고 해서 반드시 외국어를 쉽게 배우는 것은 아니며, 말을 잘한다고 해서 글을 잘 쓰는 것도 아니다. 유명한 강사들은 말을 잘하지만, 이들이 모두 집필활동을 활발하게 하지는 않는다. 글을 쓰고 이야기를 만드는 능력이 뛰어난 작가들도 대중 앞에서 말을 할 때는 그다지 세련된 기교를 보이지 않는 경우가 있다. 수많은 사람들을 휘어잡는 화술을 가진 개그맨도 정작 글을 잘 쓴다거나 외국어에 뛰어난 능력을 보이는 경우는 흔치 않다. 이처럼 한 사람에게 모든 분야의 언어지능이 높게 나타나는 경우는 드물다.

논리수학지능

논리수학지능은 다중지능 이론이 출현하기 전까지 가장 중요하게 생각되었던 지능으로 논리적 문제나 수학, 과학 문제를 풀어가는 과정에 관한 능력이다. 또한 이는 전반적으로 추리력에 관한 것으로 인간 내부에서 작용하여 논리적 정보나 자료를 분류하는 능력이다. 논리수학지능이 높은 아이는 실험을 좋아하고, 문제해결을 할 때도 근거와 원리를 찾으려고 하며, 숫자에 관련된 내용에 호기심이 많아 차량번호나 전화번호 등을 잘 기억한다. 논리수학지능이 높은 아이들은 "왜?"라는 질문을 자주 하는데, 이때는 정확한 원리를 함께 설명해주는 것이 좋다. 논리수학지능과 관계된 두뇌는 전두-측두엽과 두정엽 부위인데, 전두-측두엽의 언어 영역은 논리적 영역에 중요한 역할을 하고, 두정엽의 시공간 영역은 수의 계산에 보다 중요한 역할을 한다. 논리수학지능은 체계적으로 생각하도록 도와주는 논리적 사고력과 수학의 원리를 이해하는 수학적 사고력, 실제로 숫자를 다루는 능력인 수리력으로 나눌 수 있다. 그런데 수학적 사고력은 논리지능에 기반을 두기 때문에 반드시 수리력에 비례하지 않는다.

공간지능

공간지능은 눈에 보이는 모든 형상과 마음속의 심상에 이르기까지 형태나 이미지와 관련되는 지능이다. 공간지능이 뛰어난 사람은 색깔, 모양, 공간, 형태 등의 관계를 민감하게 파악하며 3차원적인 공간세계를 정확하게 이해할 수 있다. 또한 그림을 잘 그리고 3차원 공간을 창조적으로 변형시키는 능력이 뛰어나다. 방향감각이 뛰어나 처음 방문하는 곳도 잘 찾아가며 시각능력 또한 뛰어난 편이다. 그래서 자신의 아이디어를 이야기할 때 논리적으로 설명하는 것보다는 시각적으로 그림을 그려 표현하거나 이미지화하는 것을 잘한다. 두뇌 연구 결과 우측 대뇌피질의 뒤쪽 영역이 공간문제 해결에 가장 중요한 역할을 하는 것으로 밝혀졌다. 이 부위가 손상되면 위치를 찾거나 얼굴 또는 장면을 인지하거나 세부를 식별하는 능력이 떨어지는 것으로 알려져 있다.

인간친화지능

인간친화지능은 사람들과 교류하고 타인의 감정과 행동을 잘 이해하여 여러 상황에 적절히 대처하는 능력이다. 인간친화지능이 높은 사람은 사람들의 기분, 기질, 동기, 의도의 차이를 간파하는 능력이 뛰어나 인간관계를 잘 이끌어나갈 수 있다. 처음 보는 사람과도 유연하게 어울릴 수 있으며, 대화를 할 때도 상대방을 편안하게 하면서 자신의 생각을 잘 전달한다. 대인관계와 관련해 중요한 역할을 하는 영역은 전두엽이다. 특히 전두엽이 손상되면 다른 문제해결능력은 정상인 반면 인성에 심각한 변화가 초래된다는 연구 결과가 있다. 예컨대 전두엽 피질을 손상시키는 피크병을 앓는 사람은 감정적으로 스스로를 잘 제어하지 못하고 주위 상황을 의식하지 않는 이상한 행동을 보이거나 가게에서 물건을 훔치는 등 인격의 손상을 보인다.

자기이해지능

자기이해지능은 자신의 감정에 대한 접근, 다양한 감정을 구별하는 능력, 자신의 행동을 이해하고 안내하는 수단으로써의 감정으로 구성된다. 자기이해지능이 높은 사람은 개인의 감정에 충실하며, 자신을 위해 진지한 삶의 목표를 세우고 자기존중감이나 자기향상욕구도 강하다. 또한 자신의 몸과 정신 상태를 누구보다 잘 알고 있기 때문에 스스로를 적절하게 제어할 수 있다. 예를 들어 몸에 무리가 오면 본인 스스로 가장 먼저 위험을 느끼고 몸을 잘 다스리며, 감정이 격앙되었다고 하더라도 절제력을 동원해 스스로 억누르거나 화를 냈을 때도 금세 잘못을 깨닫고 고친다. 목표를 실현하기 위해 자신을 다스리는 성향은 사회적 성취감을 키우는 데 도움을 주며, 성공으로 이끄는 필수 요소이다. 자기이해지능과 관련된 두뇌의 부분은 인간친화지능과 마찬가지로 전두엽 부분이다. 전두엽은 인성 변화에 중요한 역할을 담당하는데, 전두엽의 아랫부분이 손상되면 짜증을 잘 내거나 반대로 근거 없이 행복해하거나 조증 상태가 되는 다행증이 생기기도 한다. 반대로 윗부분이 손상되면 무관심, 무기력, 둔함, 그리고 무감정을 나타낼 가능성이 높다. 자폐아는 자기이해지능이 손상된 전형적인 예다.

음악지능

음악지능은 소리, 리듬, 진동과 같은 음의 변화에 민감하고 음의 유형을 잘 구분하는 능력으로, 음악뿐 아니라 소리 전체를 다루는 능력을 가리킨다. 어릴 때부터 리듬을 만들어 박자를 치거나, 처음 듣는 음악에 맞춰 몸을 흔들고, 동요나 다른 음악을 듣고서 따라 부르거나 혼자서 흥얼거리며 직접 노래를 지어서 부르는 아이는 음악지능이 뛰어나다고 볼 수 있다. 그러나 음악지능이 높다고 해서 무조건 악기를 잘 다루는 것은 아니다. 음악지능을 효과적으로 발휘할 수 있는 분야가 연주 분야에 한정된 것은 아니기 때문이다. 피아노의 정확한 음을 조율해내는 일이나, 방송에서 나오는 효과음을 만들어내는 일도 음악지능이 뛰어나야 할 수 있다. 음악지능은 주로 뇌의 우반구에서 담당하는 것으로 보인다. 언어를 담당하는 두뇌처럼 분명한 위치를 점하고 있는 것은 아니지만, 우뇌의 경우 감성적인 부분과 음악적인 부분을 담당하는 것으로 알려졌다.

신체운동지능

　신체운동지능이란 자신의 몸을 통제하고 운동, 균형, 민첩성 등을 조절해 사물을 다루는 능력을 말한다. 신체운동지능이 높은 아이는 여기저기 잘 돌아다니며, 이것저것 만져보면서 이야기를 하고, 몸으로 자신의 감정을 표현하는 것을 좋아한다. 스포츠, 댄스, 연극이나 손을 이용한 신체적 활동을 잘하며, 공이나 악기 같은 도구를 기술적으로 다루는 일에도 능하다. 신체운동지능은 활동적이고 몸을 크게 써야 하는 대근육 운동을 통해서 발휘되는 경우도 있지만, 손동작이나 정교한 움직임을 통해서 발휘되는 경우도 있다. 축구선수와 공예 명장은 겉으로 보기에는 전혀 다른 특성을 갖고 있지만, 다중지능의 관점으로는 둘 다 신체운동지능이 높은 것으로 볼 수 있다. 달리기는 잘하지 못해도 연극 공연을 할 때 동작을 부드럽게 처리한다거나, 배운 내용을 직접 실험해봐야 직성이 풀리는 경우, 다른 과목에서 학습한 것을 곧잘 신체적으로 응용하거나 표현하는 경우도 신체운동지능이 높은 것으로 볼 수 있다. 신체의 움직임을 통제하는 일은 대측 contralateral side*이나 각각의 반구에 자리 잡은 운동 피질이 담당한다. 이 부위가 손상되면 운동능력이나 신체 움직임에 변화가 생긴다.

> *대측 대측성은 좌우상칭 동물에 있어 한쪽 몸에 주어진 외전자극이 반대쪽의 몸에 나타나는 현상, 또는 반응을 말한다. 인간 두뇌에서 우반구가 몸의 왼쪽을 컨트롤하고, 좌반구가 오른쪽을 컨트롤하는 것이 그 예다.

자연친화지능

　자연친화지능은 인간의 역사에서 오랫동안 중요한 역할을 담당해왔다. 사냥과 농사는 자연과 더불어 살아가는 법을 모르고서는 불가능했기 때문이다. 자연친화지능이 높은 사람은 식물이나 동물을 좋아하고, 이를 잘 보존하기 위해 노력하며, 채집이나 자연관찰 등을 즐긴다. 또한 기후에 관심이 많거나, 날씨를 잘 예측하기도 한다. 자연과학에 대한 흥미와 더불어 환경보존에 대한 관심도 높아서 사회 주변에서 일어나고 있는 각종 환경 문제에 관심을 보이기도 한다. 누가 가르쳐주지 않아도 화분이나 열대어를 잘 키우는 사람이나, 애완동물이 유독 잘 따르는 사람도 자연친화지능이 높다고 할 수 있다. 자연친화지능도 두뇌와 연관이 있는데, 뇌가 손상된 사람 중에는 무생물 대상을 인식하고 이름을 붙일 수는 있지만 생명체를 확인하는 능력은 상실한 경우가 있다는 연구 결과가 밝혀지기도 했다.

각각의 지능은 서로 대비되는 특징이 있는 것끼리 묶어 다시 세 종류의 지능군으로 나뉜다. 우선 어떤 계열의 학습을 선호하는가를 구분해주는 '계열선호별 지능군'에는 언어학습을 더 선호하는 언어지능과 수리영역의 학습을 더 선호하는 논리수학지능이 포함된다. 두 번째는 어떤 유형의 학습이 더 효과적인가를 구분해주는 '학습유형별 지능군'으로 다른 사람과의 상호작용을 선호하는 인간친화지능과 자신에 대한 탐구를 선호하는 자기이해지능이 이에 포함된다. 마지막으로는 어떤 인지양식을 더 쉽게 받아들이느냐에 따라 구분되는 '인지양식별 지능군'으로 공간지능, 음악지능, 신체운동지능, 자연친화지능이 여기에 포함된다.

가드너의 다중지능 이론

다중지능 이론을 주장한 초기만 해도 가드너는 "인간이 자신에게 요구된 각각의 행동이나 역할을 할 때는 단 하나의 발달한 지능에만 크게 의존한다"고 주장했다. 하지만 지속적인 연구를 통해 그는 우선 지능과 영역의 차이를 구분하게 되었다.

그는 지능을 일종의 계산능력이라고 말한다. 예를 들어 높은 음악지능을 지닌 사람은 음악과 관련된 계산을 잘하는 것을 의미한다. 쉽게 멜로디를 외우고, 음의 높낮이를 알며, 리듬을 재창조하고 곡을 변주할 수 있는 계산능력을 가진 것이다. 이와 달리 음악영역이라고 했을 때는 조직화된 사회에서 나타나는 음악의 다양한 모습을 말한다. 음악영역에는 음악 교사가 들어가고, 작곡가, 지휘자, 가수가 포함되며, 피아노 조율사도 들어갈 수 있다. 이렇듯 지능과 영역은 언뜻 일대일 대응을 하는 것처럼 보이지만 실제로는 그렇지 않다.

지속적인 연구를 통해 하워드는 일정한 영역에서 성공하기 위해서는 단순히 하나의 분야에서만 두각을 나타내서는 안 되고 여러 분야의 지능이 적절히 결합되어야 한다는 사실을 증명해냈다. 예를 들어 바이올린 연주를 할 때 필요한 지능은 음악지능만이 아니다. 성공적인 바이올리니스트가 되기 위해서는 음악지능 외에도 민첩한 연주를 위한 신체운동지능과 청중을 다루는 인간친화지능이 필요하고, 최고의 연주력을 갖추기까지 자신을 제어할 수 있는 자기이해지능이 요구된다.

즉 가드너는 다중지능 이론을 발전시키는 과정에서 모든 인간에게는 여덟 가지 영역의 지능이 모두 있으며, 이 중 강점을 보이는 지능도 하나뿐 아니라 그 이상이라는 것을 발견한 것이다. 사람마다 능력이 다른 이유는 지능의 조합이 각기 다르기 때문이다. 일란성 쌍둥이조차 지능의 프로파일은 같지 않다. 이는 지능이 발달하는 환경에도 기인한다. 유전적인 요소가 동일하다고 해도 사회문화적 경험*이 다르기 때문에 지능의 조합은 다르게 나타난다. 그런데 다중지능에 있어 각각의 지능 조합이 만들어내는 시너지는 각 부분의 지능이 독립적으로 작용할 때보다 더 크다. 물론 어떤 사람의 경우 두드러지는 강점지능을 나타내는 반면, 어떤 사람은 어느 하나의 지능이 특별히 눈에 띄지는 않지만, 전 영역의 지능이 고루 발달해 강점을 만드는 경우도 있었다. 가드너는 이를 고려해 지능 프로파일을 두 유형으로 나누었다.

먼저 레이저형 프로파일은 두뇌 프로파일에서 한두 가지의 현저한 강점을 보이는 유형이다. 특정한 분야에 몰입하는 예술가, 과학자, 학자, 발명가 등에서 보이는 경우가 많다. 모차르트나 아인슈타인 등이 그 예다. 모차르트는 음악지능이 두드러졌고, 아인슈타인은 논리수학지능과 공간지능이 정점을 이루었다. 이들은 대부분의 시간을 음악적, 과학적 관심을 추구하는 데 보냈다.

이에 비해 서치라이트형 프로

***사회문화적 경험** 우리의 활동은 거의 대부분이 사회적·문화적 영향 속에 놓여 있다. 특히 직업이나 특기 같은 것은 사회와 분리해서 생각할 수 없다. 밀림의 부족사회에서는 활을 쏘는 능력이 더 대우를 받기 때문에 많은 아이들이 활쏘기 능력을 키우기 위해 노력을 할 테지만, 현대 사회에서는 좀 더 좋은 직업을 갖기 위해 학교 공부, 그중에서도 '영어'라는 언어를 정복하기 위해 모두들 노력하고 있다. 전자에 우선적으로 필요한 능력은 신체적 능력이고, 후자에 우선적으로 필요한 능력은 언어적 능력이다. 이렇듯 사회와 문화에 따라 강조하고 요구되는 지능은 각기 다르다.

파일은 단일 영역이 아닌 세 가지 이상의 영역에서 강점이 보이는 지능 형태를 말한다. 이 프로파일을 가진 사람을 광범위한 레이더망을 갖추었으나 특별하게 두드러지는 지능은 없다고 할 수도 있다. 대부분의 정치가나 사업가 등이 이에 속한다. 다양한 분야에 고른 지능을 갖는 이들은 어떤 한 분야보다는 사회 전체를 바라보는 시각으로 보다 큰 그림을 그려나가는 일을 할 수 있다.

각각의 지능 중에서 어떤 것이 더 중요하고 덜 중요한지를 가릴 수는 없다. 중요한 것은 아이가 갖고 있는 지능 프로파일을 잘 계발해준다면 누구나 성공을 거머쥘 수 있다는 점이다. 실제로 성공한 사람들의 다중지능을 살펴보면 지능군별로 강점을 보이는 지능이 서로 결합되어 나타남을 알 수 있다.

디자이너 이상봉은 여덟 개의 지능 중 디자인에 필요한 공간지능이 가장 높고 그 뒤를 언어지능과 자기이해지능이 뒤따르고 있었다. 그가 유명한 디자이너가 될 수 있었던 데는 단순히 좋은 디자인뿐만 아니라 자신의 디자인을 다른 사람들에게 보이고 설명할 수 있는 언어지능도 많은 도움을 주었을 것이다.

송명근 박사의 경우 논리수학지능이 높았지만, 자연친화지능과 자기이해지능도 강점을 보였다. 그의 강점지능을 그저 논리수학지능으로만 판단했다면, 왜 그가 의사라는 직업을 택했는지 의아했을지도 모른다. 수학자가 될 수도, 첨단공학자가 될 수도 있었기 때문이다. 하지만 그는 생명의 소중함을 아는 자연친화지능에 강점을 보였고, 이를 자신의 진로와 연결한 끝에 최고의 자리에 오를 수 있었다.

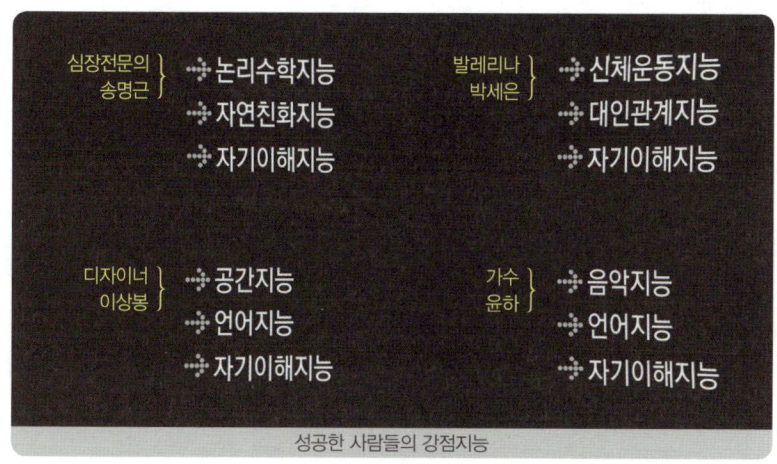

성공한 사람들의 강점지능

가수 윤하는 직접 작사와 작곡을 하는 싱어송라이터다. 음악지능이 가장 높았지만, 언어지능 또한 그에 못지않았다. 그리고 그 뒤로 자기이해지능이 뒤따랐다.

발레리나 박세은도 유려한 동작에 필요한 신체운동지능 외에 청중과 교류할 수 있는 대인관계지능 즉 인간친화지능이 높았다. 고된 훈련을 견디며 스스로의 목표를 추구하는 데는 자기이해지능이 도움이 되었을 것이다.

이렇듯 성공한 사람들은 강점지능의 조합을 통해 자신에게 가장 잘 맞는 꿈과 직업을 골라내고 선택할 수 있다. 또한 이를 통해 자신의 능력을 최대치로 끌어올리며 성공할 수 있었던 것이다. 비밀은 바로 여기에 있다. 상위 세 가지의 강점이 가장 효과적으로 조합된 곳, 바로 그곳이 성공의 자리였다.

왜 그럴까? ❼

박물관 교육이 아이의 관심사를 넓힌다

> 초등학교 2학년인 기웅이는 좋아하는 것이라고는 컴퓨터 게임밖에 없다. 특별히 무엇 하나에 관심이 있는 것도 아니고, 좋아하는 것도 그때그때 달라진다. 아이의 적성을 발견해서 지속적으로 키워주고 싶은데, 무엇부터 시작해야 할지 엄마는 난감하다. 아이의 관심사도 넓히면서 어떤 것에 호기심을 갖는지 알 수 있는 방법은 없을까?

세상의 다양한 직업군을 아이에게 한꺼번에 모두 경험시켜줄 수는 없다. 하지만 다양한 분야를 접하는 데 가장 좋은 방법은 아이를 데리고 박물관에 가는 것이다. 자연사박물관, 민속박물관, 역사박물관 등 학문의 전체 계열을 살펴볼 수 있는 곳에서 시작해 평소 아이가 궁금해했던 분야, 시계박물관이나 축음기박물관, 철도박물관 등으로 아이의 관심사와 경험을 확대해간다. 관람 태도나 관람 후 반응을 보면 아이의 호기심이 어느 분야에 있는지를 확인할 수 있다.

| 박물관 제대로 활용하는 법 |

1. 출발하기 전에 이용에 관한 자세한 정보를 수집한다
관람시간과 휴관일 등 정보를 알고 가는 것이 좋다. 박물관마다 이용 정보가 달라서 자칫하다가는 허탕을 치고 돌아오는 일이 생길 수 있다.

2. 효과적인 학습을 위해서 예습은 필수다

대부분의 박물관은 자체 사이트가 있으며, 전시 유물에 대한 정보나 아이들이 박물관에 흥미를 가질 만한 온라인 놀이 등도 함께 게시되어 있다. 이렇게 아이의 흥미를 북돋우면 직접 가서도 학습효과가 더 높아진다.

3. 아이의 눈높이로 본다

아이의 호기심과 상상력이 최대한 발휘될 수 있게 하자. 아이가 느낌을 솔직하게 말할 수 있게 해주고, 엄마도 동감해준다. 관람 코스도 아이가 앞서서 찾아보게 한다. 꼭 정해진 코스는 없으므로 엄마는 옆에서 약간의 도움이나 정보를 주는 역할을 하면 된다.

4. 한 번에 다 보겠다는 욕심을 부리지 않는다

아이는 관심이 있는 유물 앞에서 하루 종일 앉아서 관찰을 할 수도 있다. 한 번에 다 보여주겠다는 욕심을 부리기보다, 자주 데려가서 다양한 유물에 관심을 갖게 해주는 것이 좋다.

5. 팸플릿이나 도록, 기념품을 구입한다

추억할 수 있는 구체적인 물건이 있으면 아이의 기억력을 더욱 강화시킬 수 있다. 팸플릿이나 도록, 기념품이 있으면 아이와 경험을 회상하면서 대화를 진행할 수 있다. 특히 팸플릿이나 도록은 기억을 떠올리는 기념품이기도 하지만, 유물에 대한 설명이 잘 되어 있기 때문에 학습용도로 사용할 수도 있다.

강점지능을
더욱 특별하게 만들어라

다중지능을 증명하는 서번트 신드롬

한 소년이 있다. 1995년생인 말레이시아 소년 핑 리안$^{Ping\ Lian}$. 그는 어린 나이지만 2006년에는 뉴욕 예술전시 투어를 할 만큼 미술에 놀라운 천재성을 보이며 주목받고 있다. 태어나서 한 번도 정확한 미술수업을 받아본 적이 없는 리안은 여섯 살 때 처음 연필을 잡고 그림을 그리기 시작했는데, 그때부터 그의 그림 솜씨는 비약적으로 발전하였다. 더욱 놀라운 것은, 그가 자폐증에 ADHD를 갖고 있음에도 보통 사람들보다 뛰어난 능력을 보인다는 점이다.

자폐증은 뇌기능 장애로 인해 생기는 질병으로 대부분 선천적이다. 다른 사람과의 소통이 쉽지 않으며, 인지능력도 정상인에 비해 떨어진다. 그런데 리안처럼 자폐아임에도 어떤 한 분야, 또는 몇몇 분야에서

핑 리안의 작품

특별한 천재성을 보이는 사람이 있다. 이른바 바보천재, 서번트 신드롬savant syndrome이다.

또 다른 서번트 신드롬인 킴 픽Kim Peak의 예를 살펴보자. 그는 영화 〈레인맨Rain Man〉의 실제 주인공으로도 유명한데, 가공할 정도의 언어 기억력을 갖고 있는 서번트 신드롬이다. 미항공우주국NASA에서 픽의 기억력을 연구한 바에 따르면, 그는 인간 기억능력의 98.7퍼센트 정도까지 사용하고 있다고 한다. 전화번호부를 통째로 외우고 몇 백 년 분량의 달력을 외우고, 도서관의 모든 책들을 모조리 외우고, 세계의 모든 역사를 알고 있는 픽의 능력은 도대체 어떻게 생겨난 것일까? 그의 두뇌 사진이 그 비밀을 밝혀주었다. 그는 일반인과는 달리 좌뇌와 우뇌를 연결하는 뇌량이 없기 때문에 한쪽 뇌만을 집중적으로 사용하게 되었고, 그 과정에서 좌뇌의 언어능력이 폭발적으로 증가한 것이다.

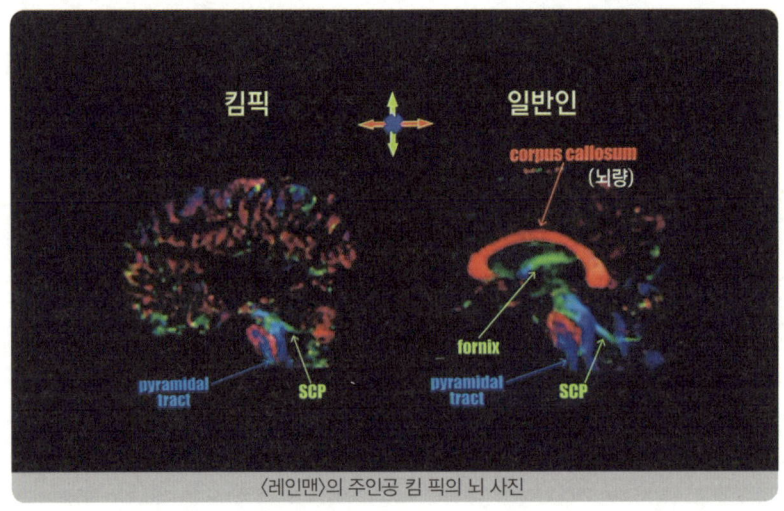

〈레인맨〉의 주인공 킴 픽의 뇌 사진

위스콘신 대학University of Wisconsin 임상심리학과의 대럴드 트레퍼트 Darold Treffert 교수는 서번트 신드롬을 다중지능을 증명할 수 있는 집단이라고 말한다. 왜냐하면 이들은 일반적으로 지능을 측정하는 방식으로는 크게 뒤떨어지지만 한 분야, 또는 두세 분야에서는 놀라운 능력을 보이기 때문이다. 이는 각각의 지능이 독립적으로 존재하고 있음을 증명해준다.

서번트 신드롬의 4분의 3 정도는 아이큐 점수가 70 미만이다. 그럼에도 불구하고 이들이 보이고 있는 특정 영역에서의 천재성을 기존의 지능 개념으로 설명하려면 별다른 연관성을 찾지 못할 것이다.

서번트 신드롬은 두뇌의 발달은 전 영역에 걸쳐 고르게 이루어지는 것이 아니라, 강점인 부분과 약점인 부분이 나뉘어 발달한다는 것을 보여준다. 이때 강점인 부분을 자극하면 폭발적으로 능력이 증가하는 반면, 약점인 부분은 계속적으로 남아 그 사람의 핸디캡이 될 수도 있다.

강점지능으로 약점지능을 보완하라

서번트 신드롬과 다중지능 기억력 테스트에서 살펴본 것처럼, 사람들은 각자 강점을 보이는 지능 영역이 따로 있었다. 다중지능은 유전인자나 경험의 영향으로 더 발달하기도, 덜 발달하기도 한다. 잘하는 것이 있으면 못하는 것도 생긴다. 전 분야에 걸쳐 완벽한 지능을 갖고 있는 사람보다는, 어느 한 분야를 유독 잘하는 사람이 다른 분야에서는 약한 모습을 보이는 경우가 일반적이다. 이것은 성공한 사람들도 예외가 아니다. 자신의 분야에서 성공했다고 평가받는 이들도 잘 못하는 부분이 하나씩은 있었다.

공간지능이 뛰어난 발레리나 박세은 씨와 패션 디자이너 이상봉 씨는 논리수학지능이 약해 순서 외우는 것이 둔한 반면 논리수학지능이 뛰어난 송명근 박사와 음악지능이 뛰어난 가수 윤하 씨는 공간지능이 약해 사람의 얼굴을 잘 못 알아보거나 길을 자꾸 헤맨다고 고백했다.

아이는 선천적으로 강점지능과 약점지능을 가지고 태어난다. 이것은 개인의 의지나 의도와는 큰 연관성이 없다. 그렇다고 절망할 필요는 없다. 가드너가 강점지능과 약점지능을 나눈 이유는, 단순히 그것이 극복할 수 없는 벽이라서가 아니라, 이를 파악함으로써 사회문화적 활동을 통해 약점을 극복해나갈 수 있다고 생각했기 때문이다. 아이들은 가능성의 존재다. 하워드 가드너는 어린아이들의 경우 못하는 부분을 근육처럼 발달시키는 것이 중요하다고 말한다.

아이가 논리수학지능보다 공간지능이 좋다면 비행기 조종사가 될 수 있다. 그러나 확신하는데, 열심히 노력하고 좋은 선생님을 만나고 동기부여가 확실히 되고 좋은 자료만 있다면 논리지능 또한 좋아질 것이다. 그러므로 어떤 부모도 아이를 포기해서는 안 된다.

사람의 지능은 사회적, 문화적 자극으로 인해 다양한 방식으로 발달한다. 강점지능과 약점지능도 마찬가지다. 강점지능을 키워주며 약점지능을 보강해준다면, 아이의 두뇌는 보다 균형 잡힌 발달을 이룰 것이며, 그것을 토대로 다양한 사회적·문화적 결과물을 만들어낼 수 있다.

아이의 강점지능을 이용해 약점지능을 계발하고자 할 때 열쇠가 되어주는 것이 지각 채널이다. 그런데 우리의 강점지능이 다른 것처럼 지각 채널 또한 개인차가 있다. 시각적·청각적·촉각적·운동감각적·후각적·미각적인 채널 중 어떤 지각 채널이 발달되어 있느냐에 따라 자극에 대한 감수성의 강도가 달라지는데, 이것 또한 잘하는 것과 못하는 것을 나누는 또 다른 기준이 된다. 여기서 주목해야 할 점은 지각 채널의 능력과 다중지능에서 강점을 보이는 영역이 서로 연관되어 있다는 점이다. 공간지능이 뛰어난 사람은 높은 시각적 감수성을 갖고 있으며, 언어지능에 강점을 가진 사람은 청각적 자극을 잘 받아들인다. 신체운동지능이 높은 사람은 신체감각을 통해 외부의 자극을 학습해나간다.

아이의 학습능력을 향상시키는 데도 이런 방법을 적용해볼 수 있다. 예를 들어 시각적 감수성이 높은 아이에게는 정보와 학습 내용을 눈으로 보고 읽으며 습득할 수 있도록 시각자료를 많이 제시해주는 것이 좋다. 청각적 감수성이 높은 아이들에게는 구연동화를 들려주거나 책을 읽을 때 소리를 내서 읽게 하는 것이 좋으며, 운동감각적 감수성이 높은 아이들은 신체감각을 통해 학습 내용을 습득하도록 유도한다. 즉 아이의 강점지능을 이용해 약점지능을 보완해주는 방법이다.

물론 부모가 가르쳐주지 않아도 아이들은 사물의 특성을 파악할 때 강점지능을 적절히 사용해 본질에 접근하는 자신만의 방법을 만들기도 한다. 예를 들어 축구를 하기 위해 필요한 지능을 살펴보자. 우선 축구경기의 규칙을 익히려면 축구와 관련된 정보를 읽어야 하고, 그러기 위해서는 언어지능이 필요할 것이다. 그리고 친구들과 골을 잘 넣기 위해 계획을 하는 과정에서는 논리수학지능이 필요할 것이다. 팀워크를 다지기 위해서는 자연히 인간친화지능이 발휘될 것이고, 공이 어디로 날아갈지를 예측하기 위해서는 공간지능이 필요하다. 더불어 승리를 위해 최선을 다하는 모습 속에서 자신도 모르게 발동되는 것이 자기이해지능이다. 이렇듯 각 영역의 지능은 독자적으로 작용하는 것이 아니라 서로 협응하면서 작용한다.

언어지능이 강점인 아이들은 축구에 관심이 생길 경우 축구 관련 만화책이나 동화책을 보면서 축구에 대한 지식과 흥미를 키워나갈 수 있다. 신체운동지능이 높은 아이들은 일단 운동장에서 신나게 뛰어놀며 그 안에서 축구의 원리를 깨쳐나간다. 인간친화지능이 높은 아이들은 친구들과 축구 게임을 하고, 축구 카드놀이를 하면서 자연스럽게 축구에 대한 흥미와 재능을 발전시킬 것이다. 방향은 모두 다르지만 축구라는 지식을 배웠다는 종착역은 같다.

우리의 지능은 어느 한 분야로만 사용되는 것이 아니라 복합적인 작용을 통해 다양한 사회적·문화적 기술을 익혀나간다. 이때 강점지능을 바탕으로 약점지능을 극복할 수 있는 방법을 안다면 자신의 성격과 스타일에 맞는 학습 방법을 만들어낼 수 있다. 기존의 지능 이론과 다중지능 이론의 커다란 차이 중 하나는, 기존의 지능 이론이 지능 수준은 일생 동안 변하지 않는다고 여겼던 반면, 가드너와 다중지능 이론가들은 모든 사람은 지능을 향상시킬 수 있다고 보았다는 점이다.

특히 가드너는 세계적인 바이올리니스트인 스즈키 신이치鈴木鎭一의 재능교육 프로그램을 그 예로 들었다. 스즈키는 뛰어난 연주자이기도 하지만 아이들의 가능성에 주목한 음악 교육법을 고안한 것으로도 유명하다. 재능은 타고나는 것이 아니라 누구든지 열심히 노력하면 인재가 될 수 있다는 철학에 따라 그는 제자들을 모두 무시험으로 뽑았다. 그는 마음이나 감수성, 성격 등도 알고 보면 모두 능력이라고 주장했고, 또한 올바른 교육이란 아이에게 좋아하지 않는 일을 시키는 것이 아니라 아이가 흥미를 갖고 좋아하는 놀이를 통해 능력을 발전시키는 것이라고 했다.

19세기 독일의 교육학자 카를 비테Karl Witte의 주장도 이와 유사하다. 그는 "아이들이 타고난 재능은 분명 다르지만, 그 차이는 아주 미미하다. 뛰어난 재능을 타고나든 평범한 재능을 갖고 태어나든 교육 방법만 적절하다면 모두 비범한 사람이 될 수 있다"고 주장했다.

다만 가드너는 "사람에 따라 지능의 향상 속도에는 차이가 있다"고 말한다. 이는 선천적인 두뇌의 능력에 차이가 있다기보다는 두뇌계발 활동에 대한 흥미도나 적극성의 차이에서 기인한다. 이런 차이를 인정하되 "각각의 아이를 비범하게 키우는 방법이 바로 강점지능을 살리는 교육"이라는 것을 잊지 말기 바란다. 아이의 강점지능을 무시하고, 똑같은 방법으로 다가갈 경우, 아이들은 오히려 학습에 흥미를 잃어버리기 쉽다. 더불어 강점지능마저도 제대로 발전시키지 못할 가능성이 높다.

성공한 사람들의 공통분모, 자기이해지능

우리는 앞서 성공한 사람들의 다중지능 검사 결과를 살펴보았다. 가수 윤하, 디자이너 이상봉, 외과의사 송명근, 발레리나 박세은 씨의 검사 결과를 보면 강점지능으로 꼽힌 것 중에서 한 가지 공통적인 지능을 살펴볼 수 있다. 자기이해지능이 바로 그것이다. 서울대학교 문용린 명예교수는 "자기이해지능이 뛰어난 사람은 더 일관되고 지속적으로 자신이 원하는 일에 몰두할 수 있다"고 말한다.

운동을 좋아하는 사람 중에서도 운동이 재미있어서 그냥 하는 사람이 있는 반면, 가끔씩 내가 왜 이 운동을 해야 하는지 그 이유를 생각하는 사람이 있다. 이렇게 생각하는 사람은 자신이 운동을 해야 하는 이유가 더 굳건하게 세워질 것이고, 장애물이나 힘든 일이 생길 때 절망하기보다는 더 일관되게 지속적으로 일에 몰두할 수 있다.

특히 자기이해지능이 뛰어난 사람의 경우, 다른 사람의 평가보다도 자신의 기준에 맞는 평가가 더욱 중요하다. 이것이 바로 자기이해지능이 뛰어난 사람이 성공할 수 있는 이유다. 다른 사람이 모두 잘한다고 칭찬할 때 만족하고 그만둔다면, 그는 능숙한 사람은 되겠지만 탁월한 사람은 되기 힘들 것이다. 그러나 자기이해지능이 높은 사람은 어려운 상황에서도 끊임없이 자신이 가고 있는 방향을 생각하며 가장 좋은 결과를 내기 위해 고민을 하고 최선의 노력을 한다.

성공하는 아이로 키우고 싶다면 아이가 스스로 자신의 방향을 정하고, 그것을 이루기 위해 노력하는 습관을 키워주어야 한다. 스스로를 돌아보며 체크하는 가장 좋은 방법은 일기 쓰기다. 일기를 통해 단순히 하루 일과를 정리하는 것도 좋지만, 아이 스스로 목표를 세우게 하고 그 목표를 위해 오늘은 무엇을 했는지, 아쉬운 점은 무엇인지 등을 적어보게 하자. 아이는 스스로 반성하며 노력하는 과정에서 자연스럽게 좋은 결과를 만들어낼 수 있다.

또한 아이가 어떤 문제에 몰두하고 있다면 부모는 여유를 갖고 아이가 혼자서 풀어낼 수 있도록 도와주는 것이 좋다. 급한 마음에 답을 먼저 알려주거나 채근할 경우 자신감이 떨어져서 끈기와 투지를 키우기가 쉽지 않다. 오히려 아이가 힘들어도 포기하지 않도록 기운을 북돋아주고 응원을 해주어야 한다. 문제를 풀어주어야 하는 상황일 때도 처음부터 부모가 다 풀어주는 것이 아니라, 아이와 함께 대화를 하면서 어떤 단계에서 막혔는지 체크하고 이야기 속에서 자연스럽게 스스로 방법을 찾아낼 수 있도록 유도하는 것이 좋다. 이렇게 되면 아이는 어려운 문제를 맞닥뜨렸을 때 힘들다고 피하는 것이 아니라, 새로운 도전에 자신도 모르게 가슴이 뛰며 몰입하게 될 것이다.

우리는 지금까지 성공을 이야기했지만, 성공보다 중요한 것은 행복

일지도 모른다. 공자는 『논어論語』의 「옹야편雍也篇」에서 "알기만 하는 사람은 좋아하는 사람만 못하고, 좋아하는 사람은 즐기는 사람만 못하다"라는 말을 남겼다. 이 말은 진정한 성공을 위해서는 자신이 하는 일을 좋아하고 즐겨야 한다는 뜻이다.

성공의 기준을 세워놓고 아이가 성취해놓은 것을 평가하는 부모는 많지만, 진정으로 아이가 그 일을 즐기고 있는지 생각해본 사람은 많지 않을 것이다. 중요한 것은 스스로 즐기도록 도와주는 것이다. 자기이해지능이 뛰어난 아이야말로 스스로가 원하는 일을 찾아 즐길 수 있다는 것을 명심하자.

다중지능 이론을 도입한 학교들

가드너의 다중지능 이론은 교육학계에 많은 영향을 주었다. 그는 자신을 교육학자라기보다는 심리학자로 생각하지만, 그의 이론은 아이들의 전인발달을 위해 다양한 학습 방법으로 변용되었고 많은 도움을 주기도 했다. 특히 강점지능을 북돋우고 다양하게 활용할 수 있도록 하는 수업방식은 세계 곳곳의 학교에서 적용되고 있으며, 실제로 아이들의 학습 성취도 향상에 도움을 주었다.

> 민디 콘하버Mindy Kornhaber 등의 연구팀은 1997년에서 2000년까지, 3년 이상 다중지능 이론을 교육 현장에 응용해온 42개의 학교를 대상으로 '서미트SUMIT(다중지능 이론을 활용하는 학교 School Using Multiple Intelligence Theory) 프로젝트' 연구를 진행했다. 그리고 그 결과는 매우 고무적이었다. 78퍼센트의 학교에서 학생들의 성적이 향상되었고, 58퍼센트의 학교에서는 다중지능 이론 덕분에 긍정적인 결과가 나왔다고 답변했다. 학생들의 성적이 향상된 78퍼센트의 학교에서는 학습부진을 겪던 학생들의 수업 태도가 향상되었다는 보고도 있었다. 80퍼센트의 학교에서는 학부모의 참여도가 높아졌고, 그중 75퍼센트의 학교가 다중지능 이론에 그 공을 돌렸다.

다중지능을 이용한 수업방법에는 어떤 것들이 있을까? 현재 다중지능 학교에서 이루어지고 있는 프로젝트project 수업, 파드pod 수업, 플로flow 수업을 통해 아이들이 어떻게 자신의 다중지능을 강화시켜나가는지를 살펴보자.

프로젝트 수업

다중지능 학교의 가장 큰 특징은 프로젝트 수업인데, 일정 기간 하나의 주제를 정해서 모든 과목이 그 주제와 연계될 수 있도록 하는 방식이다. 이러한 프로젝트 수업이 다중지능 이론을 적용한 학교에서 처음 시작된 것은 아니다. 미국 교육학자인 듀이John Dewey의 프로젝트 접근법이나 레지오 에밀리아Reggio Emilia*의 프로젝트 접근법이 다중지능 프로젝트 수업의 모태가 되었다.

* **레지오 에밀리아** 이탈리아의 로리스 말라구치Loris Malaguzzi에 의해 만들어진 교육 프로그램으로, 레지오 접근법이라고도 한다. 간단하게 설명하면, 아이들 스스로 주제를 정하고 가설을 세워 1차작업을 한 후 직접 주제와 관련된 사물과 현장을 관찰·탐색하고 처음의 가설을 수정·보완해 결론을 내리며, 그 과정을 기록으로 남겨 아이들에게 새로운 개념을 인지시키는 프로그램이다. 존 듀이의 프로그램과 유사하지만, 이탈리아만의 역사적·문화적 배경이 조합된 점이 다르다.

미국 세인트루이스의 뉴시티스쿨. 이곳에서는 프로젝트 수업을 실시하고 있다. 다중지능 수업을 하는 유치원의 프로젝트 수업을 한번 살펴보자. 아이들은 '바쁜 우리들의 몸'이라는 주제로 1년간 공부를 하는데, 이번 시간은 '머리카락'에 대한 공부다. 아이들은 우선 다양한 가발을 써보면서 이 세상에는 다양한 머리카락의 색만큼이나 다양한 인종이 살아가고 있다는 것을 배우고 깨달았다. 사회 과목으로 확장된 셈이다. 그다음에는 머리카락에 대한 책을 통해 읽기와 쓰기를 했다. 관련된 동화를 읽고 쓰면서 자연스럽게 언어 교육으로의 확장이 이루어졌다. 같은 식으로 머리카락과 신체를 연결시키고, 머리카락의 성분

프로젝트(Project) 수업
일정 기간 하나의 주제를 정해서 모든 과목이 그 주제와 연계될 수 있도록 하는 수업

을 살펴보면서 자연스럽게 과학 영역으로 확장시켰다. 이렇듯 다중지능 프로젝트 수업은 아이들에게 통합적인 사고방식을 키워줌으로써 여러 가지 지능을 동시에 사용하도록 유도한다.

한편 미국 인디애나 폴리스의 키러닝스쿨에서는 파드 수업과 플로 수업을 통해 아이들의 학습능력을 키워주고 있었다.

파드 수업

파드 수업은 학생들 스스로 자신의 강점영역이나 관심영역과 관련된 수업을 선택하는 일종의 특성화 수업이다. 이 수업은 아이마다 좋아하는 영역이 다르다는 것을 전제로, 일단 아이가 자신이 흥미를 느끼는 과목에 집중하도록 한다. 학생들은 특정 기술이나 교과목에 통달한 유능한 교사가 이끄는, 일종의 도제제도와 같은 파드에 매일 참여한다. 파드에는 다양한 연령층의 학생이 소속되어 있기 때문에 수준에 따라 개별 활동에 참여할 수 있고 각자에게 적합한 속도로 배울 수 있

파드(Pod) 수업
학생들 스스로 자신의 강점영역이나 관심영역과 관련된 수업을 선택하는 일종의 교양수업

다. 아이들은 전문가의 활동 모습을 옆에서 지켜봄으로써 자신보다 지식이 많은 사람과 가까이서 활동할 수 있는 소중한 기회를 얻는다.

더불어 교사는 아이들이 좋아하는 과목을 통해 다른 영역의 학문을 접하도록 유도한다. 키러닝스쿨의 학생인 열두 살 소녀 배키는 현재 자신이 좋아하는 음악을 통해 파드의 경험을 확장시키고 있는 중이다. "저는 지금 음악에 완전히 빠져 있어요. 그래서 되도록 모든 수업에 음악을 끌어오려고 하고 수학시간에도 음악과 수학이 어떻게 연관돼 있는지 생각하고 음계를 활용해요."

플로 수업

플로 수업은 외부의 간섭 없이 스스로 좋아하는 것에 집중함으로써 완벽한 몰입 상태에 도달할 수 있도록 돕는 수업을 말한다. 키러닝스쿨 교장 크리스 컨켈Chris Kunkel은 하루에 정말로 좋아하는 수업이 하나라도 있으면 거기서부터 아이의 플로 수업을 시작할 수 있다고 말한다. 특히 아이들에게 자신의 강점이 무엇인지 스스로 알게끔 도와준다면, 아이가 자기 가치를 이해하고 이를 통해 자신감을 기를 수 있을 것이라고 하였다. 강점지능을 활용한 플로 수업은 다양한 학문적 확장을 통해 그 아이의 학습능력을 더 풍부하게 키워주고 있었다.

그런데 지금 아이가 보이고 있는 흥미가 진짜 아이의 강점지능인지 단순한 호기심인지를 알기는 쉽지 않다. 그래서 키러닝스쿨에서는 플로실을 따로 마련해 아이들이 무엇을 할 때 가장 몰입하고 집중하는지를 교사가 관찰해 아이의 진정한 강점지능을 체크한다. 아이가 어디

플로(flow) 수업
외부의 간섭 없이 스스로 좋아하는 것에 집중함으로써 완벽한 몰입상태에 도달할 수 있도록 돕는 수업

에 흥미와 호기심을 보이는지 관찰하고 기록한 일지는 곧 그 아이의 지능에 대한 포트폴리오가 된다. 이렇게 축적된 포트폴리오는 이후 아이가 진로를 선택하는 데 결정적인 역할을 한다.

다중지능 학교의 성적표는 한눈에 봐도 매우 복잡하다. 점수와 석차가 기재되지 않는 대신, 아이의 발달 단계와 참여도, 수행능력이 표시된다. 특히 각 수업별로 기록된 아이의 참여도는 자발적, 조건적, 소극적, 훼방적 등의 항목으로 나뉘어 있는데, 그 아이의 관심 영역과 강점 지능을 판단하는 데 중요한 기초자료가 된다. 이것을 바탕으로 교사는 아이들에게 스스로를 발전시킬 수 있는 동기를 부여할 수 있다. 다중지능 학교의 아이들은 다른 아이들과 경쟁을 하고 성적을 매기는 대신 스스로 이루는 발전을 평가받고 자기 자신과 경쟁한다. 다중지능 교육에서는 스스로의 동기부여가 중요하지 남과 비교하거나 경쟁하는 것은 중요하지 않기 때문이다.

세 아이를 모두 다중지능 학교에 보내는 빅스 부부는 아이들의 강점지능을 파악해 이에 맞춰 미래에 대한 고민을 함께 나누고 있었다. 첫째아이 잭은 음악지능이 높게 나타났고 장래희망도 자연스럽게 그쪽으로 기울고 있다. 둘째 로라는 언어지능과 자연친화지능이 높게 나타났고, 막내 찰리는 신체지능이 높다. 아이들의 어머니인 테레사는 다중지능 학교 수업의 장점을 이렇게 말한다.

다중지능 학교가 가장 마음에 드는 점은 아이들을 평가하면서 자연스럽게 강점과 약점을 분석하며 이를 모두 다룬다는 점이다. 반대쪽도 늘 다루는 것이다. 한 학생이 한 분야에서 뛰어나면 그 부분에 집중적인 노력을 기울이지만, 그와 동시에 약한 부분이 있으면 그것에도 노력을 투자한다. 그리고 아이들은 자신이 어느 쪽에 강하고 어느 쪽으로 도움이 필요한지 알고 있다. 그러니 균형 잡힌 교육을 받을 수 있는 것이다.

다중지능 학교에 다니는 아이들은 어릴 때부터 자신의 강점과 약점이 무엇인지를 자연스럽게 파악하기 때문에 미래를 설계할 때도 자신이 잘할 수 있는 분야와 직업을 선택해 성공과 만족의 가능성을 높인다. 일찍부터 자신의 강점을 파악하고 약점을 보완한다는 것은 인생을 살아나가는 데 큰 자산이다.

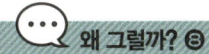 왜 그럴까? ⑧

다중지능의 발견, 아이마다 시기가 다르다

> 이제 만으로 네 살이 된 지현이의 엄마는 시향의 첼리스트이고, 아빠는 성악가다. 부모를 닮았다면 음악에 특별한 재능이 있을 터. 엄마 아빠는 지현에게 어릴 때부터 악기를 하나 가르쳐 장한나 장영주 같은 세계적인 연주자로 키우는 것이 희망이다. 일찍부터 가르쳐서 소질을 계발하면 남보다 더 빨리 성공할 수 있으리라고 여긴다. 그런데 조기에 다중지능 교육을 할 때 부모가 주의해야 할 점은 없을까?

아이의 성장발달 시기를 잘 체크하고 스스로 할 수 있도록 의욕을 북돋우는 것이 중요하다. 아이들의 지능은 어릴 때부터 자극을 통해 발달한다. 하지만 부모의 욕심이 자칫 잘못 강요되었을 경우, 오히려 아이가 거부감을 가질 수 있으므로 조심스럽게 주의하며 접근하는 것이 좋다. 아이들의 성장발달에는 자기만의 시기가 있기 때문이다. 장영주나 장한나처럼 어릴 때부터 음악적 소질을 보이는 아이가 있는 반면, 피아니스트 임동창처럼 초등학교 6학년이 되어서야 음악에 눈을 뜬 사람도 있다. 아이가 음악을 싫어하거나 잘 못하는데도 하루에 몇 시간씩 음악을 하도록 시키는 것은 좋은 방법이 아니다. 그 아이는 오히려 음악을 아주 싫어하게 될 가능성이 농후하다.

설령 아이가 좋아한다고 해도 하고 싶은 것 이상으로 시키는 것은 좋지 않다. 억지로 시키거나 질릴 정도로 시키면 그것에 대한 올바른 생각에 방해가 된다. 오히려 좋아해서 더 하고 싶어할 때 그만두게 하는 것이 아이의 지능을 자극하는 방법이다. 예를 들어 피아노를 가르치고 싶다면 몇 개월 동안 아이에게 피아노 치는 모습을 보여준다. 누군가 치고 있을 때는 손을 못 대게 한 다음 천천히 만지게만 하고, 그리고 나중에 몇 분 동안만 쳐보게 한다. 이렇게 아이의 호기심을 북돋고, 스스로 할 수 있도록 환경을 조성해주는 방법이 훨씬 효과적이다.

아이의 재능과
행복을 찾아주는 법

왜 강점지능을 찾아주어야 하는가?

모든 아이에게는 꿈이 있다. 그러나 그 꿈을 어떤 식으로 펼칠지, 자신의 미래를 어떤 방향으로 설계할지는 미지수다. 아이들의 지능은 무

궁하게 발전할 수 있기 때문이다.

그런데 아직까지 자아가 제대로 서 있지 않은 아이들은 남들이 좋다는 것을 마치 자신이 좋아하는 것처럼 착각하는 경우가 많다. 대통령을 꿈꾸는 아이에게는 대부분의 부모가 칭찬을 한다. 하지만 청소부가 되고 싶다는 아이에게 정말 멋있는 꿈을 가졌다고 칭찬할 부모가 몇이나 될까? 부모의 표정만 봐도 아이는 자신의 꿈이 부모에게 멋있게 느껴지는지 그렇지 않은지를 안다. 그러면서 아이는 자신도 모르게 부모의 뜻에 맞춰 꿈을 수정한다.

더욱이 부모가 제시한 방법이 아이의 흥미를 끌지 못할 경우 교육은 참으로 어려워진다. 방향을 잡지 못한 교육은 부모뿐 아니라 아이에게도 엄청난 스트레스며, 지속적인 시행착오를 낳는다. 그러다 보면 나중에 원하지 않는 일을 선택하는 경우도 생기고, 뒤늦게 직업을 바꾸는 경우까지 생길 수 있다.

물론 좋아하는 일을 하면 반드시 성공한다고 단언할 수는 없지만, 자신이 원하지 않은 일, 좋아하지 않는 일을 하면서 성공하기란 훨씬 어렵다. 성공하려면 남들보다 몇 배의 노력을 기울여야 하는데, 싫어하는 일에 그만큼의 노력을 기울이기란 쉽지 않다. 탈출하고 싶고, 벗어나고 싶은 마음 때문에 성공의 길에서 더욱 멀어질 수밖에 없다.

그렇기에 강점지능이 중요한 것이다. 부모가 아이의 강점지능을 알고 있다면 아이의 교육을 계획할 때 조금 더 구체적인 방향을 잡아나갈 수 있다. 아이들의 꿈이 이리저리 방황하는 이유는 자신의 강점이 무엇이고 약점이 무엇인지를 정확하게 파악하지 못했기 때문이다. 하지만 강점지능을 파악하면 지금 자신이 꿈꾸는 일이 자신이 잘할 수 있는 일인지, 적성에 맞는지를 판단하는 데 도움이 된다. 또한 어릴 때부터 자신의 강점지능을 아는 아이는 방황하지 않고 꿈을 구체화할 수 있다.

예를 들어 언어지능이 강점인 아이는 언어와 관련된 일 중에서도 글을 쓰는 것이 좋은지, 말을 하는 것이 좋은지, 외국어를 배우는 것이 좋은지를 스스로 점검해볼 수 있다. 그 과정에서 친구들과 이야기하는 것이 가장 재미있다는 것을 깨달으면, 다른 사람과 소통하는 직업이 더 어울린다고 생각할 수 있고, 인간친화지능이라는 또 다른 강점지능도 찾을 수 있을 것이다. 그러면 각각의 강점지능을 결합해서 최상의 능력을 발휘할 수 있는 직업을 찾아나갈 수 있다. 즉 미래의 직업을 교사나 상담사, 아나운서, 강사 등의 직업군으로 좁힐 수 있다. 그리고 그 분야에 적성이 맞는지 살펴보면서 자신의 능력을 시험하고 갈고닦을 수 있다.

또한 자신의 강점지능을 알고 있는 아이는 자신감에 넘친다. 왜냐하면 자신이 어떤 부분을 잘하는지 알기 때문에, 모든 관심이나 영역을 그쪽으로 맞춤으로써 다른 사람들에게 인정을 받기 때문이다. 자존감이 높은 아이는 스스로 자신의 길을 개척해나갈 수 있는 동력 또한 크다. 바로 이런 아이들이 성공의 열매를 거머쥔다.

호기심을 포착하고 자존감을 키워줘라

아이의 강점지능, 즉 재능을 발견하기 위해서는 어릴 때부터 부모의 세심한 관찰이 필요하다. 항상 옆에서 지켜보고 생활하는 부모야말로 가장 정확하게 아이의 특성을 파악할 수 있는 사람이기 때문이다. 특히 자신이나 배우자의 기질을 참고하면, 조금 더 수월하게 아이가 어떠한 강점지능이나 재능을 갖고 있는지를 찾아낼 수 있다.

아이의 재능이 유전적 영향에 더 크게 좌우되는지, 아니면 환경적인 영향을 더 많이 받는지에 대해서는 현재까지도 많은 학자들 사이에서 숙제로 남아 있다. 하지만 이 두 요소 중 어느 하나도 배제할 수 없다는 점에는 이견이 없다. 부모에게서 유전형질을 대물림한 아이가 부모와 비슷한 성향과 흥미를 갖는 것은 당연하다. 하지만 아이는 부모가 만들어놓은 환경의 영향도 크게 받기 때문에, 단순히 유전적인 영향에만 초점을 맞출 수가 없다. 클래식을 좋아하는 부모 밑에서 자란 아이는 어릴 때부터 클래식을 들었을 것이고, 자연히 이에 대한 관심과 호기심이 더 많아질 것이다.

이와 비슷한 맥락에서 아이의 호기심의 동인도 개인적인 성향과 사회적인 영향에 의한 것으로 나뉜다. 개인적인 성향의 호기심은 아이가 갖고 있는 강점지능으로 인해 나타나는 경우가 많다. 예를 들어 아이가 음악지능이 뛰어나다면 어릴 때 다른 아이들에 비해 음악을 더 좋아하거나, 리듬과 박자에 더 예민하게 반응할 것이다. 이에 비해 사회적 영향으로 생기는 호기심은 부모가 만들어준 환경이나 아이의 주변

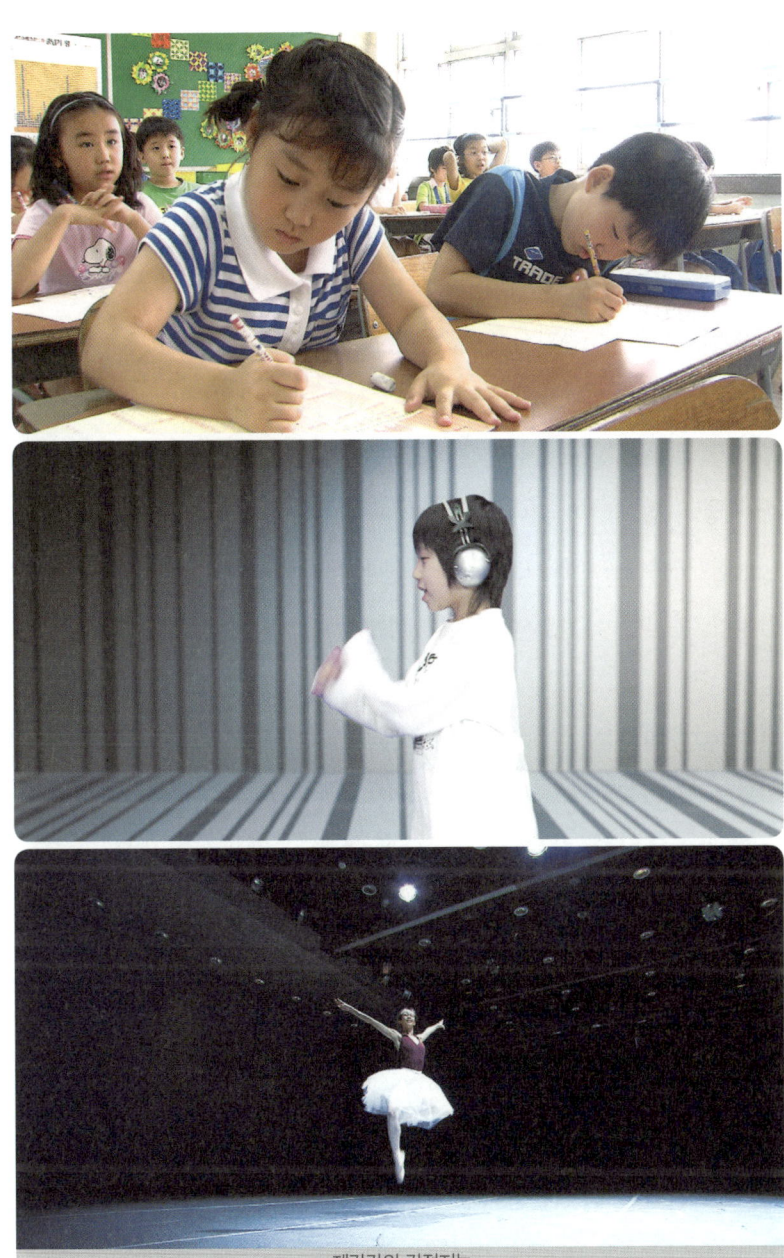

제각각의 강점지능

환경, 교육 등으로 발현되는 호기심을 말한다. 특별히 음악지능이 뛰어난 아이가 아니더라도 어릴 때부터 피아노 학원에 다니다 보면 자연스럽게 음악에 대한 호기심이 생겨날 수 있다.

유전의 영향을 많이 받든 환경의 영향을 많이 받든, 개인적인 성향 때문이든 사회적 영향 때문이든, 아이들은 호기심을 통해 자신의 재능 여부를 시험한다. 호기심은 모든 재능의 출발점이다.

아이들은 어떤 대상에 흥미나 호기심을 느끼면 그것에 몰입하는데, 부모가 귀찮을 정도로 질문을 해오는 아이는 1차적으로 그 분야에 대한 재능이 잠재되어 있다고 판단할 수 있다. 그런데 아이의 호기심은 특정한 분야에 두각을 보이며 일정한 계통을 따라 발전하는 경우도 있지만, 분야에 상관없이 넓은 영역에서 펼쳐지는 경우도 있다. 이럴 경우 아이의 호기심 영역이 여러 분야에 동일하게 퍼져 있기 때문에 언뜻 보면 별다른 재능이 없어 보이는 인상을 주기도 한다. 하지만 아이들은 성장하는 과정에서 외부의 영향을 받아 자신의 호기심을 특정 분야로 집중시키고, 그 안에서 자신의 길을 선택하게 된다.

피터드러커 경영대학원 심리학과 교수인 미하이 칙센트미하이 Mihaly Csikszentmihalyi는 "아이들의 능력 계발에 있어 호기심이 가장 중요하며, 아이들이 호기심을 갖는 분야에 몰입*한다면 창의적인 사람이 될 수 있다"고 말한다. 그런데 몰입하기 위해서는 전제조건이 있다. 우선 아이가 흥미를 보이는 대상을 정확히 파악해야 하고, 대상과 아이

*몰입 칙센트미하이의 몰입 이론에 사용된 말로 자신이 하는 일에 완전히 집중하며 몰두한 상태를 뜻한다. 몰입의 영어가 '흐름'을 뜻하는 'flow'인 것은 삶이 고조되는 순간에 물 흐르듯이 행동이 자연스럽게 이루어지기 때문이다.

사이에 적당한 긴장감을 주어야 한다는 점이다.

예를 들어 수영을 갓 배워 이제 호흡을 하며 몇 미터를 갈 수 있는 아이에게 국가대표와 시합을 해보라고 한다면, 아이는 둘 사이의 실력 차가 엄청나다는 것을 알고 도전 자체가 불가능하다고 생각할 것이다. 이 경우 아이는 노력하기를 포기하고 만다. 반대로 국가대표에게 이제 갓 수영을 배운 아이와 시합을 하라고 한다면, 그 또한 결과를 알고 있기 때문에 어이없어할 것이다. 이때 아이를 몰입하게 하는 가장 좋은 방법은 바로 한 단계 위 클래스에 있는 선배와의 시합이다. 아이는 이기기 위해 최선을 다하는 과정에서 몰입을 경험할 것이고, 자신이 좋아하는 것이 곧 잘할 수 있는 것이라는 자신감을 바탕으로 다른 분야에도 흥미와 호기심을 키워나갈 것이다.

호기심은 확장을 통해 다양한 영역을 넘나들며 창의적인 성과물을 만들어낸다. 칙센트미하이는 위험을 즐기는 사람이나 실패를 두려워하지 않는 사람, 낯선 것에 매력을 느끼는 사람이나 현재의 상태에 만족하지 못하는 사람들이 창의성을 발휘하는 경우가 많다고 했는데, 이는 호기심 많은 아이들의 특성에 그대로 부합하는 설명이다.

특히 강점지능과 연관된 호기심은 끊임없는 탐구를 통해 창의적인 사고를 만들어나가는 기반이 된다. 자신이 갖고 있는 재능이 정해져 있다고 해도 끊임없는 탐구와 훈련은 아이의 능력을 더욱 키워주는 역할을 한다. 인간은 태어나서 두뇌의 10퍼센트 정도만을 사용할 뿐이라고 한다. 몇몇 천재만이 두뇌를 최대한 활용한다고 하는데, 누구나 훈련을 하면 어느 정도까지는 끌어올릴 수 있다.

이와 더불어 부모는 아이의 질문에 진지하게 귀를 기울이고, 아이가 자신의 관심 영역을 충분히 탐구할 수 있도록 적극적으로 후원해줘야 한다. 이로써 아이가 스스로 자존감을 가질 수 있도록 도와주는 것이 중요하다.

가족과 육아에 대한 다양한 책을 써온 임상심리학자 험프리스Tony Humphreys는 "아이가 자신의 가치를 충분히 알 수 있도록 부모가 도움을 주어야 한다. '난 못해', '난 자격이 없어'라며 본래 자신의 자아, 자신의 가치를 사소하게 생각하는 아이는 학습에도 흥미를 느끼지 못하며 성인이 되어서도 재능을 펼칠 기회를 스스로 놓치기 쉽다"고 말하며, 호기심이 풍부한 아이로 자라기 위해서는 우선 자존감이 높아야 한다고 주장했다. 그는 자존감이 높은 아이일수록 배우고자 하는 열망이 높고 도전을 즐기며 배움에 대한 호기심이 살아 있다고 말했다.

아이의 자존감을 높이는 데 무엇보다 중요한 것이 부모의 역할이다. 아이들이 세상에서 가장 인정받고 싶어하는 대상이 바로 부모다. 자신이 가장 사랑하는 사람에게 받은 인정은 아이에게 자신감을 키워주고 무엇을 하든 적극적인 자세로 임할 수 있는 힘을 준다. 특히 성공하는 아이로 키우기 위해서는 부모가 아이에게 긍정의 힘을 발휘해야 한다. 성공한 사람들의 부모는 대개 아이를 긍정적으로 대하면서 믿어주었다. 아이가 어떤 부분에 호기심을 보이든 아이를 믿고 지지해준다면, 부모는 아이에게 가장 좋은 마법을 걸 수 있다. 그것은 바로 "너는 할 수 있어" 마법이다.

강요도 포기도 금물, 동기는 아이 스스로 만들어야 한다

> 미국의 교육학자 콜린스와 슈엘은 흥미와 호기심이 학습에 어떠한 영향을 미치는지 실험을 했다. 우선 실험대상인 학생들을 네 그룹으로 나누었다. 독서능력이 뛰어나고 야구에 관심도 많은 학생들은 A그룹, 독서능력은 뛰어나지만 야구에 관심이 없는 학생들은 B그룹, 독서능력은 낮지만 야구에 관심이 많은 학생들은 C그룹, 독서능력도 낮고 야구에 관심도 없는 학생들은 D그룹으로 나누어 야구경기에 대한 글을 읽게 한 다음 어떤 그룹이 내용을 가장 잘 기억하는지 비교했다.

결과는 어떠했을까? 당연히 A그룹이 기억을 가장 잘했다. 그런데 유의미한 결과는 그다음에 나타난다. A그룹 다음에 뛰어난 기억력을 보인 아이들은 독서능력이 뛰어난 B그룹의 아이들이 아니라, 야구에 흥미가 높은 C그룹의 아이들이었다. C그룹의 결과는 A그룹과 거의 차이가 없었다. 흥미가 성취도에 얼마나 많은 영향을 미치는지를 보여주는 결과다.

부모가 아이의 강점지능을 알고 있다고 해도 아이가 스스로 배우려는 의지가 없다면 강점지능은 발달하기 힘들다. 그러므로 아이의 지능을 계발시켜주려면 우선 배우고 싶다는 동기를 부여해주어야 한다. 강요는 오히려 의욕을 떨어뜨릴 뿐이다.

하버드 대학에 가장 많이 입학하는 외국인이 바로 한국인이라는 것은 널리 알려진 사실이다. 그런데 하버드 입학생 중에서 가장 많이 졸업을 하지 못하는 외국인도 한국인이라고 한다. 이는 공부에 대한 동기부여가 고작 최고의 학부에 입학하는 것으로만 잡혀 있기 때문이다. 목표를 성취했으니 더 이상의 의욕이 없는 것이 당연하다. 더군다나 그 목표를 위해 최선을 다한 아이들은 이제 조금 쉬고 싶은데, 막상 하버드 대학교에서는 이전에 했던 공부 이상의 고민과 노력을 요구하기 때문에 결국 그것을 따라가지 못하는 아이들은 중도에 포기해버리고 마는 것이다.

성공을 하기 위해서는 동기가 뚜렷해야 한다. 그 동기는 남들이 보기에는 하찮고 아무것도 아닌 것 같아 보여도 자신에게만큼은 최고의 동력이 된다. 예를 들어 좋아하는 일본 스타를 보기 위해서 일본어를 배우는 것은, 다른 사람들에게는 이해가 가지 않는 동기일지 몰라도 본인에게는 의욕을 불러일으키는 최고의 동력이 될 수 있다. 그가 하는 말을 번역하지 않고 그냥 알아듣고 싶다는 동기가 일본어 능력시험 1급을 따게 만들 수도 있다.

동기를 불러일으켜주려면 부모가 아이가 제시하는 아이디어나 기발한 착상에 함께 관심을 기울이며 동참해주는 것이 좋다. 특히 칭찬은 아이의 의욕을 풍선처럼 부풀리는 최고의 도구가 될 수 있다. 부모에게 칭찬과 인정을 많이 받으면 받을수록 아이의 만족감과 행복감은 커질 것이고, 이런 행복감으로 인해 아이는 계속해서 새로운 영역에 도전할 동력을 얻는다.

부모가 아니더라도 아이가 각별하게 생각하는 사람에게 칭찬을 받는다면 그것 역시 아주 강한 동기부여 기제가 된다. 예컨대 수학 문제를 잘 풀었다고 선생님에게 칭찬을 받아서 수학을 좋아하기 시작할 수도 있다. 그리고 나중에는 문제를 풀고 답을 맞혀가는 과정에서 성취감을 맛보기 위해 스스로 공부를 하는 아이로 변모할 수 있다. 그러므로 아이의 성취감을 키워주려면 작은 성공을 많이 맛보게 해주어야 한다. 성공을 경험한 아이는 자신이 스스로 해냈다는 쾌감을 느끼는데, 이것이 자라면서 내적 동기로 작용한다. 이때 부모의 역할은 아이가 중간에서 포기하지 않도록 용기를 북돋워주며, 성공할 수 있도록 방법을 코치해주는 정도로 족하다. 예를 들어 커다란 학습서 한 권을 처음부터 끝내게 하는 것은 쉽지 않다. 이때는 단원별로 나누어서 풀도록 차근차근 지도해주면 된다. 그런 후 모두 끝냈을 때 아이가 다 푼 학습서를 모아서 건네준다. 처음에는 할 수 있을까 자신 없어 하던 아이도 스스로 해낸 결과물을 통해 학습에 대한 의욕을 북돋을 수 있다.

또한 무엇이든 풍족한 생활을 하는 아이들에게는 동기부여를 해주기가 쉽지 않다. 아쉬운 게 없으니 얻고 싶은 것이 없는 것이다. 말만 하면 부모가 무엇이든 다 사주고, 원하는 대로 해주는 아이들은 무엇인가를 간절히 바라거나 그것을 얻기 위해 노력하지 않는다. 풍족함은 얼마든지 게으름으로 바뀔 수 있다.

세계 최고의 갑부인 빌 게이츠Bill Gates는 자신의 아이들에게 일주일에 용돈을 1달러만 준다고 한다. 세계 최고의 갑부인 그가 아이들에게 이렇게 짠 용돈을 주는 이유는 부족하지 않으면 스스로 얻으려는 노력을 게을리 한다고 생각하기 때문이다. 다른 집에 뒤처지지 않기 위해서, 자신의 과시욕을 채우기 위해서, 혹시 우리는 성공으로부터 아이들을 점점 더 멀어지게 만드는 것은 아닐까? 아이의 성공을 위한다면 조금은 부족한 듯이 키우는 것이 좋으며, 이는 성공에 대한 아이의 의지를 지속적으로 자극해준다.

발달 단계에 맞추어
흥미를 관찰하고 꿈을 구체화시켜라

> 미국 시애틀의 한 병원에서 산모에게 '아기가 언제부터 주위를 인식할 수 있을까?'라는 질문을 던졌다. 응답자의 13퍼센트가 '아기가 태어나자마자'라고 했고, 36퍼센트는 '생후 2개월 후', 나머지는 '1년 후'라고 대답했다. 이 설문조사 후에 아기가 4개월, 8개월, 12개월일 때 가정을 방문해 다시 조사를 했는데, 태어날 때는 발달 정도가 비슷한 수준이었던 아기들이 차이를 보였다. '태어나자마자' 아기가 주위를 인식할 것이라고 응답한 엄마들의 아기들이 다른 아이들에 비해 발달 정도가 현저히 앞섰다.

이 조사 결과는 흥미로운 사실을 알려준다. 즉 아기에 대한 엄마의 기대치가 높을수록 아기의 발달 정도가 앞서간다는 것이다. 출생 직후부터 아기에게 많은 말을 건네고 다양한 지적 발달 경험을 제공한 엄마는 그렇지 않은 엄마에 비해 아이의 발달에 많은 도움을 주었다. 이렇듯 부모의 관심과 기대는 아이에게 커다란 영향을 미치므로 지속적으로 세심한 주의를 기울여야 한다. 특히 아이의 재능과 관심이 어떤 분야와 방향으로 쏠리는지는 일반적으로 아이가 성장하는 과정에서

드러나므로, 취학 전부터 세심히 관찰해야 한다.

단, 어릴 때의 소질만으로 모든 것을 결정짓는 것은 위험하다. 몇몇 재능은 아동기를 지나 청소년기가 진행되면서 비로소 드러나기도 하기 때문이다. 아이들의 발달 잠재력은 무궁무진하며 육체의 가변성 및 뇌의 학습능력 또한 무한히 열려 있다. 아이의 재능을 정확하게 파악하기 위해서는 유아기, 초등기, 중등기, 고등기로 나누어 아이의 발달을 살펴보며, 이에 맞는 적절한 자극을 더해주어야 한다. 그래야만 재능과 적성을 연결시키는 데 도움을 줄 수 있다.

첫 번째, 유아기는 여러 영역에 관심을 갖는 시기다

이 시기에 가장 중요한 것은 부모와의 상호작용이다. 스킨십을 하며 아이에게 부드럽게 이야기를 해주거나, 아이와 눈을 맞추고 공감하는 식으로 정서적인 안정을 주어야 한다. 유아들의 두뇌는 스펀지처럼 무엇이든 흡수할 준비가 되어 있다. 특히 두뇌의 전반적인 부분이 활발하게 발달하기 때문에 어느 한 분야의 자극에 집중하기보다는 다양한 분야와 영역을 경험하게 해주는 것이 좋다. 아이의 오감을 자극해주는 다양한 놀이법을 통해 자연스러운 발달을 유도하고 흥미를 보이는 분야가 무엇인지 살펴봐야 한다.

음악에 맞춰 춤을 추거나 놀이터에서 신나게 뛰어노는 것을 좋아하는지, 아니면 앉아서 블록놀이를 하거나 그림 그리기나, 책 읽기를 좋아하는지 파악해야 한다. 다양한 경험을 해나가는 과정에서 아이가 상대적으로 더 좋아하는 것과 덜 좋아하는 것을 발견할 수 있을 것이다.

이런 모든 활동 속에서 부모의 적극적인 참여와 세심한 관찰은 무엇보다도 중요하다. 아이를 관찰한 후에는 아이가 무엇에 흥미와 호기심을 보이는지, 꼼꼼히 관찰하고 일지를 기록하는 것이 좋다. 아이들의 강점지능과 관심의 변화과정을 한눈에 알아볼 수 있도록 정리해놓은 기록이 축적된 포트폴리오는 이후 아이가 진로를 선택하는 데 결정적인 영향을 준다.

두 번째, 초등기는 조금씩 자신의 재능과 적성에 눈을 뜨는 시기다
이 시기에 아이는 본격적인 학습을 시작하며, 특정한 분야에서 두각을 나타내기 시작한다. 아이의 재능을 발견하고 키우기 위해서는 두각을 보이는 분야를 찾아 그 분야를 중심으로 학습을 설계할 수 있도록 도와주는 것이 좋다. 피아제 Jean Piaget 는 "아이들은 스스로 탐색하고 발견하는 것을 좋아하며, 자신의 지적 욕구를 일방적인 주입식 학습이

아닌, 사물과의 관계 등을 이해함으로써 보다 빠르고 정확하게 충족하고자 한다"고 말했다. 그러므로 아이의 학습을 설계해줄 때는 단순한 지식 전달에 멈추지 말고 더 나아가 스스로 다양한 지적 탐구를 할 수 있도록 환경을 조성해주어야 한다. 만들기나 조립하기, 그림 그리기, 음악 감상이나 노래 부르기, 조별로 과제 수행하기, 연극하기, 동화 낭독하기 등의 다양한 탐색 활동을 통해 아이의 흥미와 적성이 두드러지는 분야를 찾았다면, 이러한 재능을 발전시킬 수 있도록 도와주어야 한다. 자신이 좋아하고 잘할 수 있는 일이 무엇인지, 관련된 직업에는 어떤 것이 있으며 꿈을 위해서는 어떠한 노력을 해야 하는지 등을 아이와 함께 이야기하며 미래에 대한 그림을 공유해보자. 자신의 재능을 알고서 이를 발전시켜나가는 아이는 학습에 있어서도 보다 적극적인 자세를 취한다. 또한 아이의 꿈이 변화한다고 하더라도, 큰 그림으로 볼 때는 자신의 재능 분야를 심화시켜가는 과정이므로, 지나치게 개입하지 않는 것이 좋다.

세 번째, 중등기는 자신의 재능과 적성을 사회적으로 연결하는 시기다

이미 아이는 자신이 좋아하고 잘하는 것이 무엇인지 어느 정도 알고 있는 상태다. 하지만 자신의 재능이 사회적으로 어떠한 의미가 있으며, 미래의 직업과 어떠한 연관성이 있는지는 아직 정확하게 파악하지 못하고 있다. 부모는 아이에게 미래의 직업에 대한 구체적이고 다양한 정보를 제공해줄 필요가 있다. 현장 방문이나 실습 활동을 통해 다양한 직업군을 경험하게 도와주면 좋다. 이때 중요한 것은 부모의 시각이다. 전통적으로 '성공한 직업'이라고 생각하는 몇몇 직업군의 경험만을 강요할 것이 아니라, 미래에 대한 비전을 바탕으로 남들이 가지 않은 블루오션을 펼쳐주어야 한다. 미래에 성공할 만한 직업은 현재 우리에게 인기 있는 직업과는 아주 다를 수 있다. 점점 더 환경이 중시되어 친환경 유기농 농장을 일구는 사람이 최고의 직업인이 될 수도 있고, 노년층이 늘어나면서 힐링 센터를 운영하는 사람이 더 많은 수입을 올릴 수도 있다. 아이를 블루오션의 직업으로 인도할지, 아니면 레드오션에 밀어넣을지는 부모가 보여주는 비전에 달려 있다.

넷째, 고등기는 재능을 진로로 연결해 성공을 계획하는 시기다

재능을 일찍 발견해 그 계통의 길을 가겠다고 마음을 먹은 아이들도 있지만, 대부분은 이 시기가 되어서야 진로에 대해 본격적인 고민을 시작한다. 아이들은 어떤 대학 어떤 과에 들어갈지 고민을 하면서, 자신이 갖고 싶은 직업에 대해 구체적인 방향을 정한다. 어떤 아이는 자신의 직업과 미래를 설계할 때 '대학'이라는 과정을 빼기도 하는데, 이 과정에서 부모와 격렬하게 대립하기도 한다. 하지만 남들이 다 가는 길이 아이의 성공을 보장하는 것은 아니다. 아이가 정말로 공부에 흥미가 없다면, 우선 사회생활을 몇 년 경험한 후에 학업 방향을 정하게 하는 것도 방법이다. 자신이 생각한 것과 직접 사회에 진출한 후에 느끼는 학업의 종류와 방향은 많이 달라질 수 있기 때문이다.

부모는 아이에게 특정 직업을 강요해서는 안 된다. 앞으로는 현재와는 비교할 수 없을 정도로 직업이 다양해지고 전문화될 것이기 때문이다. 중요한 것은 스스로 설계하는 미래에 아이 자신이 열정적으로 빠져들 수 있어야 한다는 점이다. 게다가 이 시기에는 부모의 강요가 잘 먹히지 않는다. 아이가 진로를 고민할 때는 단순히 부모로서가 아니라 사회 선배로서, 인생 선배로서 대화를 나눌 필요가 있다. 아이의 선택에 대해 옳고 그름을 판단하기보다 선택한 길에 성공적으로 도달하는 법에 대해 이야기한다면, 아이가 조금 더 현명한 방법으로 미래를 설계할 수 있을 것이다.

💬 **왜 그럴까?** 😊

아이 관찰일기가 지능 프로파일을 대신한다

{ 초등학교 1학년인 은명이의 엄마는 평소 다중지능에 관심이 많았다. 아이의 강점지능을 알아보기 위해 다중지능 프로파일을 만들고 싶은데 엄마가 임의로 만들기에는 너무 어려울 듯하다. 간단하게 아이의 능력을 파악할 수 있는 방법에는 무엇이 있을까? }

아이에 대한 엄마의 집착이나 욕심은 사소한 능력 하나를 잠재력이나 재능으로 잘못 평가하게 만들어 결국 아이의 진로를 그르치게도 한다. 사소한 것 하나도 '혹시나' 하고 기대해서 너무 이른 시기부터 지나친 자극으로 몰아가기 쉬운 것이다. 그러다 보면 아이를 지치게 만들 뿐 엄마가 원했던 최고 전문인의 꿈은 수포로 돌아갈지 모른다.

우선 아이의 잠재력과 적성을 제대로 파악하기 위해서는 순수한 양육자로서 아이의 행동 하나하나를 따뜻한 시선으로 '관찰'하는 것이 중요하다. 육아일기가 아니라 관찰일기를 써서 아이의 적성을 파악하는 것도 좋은 방법이다. 특히 초등학교 입학 전까지는 아이가 다양한 행동 변화를 보이기 때문에 관찰일기를 통해 아이의 변화를 추적하고 파악하면, 관심의 변화와 적성을 조금 더 세밀하게 파악할 수 있다.

관찰일기는 말 그대로 아이가 그날그날 했던 일이나 행동을 관찰하듯 적는 것이다. 아이가 장난감을 가지고 놀다가 뒤집어서 꼼꼼히 살펴보았다든지 일일이 분해해보았다든지, 놀이터에 나가서 바닥의 개미를 한참 동안 들여다보았다든지 하는 놀이 형태나 탐색 형태 등 아이의 특성을 기록으로 보관한다. 매일매일 기록해두면 좋겠지만 일주일에 2회 내지 2주일에 1회 정도만 써도 좋다. 이렇게 모아놓은 자료를 훗날 교육 전문가에게 보여주면 훨씬 수월하게 아이의 적성을 평가할 수 있다.

천재도 즐기는 사람은
이기지 못한다

유전은 못 바꿔도 환경은 바꿀 수 있다

 개인 안에는 무수한 잠재능력이 있는데, 그중에서도 태어날 때부터 유전적으로 부여받은 재능이 있다. 그 '잠자는 거인'을 깨울 때 인생도 행복해진다. 공간능력에서 강점을 보였던 피카소는 수학이나 과학과 관련된 논리수학지능에서는 낙제를 면치 못했다. 하지만 아들의 강점을 매의 눈으로 알아챈 부모는 피카소에게 학교 공부보다는 미술 공부를 권유하였고, 피카소는 20세기를 대표하는 화가로 성장하였다. 변호사나 판검사와 같은 안정적인 직업을 갖기를 원했던 빌 게이츠의 부모는 아들이 컴퓨터에 집중하는 모습을 보면서 무수한 갈등을 겪어야 했다. 그러나 과감하게 자신들의 욕심을 포기하고 아들에게 컴퓨터 선생님을 소개시켜주었고, 그 아들은 미국뿐 아니라 전 세계를 대표하

는 컴퓨터 전문가이자 기업가로 성장했다.

현대 경영학의 아버지라고 불리는 피터 드러커 Peter Drucker 교수는 "성과는 약점을 보완하는 것보다는 강점을 강화하는 데서 나온다"고 했다. 평범한 사람들이 자신의 약점을 보완하는 데 평생을 보내는 것에 비해, 비범한 사람들은 자신만의 장점을 살려 뛰어난 성과를 낸다는 의미일 것이다.

똑같은 틀에 넣어 붕어빵처럼 인재를 찍어내던 시대는 지났다. 이제 사회는 각 분야에서 독창적인 결과물을 만들어낼 수 있는 인재를 원한다. 이 요구에 부응하려면 자신이 가장 좋아하고 즐길 수 있는 분야를 찾아 열정과 헌신을 다할 수 있어야 한다. 일찌감치 자신의 강점지능을 발견해서 키워온 사람과 획일적인 교육의 틀 아래 성장해온 사람은 차이가 날 수밖에 없다. 창의성, 창조성, 개성이 화두가 되는 이 시대에 그 차이야말로 아이들의 미래를 결정지을 것이다.

21세기에 들어 기업들의 인재 채용 및 활용 방식에 큰 변화가 일어나고 있다. 기업의 인사 담당자들은 면접에서 '당신의 강점이 무엇인지 구체적으로 말하라'고 요구한다. 애매한 답변으로는 그들의 관심을 끌 수 없다. 미국의 인텔을 비롯해 일본의 도요타 등 굴지의 기업들은 강점에 기반을 둔 조직을 만들고 있다. 직원들의 강점을 파악하는 경영자 훈련 프로그램을 진행하는 기업들도 있다.

20대가 되기 전에 각 분야에서 전문성을 획득한 아이들의 공통점은 자신의 적성을 조기에 발견하여 독서나 자기 분야의 공부를 통해 지식과 경험을 쌓았다는 것이다. 이들 부모들도 성적에 연연하지 않고 자녀가 좋아하는 것에 모든 지원을 아끼지 않았다. 이들 부모들이 용기 있는 결정을 내릴 수 있었던 것은 자녀의 행복을 최우선에 둔 덕분이다. 무언가를 얻으려면 선택과 집중이 분명해야 한다. 관찰을 통해 아이의 면면을 새롭게 인식하는 과정은 부모에게도 분명 놀라운 경험이다. 자녀를 관찰함으로써 자녀를 더욱 깊이 이해하고 사랑할 수 있을 것이다.

타고난 재능이 더욱 빛나게 발현될 수 있도록 적절한 관심과 환경을 제공하는 것이야말로 부모가 자녀에게 해줄 수 있는 최고의 선물이다. 보석과도 같은 재능을 그저 돌멩이로 만들어버릴지, 아니면 더욱 연마하여 값지게 만들 것인지, 부모의 역할이 그 차이를 만들어낼 수도 있음을 명심해야 한다.

강점지능을 살려 약점지능을 보완하라

성희는 누가 따로 가르쳐주지 않았는데도 클래식 음악만 나오면 손과 발을 박자에 맞춰 움직일 정도로 음악에 관심이 많고 음악을 좋아한다. 그런데 성희에게는 아쉬운 점이 하나 있다. 다른 사람이 말하는 의도를 정확하게 파악하지 못한다는 점이다.

축구 실력이 뛰어난 영재는 운동장에만 두면 펄펄 날아다닌다. 그러나 영재에게도 아킬레스건이 있었다. 평소 행동이 산만하고 어수선해 엄마는 늘 걱정이 많다.

엄마를 능가하는 요리 솜씨를 자랑하는 예현이는 학교에서 너무 조용해 친구들과 잘 사귀지 못해 걱정이고, 반대로 무척 사교적이어서 친구가 부르면 자다가도 벌떡 일어나 달려 나가는 민찬은 너무 착해서 자신의 일보다 다른 사람을 돕는 데 너무 열심이어서 부모님의 걱정을 사고 있다.

> **TEST**
> 아이의 강점지능을 살려 약점지능을 보완하는 것이 어떠한 효과를 내는지 알아보기 위해 EBS에서는 다중지능 이론가의 도움을 받아 6개월간 실험을 하기로 결정했다. 우선 아이들의 다중지능 트레이닝에 앞서 부모를 대상으로 1차 상담에 들어갔다. 다중지능의 정확한 의미를 알고 아이의 다중지능을 이끌어내기 위해서는 부모가 다중지능에 대한 정확한 이해를 갖고 있어야 했기 때문이다. 2차 상담까지 오면서 부모는 아이들의 뇌가 지닌 고유한 프로필, 즉 강점과 약점 지능을 세밀하게 파악할 수 있었다. 이를 기초로 6개월 동안 다중지능 전문가들의 도움을 받아 트레이닝을 진행했다.

윤옥인(서울서일초등학교 교사, 한국다중지능 교육학회 부회장), 황순희(서울아주초등학교 교사, 한국다중지능 교육학회 이사), 김영자(광성드림초등학교 교장, 한국 다중지능 교육학회 회장), 윤옥균(광성드림초등학교 교사, 한국다중지능 교육연구회 연구원) 등 네 명의 전문가는 실험 동안 지속적으로 아이들의 강점과 약점 지능의 특성에 대해 코칭을 했다.

영재의 경우 신체운동지능이 강점인 반면 사물을 구성하고 기획할 수 있는 공간지능이 약점으로 나왔다. 스스로도 운동을 좋아하는 대신 그림 그리기는 어려워하면서 거부감을 갖고 있다. 영재를 담당한 윤옥인 교사는 아이가 좋아하는 소재를 가지고 가족이 함께 벽에 장식을 하며 집을 꾸며보라는 트레이닝 과제를 주었다. 트레이닝 초반, 영재의 반응은 싸늘했다. 좋아하는 축구를 이용해 뭔가를 만들어봤음에도 아이는 좀처럼 흥미를 보이지 않았고 심지어 화를 내기도 했다. 하지만 일단 아이의 반응을 지켜보며 천천히 행동을 유도해보기로 했다.

성희의 경우 음악지능과 자연친화지능이 강점인 반면 언어지능이 약점이었다. 아이는 상담에서 친구들과 어울리고 싶기는 하지만, 아이들의 말을 이해하기가 어려워서 오히려 스스로 아이들과 어울리는 것을 피한다고 했다. 이런 성희에게 부과된 첫 번째 과제는 노랫말 바꿔 부르기. 음악지능이 높은 성희의 강점을 이용해 어휘력을 높이도록 유도하는 과정이었다. 또한 자연친화지능이 높은 것을 활용해 강아지와 함께 계속 대화를 하게 했다. 이 과정을 통해 성희의 말문을 트이게 하려는 것이다.

예현의 경우 공간지능이 강점으로 나왔지만, 대인관계지능이 최대 약점이었다. 예현이는 친구를 잘 사귀었으면 좋겠다는 바람을 털어놓았다. 우선 사물의 배치나 색감에 민감한 예현이의 공간지능을 사람들이 많은 공간과 접목했다. 박물관은 그런 예현에게 딱 맞는 장소였다. 박물관에서 다양한 사물을 체험하면서 사람들과 접촉하는 기회를 넓히는 것이 예현의 과제였다.

민찬의 경우 너무 착하다는 것이 흠이었다. 인간친화지능에서 강점을 나타낸 반면 자기이해지능에서는 약점을 보였다. 친구를 도와주는 게 재미있고, 심부름이 재미있다는 민찬은 용돈의 많은 부분을 자기를 위해서가 아니라 남을 위해 쓰고 있었다. 민찬이의 문제는 자신의 욕구가 너무 억제되어, 해야 할 일과 하고 싶은 일을 제대로 구분하지 못하는 데 있었다. 민찬이에게 해야 할 일이 아닌 하고 싶은 일과 취미를 적어보게 했다. 그런데 오랜 시간을 들여 적어놓은 것을 확인해보니,

성희의 트레이닝용 악보

그마저 모두 가족을 돕는 일이었다.

전문가들이 아이의 특성에 맞게 짠 다양한 프로그램을 제공했지만 아이들은 상당 기간 별다른 흥미를 보이지 않았다. 그러나 전문가들은 인내심을 갖고 지속적으로 프로그램을 제공했고 트레이닝은 계속되었다. 중간평가를 통해 본 아이들은 아직까지 행동이 많이 달라지지는 않았지만, 스스로 변화를 해야겠다는 마음을 먹는 데까지는 도달하였다.

영재의 경우 여러 트레이닝 방법 중에 사진 찍기에 관심을 보였다. 신체지능에 강점이 있는 영재는 사진 촬영을 통해 공간지능을 강화시킬 수 있었다. 산만함이 완전히 고쳐진 것은 아니지만, 영재는 이제 뭔가를 하고 싶다거나 해야겠다는 마음이 생겼다.

성희의 경우 강아지를 주인공으로 소설을 쓰는 트레이닝을 받는 중

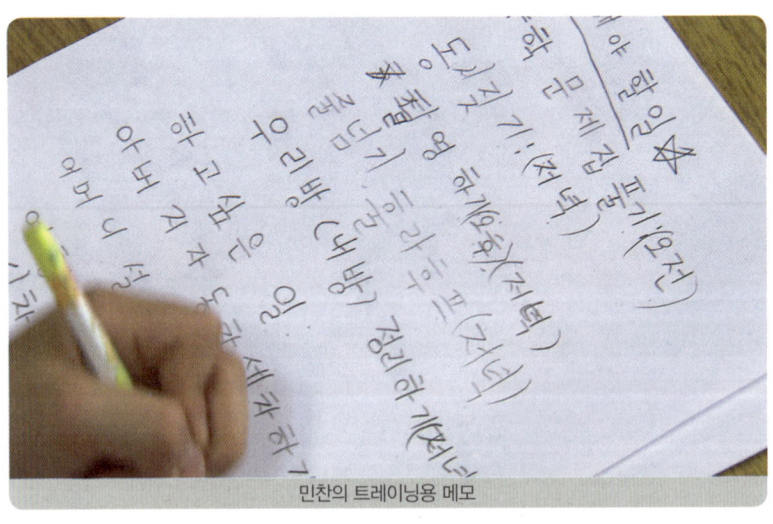

민찬의 트레이닝용 메모

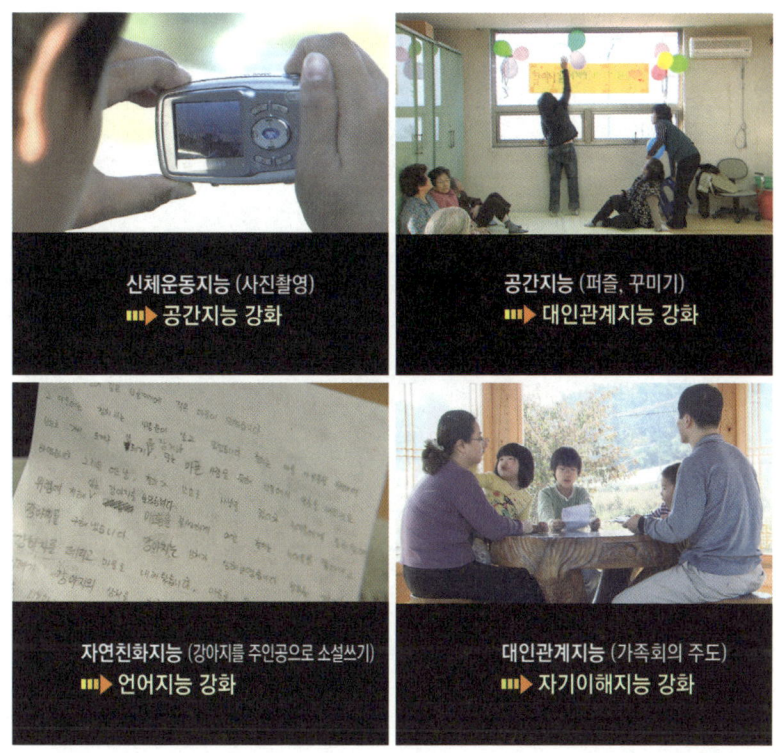

이었다. 눈에 띄는 변화는 일기를 쓰는 데 표현하는 단어가 많아지고 길이도 조금 더 길어졌다는 점이다.

예현의 경우 친구들과 함께하는 퍼즐놀이와 꾸미기를 통해 대인지능을 강화시키려고 했다. 관계 맺기를 힘들어하는 예현은 그간의 테스트를 힘들어했지만, 스스로 끝까지 해내겠다고 자신의 의지를 표현했다. 이것만으로도 일정 정도의 진척이 있는 것으로 보였다.

민찬의 경우 가족회의를 직접 이끌어보면서, 다른 사람의 의견을 듣고 조율하며 자신의 생각과 감정을 표현하기 시작했다. 이전에 비하면 자신을 표현하는 부분이 많이 발전되어가고 있었다.

그런데 트레이닝 기간 중에 예상하지 못했던 변화가 눈에 띄었다. 그것은 아이들보다 부모들이 먼저 변화를 보였다는 점이다. 그동안 부모로서 아이에게 어떻게 대해왔는지에 대한 반성과 더불어 어떻게 하는 것이 아이를 올바른 방향으로 이끌어주는 것인지 고민하기 시작한 것이다.

예현 엄마는 아이가 친구와 싸우거나 다툼이 있을 때 아이의 감정을 이해하고 받아주기에 앞서 아이의 잘못을 지적했다. 그렇게 해야 아이가 자신의 잘못을 알고 다음에 같은 실수를 범하지 않을 것이라고 생각했던 것이다. 하지만 지금은 그런 말과 태도가 오히려 아이가 대인관계에서 위축되게 만들었던 것 같다는 생각을 하고 있다. 성희 아빠는 자신이 생각했던 성희의 장점이나 약점이 조금은 틀렸다는 것을 발견하면서, 아이를 살펴볼 때는 부모의 선입관을 배제하고 객관적이고 정확하게 파악해야 아이의 소질 계발에 도움을 줄 수 있다는 사실을 깨달았다. 영재 엄마 또한 부모의 양육태도가 아이의 변화를 좌우한다는 것을 깨닫고, 영재에게 가장 맞는 양육방법이 무엇인지 고민했다. 민찬이 아빠는 아이를 바라보는 시선에 여유가 생겼다고 했다. 아이 스스로 해볼 수 있도록 시간을 주고 기다리는 것이 아이가 자신의 생각을 키우는 데 도움이 된다는 것을 깨달은 것이다.

트레이닝 이전에는 부모의 기대에만 초점을 맞추어 양육방법을 택했다면, 트레이닝을 거치는 동안 부모들은 시선을 아이에게로 돌렸다. 내가 해주고 싶은 것, 가르치고 싶은 것이 아니라 아이가 하고 싶은 것, 잘하는 것이 무엇인지를 살펴보니 전혀 다른 아이가 보이기 시작한 것이다. 이런 점에서 트레퍼드 박사의 말은 주목할 필요가 있다.

'아이에게 무엇이 결여됐는지'를 보는 것이 아니라 '아이에게 무엇이 있는지'를 찾아내는 것이 부모의 역할이다. 더불어 부모는 아이가 갖고 있는 능력에 무조건 긍정을 해주어야 한다.

서번트 신드롬인 리안이 자신의 능력을 펼쳐 보일 수 있었던 것도 장애보다는 능력에 관심을 보였던 엄마 덕분이었다. 부모의 긍정은 서번트 신드롬을 만들어내는 아주 강력한 요소이면서, 동시에 이는 우리 모두에게도 해당되는 이야기이다. 그렇다면 부모의 변화는 아이의 변화에 어떤 영향을 미쳤을까? 6개월간 트레이닝을 받은 네 아이를 다시 찾아가보았다.

영재의 경우 색감에 둔하고 구성도 단조로웠던 그림이 6개월 만에 역동적으로 변했다. 그리고 직접 찍은 사진으로 멋진 가족 앨범도 만들었다. 언어지능이 취약해 일기장의 반도 채우지 못했던 성희는 어느 날부터 일기 내용이 점점 길어지는가 싶더니, 마침내 30쪽에 달하는 창작동화 한 편을 만들어낼 정도가 되었다. 친구를 사귀지 못해 늘 집에만 있던 예현이는 꾸미기를 좋아하고 색감에 민감한 공간지능을 자극해주자 한결 자신감 있는 소녀로 변했고, 친구 관계에도 이를 적용하게 되었다. 민찬의 경우 하고 싶은 일과 해야 할 일을 구분하지 못해 애를 먹었지만 이제는 하고 싶은 일이 점점 더 많아지고 있다. 하고 싶은 일의 목록을 적어 하나씩 실천하는 중이다.

　강점지능을 통해 약점지능을 계발해주니 아이들은 6개월 만에 전혀 달라진 모습들을 보였다. 이를 통해 우리는 부모의 역할에 대해 다시 한 번 되살펴볼 수 있다. 부모들이 알아야 할 것은 어떤 부모도 아이를 포기해서는 안 된다는 점이다. 못하는 것만 보면서 "얘는 뭘 해도 안 돼"라고 규정하면, 아이는 부모의 말대로 자신감 없고 늘 실패하는 인생을 살기 쉽다. 강점지능을 살려주면서 그 안에서 아이의 재능을 이끌어낸다면, 아이들은 누구나 자신이 가진 최고의 능력을 발휘

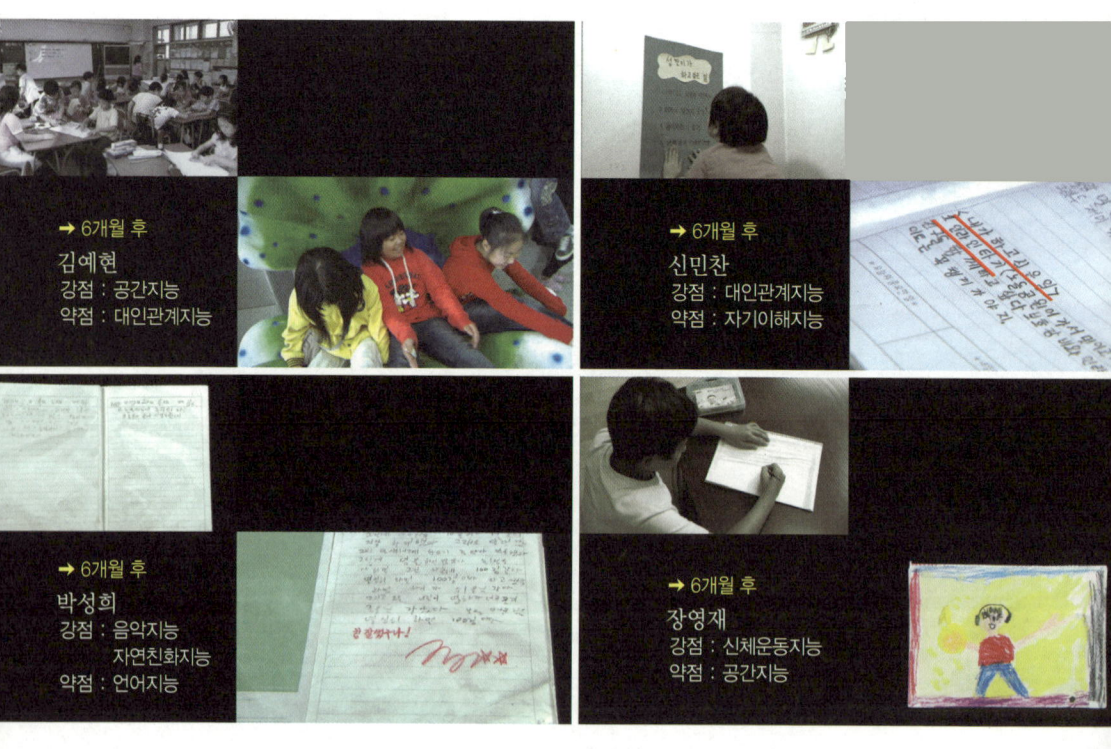

➜ 6개월 후
김예현
강점 : 공간지능
약점 : 대인관계지능

➜ 6개월 후
신민찬
강점 : 대인관계지능
약점 : 자기이해지능

➜ 6개월 후
박성희
강점 : 음악지능
　　　자연친화지능
약점 : 언어지능

➜ 6개월 후
장영재
강점 : 신체운동지능
약점 : 공간지능

할 수 있다.

이는 20세기 초 이탈리아의 의사이자 교육학자인 몬테소리Maria Montessori의 교육법과도 유사하다. 이 교육법에서는 부모의 역할을 중요시한다. "아이가 태어났다고 해서 모두 부모가 되는 것은 아니다. 끊임없이 아이의 잠재된 세계를 이해하고자 노력하고, 또 아이의 성장에 안내자로서의 역할을 다할 때 비로소 진정한 부모의 자격을 가질 수 있다." 이에 따르면 참다운 부모가 되는 첫걸음은 바로 아이를 스스로의 삶의 주체로 인정하는 것에서부터 시작된다.

실존지능, 그 밖의 무한한 가능성

가드너는 지능의 요건을 정해놓고 우선 여덟 가지 지능을 발견해냈지만, 이것이 완성된 지능의 종류라고 하지는 않았다. 과학이 더욱 발달하면 우리가 몰랐던 새로운 지능이 드러날 것이라는 게 그의 말이다.

현재 새롭게 힘을 얻고 있는 지능 중 하나가 실존지능이다. 실존지능이라는 개념은 철학자나 종교지도자 등을 떠올리게 한다. "왜 사는가? 우리는 어디서 오는가? 인간은 왜 전쟁을 일으키는가? 사랑이란 과연 무엇인가?" 등의 질문에 답하려면 어떤 지능을 사용해야 할까? 현재 밝혀진 지능만으로는 철학적 문제나 깨달음의 영역을 설명하기 어렵다. 논리수학지능이나 언어지능이 높다고 해서 철학적 문제를 쉽게 푸는 것은 아니다. 자기이해지능과 비슷한 부분이 있기는 하지만,

이는 자신의 내부에 있는 동기를 유발하는 지능이지 세계와 세상의 틀을 그려가는 작업과 연결시키기에는 미비한 점이 있다. 김수환 추기경이나 테레사 수녀의 일생을 자기이해지능만으로 이야기하기에는 그들의 그릇이 너무 크다. 가드너는 실존지능을 '큰 질문과 관련된 지능'이라고 명하며, 현재 주의 깊게 연구하고 있다고 밝혔지만, 정확한 답을 내리고 있지는 않다. 실존적 문제와 특별하게 관련을 맺고 있는 뇌가 어느 부분인지 밝혀줄 증거가 부족하기 때문이다. 이 밖에도 앞으로 또 어떤 지능이 밝혀질지는 후대 과학자들의 몫으로 남아 있다.

다중지능이 나오게 된 계기는 인간의 다양하고 무한한 가능성 때문이었다. 다중지능 이론은 적절한 환경과 적절한 자극을 제공하고, 아이의 능력을 믿어주고 북돋아준다면 누구나 최고의 지능을 이끌어낼 수 있다고 말한다. 가드너는 "아이의 능력에는 우열이 없으며, 누구나 최고가 될 수 있는 지능을 갖고 있다"는 것을 증명했다. 그리고 최고가 되기 위해서는 자신의 강점지능을 바탕으로 소질을 키워나가는 것이 중요하다.

그런데 다중지능에 대해 우리가 알아야 할 것 한 가지는 지능이 높다고 해서 반드시 지적인 사람이 된다는 의미는 아니라는 점이다. 우리 두뇌의 능력은 하나의 신호일 뿐, 이것이 사람을 판단하거나 규정짓는 근거가 되어서는 안 된다. 논리수학지능이 높은 사람은 중요한 물리학 실험을 하거나 새로운 기하학적 증명을 풀기 위해 자신의 능력을 사용할 수도 있지만, 반대로 하루 종일 복권을 긁어대며 확률만 계산할 수도 있다.

그러므로 아이의 지능을 어떻게 키워주는가도 중요하지만, 아이가 그 지능을 가지고 앞으로 세상에서 어떤 식으로 자신의 자리를 찾으며 가치 있는 일을 할지 가르치는 것도 무척 중요하다. 결국 성공이란 자신의 능력을 가장 가치 있는 일에 사용하며 즐거움을 느끼는 것이 아니겠는가?

내 아이의 강점지능 발견하기

강점지능의 또 다른 말은 재능이고, 잠재능력이다. 내 아이에게 숨어 있는 능력이 무엇인지 알기 위해서는 아이의 안테나가 어디로 뻗어 있는지, 즉 무엇에 호기심을 갖는지를 파악해야 한다. 그다음에는 평소 아이의 행동 패턴을 유심히 관찰해보는 것도 좋다. 다음에 예시된 문항을 잘 읽고 내 아이에게 더 가깝다고 생각하는 것에 체크해보자. 아이가 좀 더 강점을 보이는 지능이 무엇인지 파악해 이를 근거로 아이의 학습에 다양하게 적용할 수 있다. 만약 세 가지 지능군(언어지능·논리수학지능 / 인간친화지능·자기이해지능 / 공간지능·음악지능·신체운동지능·자연친화지능) 중 같은 군의 지능에서 체크한 문항 수가 같다면 몇 가지 질문을 더해 아이가 더 좋아하는 분야를 찾아내도록 한다.

● 언어지능

1	친구 집에 놀러 가면 동화책이나 소설책부터 찾아 읽는다.	☐
2	여러 사물이나 사람의 모습을 다양하고 재미있는 말로 표현한다.	☐
3	학교에서 있었던 일을 구구절절 말하는 편이다.	☐
4	텔레비전에서 나오는 새로운 말을 쉽게 기억하고 사용한다.	☐
5	다른 사람을 말로 웃기는 재주가 있다.	☐
6	글쓰기 대회에서 상을 받은 경험이 많다.	☐
7	시나 동화를 즐겨 쓰고 제법 잘 쓰는 것 같다.	☐
8	〈우리말 겨루기〉 같은 텔레비전 프로그램을 좋아한다.	☐
9	다른 사람이 말하는 요지를 잘 안다.	☐
10	발표력이 좋다는 이야기를 종종 듣는다.	☐

11	끝말잇기 놀이를 좋아하는 편이다.	☐
12	책을 읽거나 영화를 본 후 느낀 점을 글로 잘 표현한다.	☐
13	맞춤법을 잘 알고 있는 편이다.	☐
14	나이에 비해 어휘력이 좋은 편이다.	☐
15	말할 때 자신의 의견을 정확하게 표현한다.	☐

● **논리수학지능**

1	경험한 일을 시간 순서에 따라 조리 있게 설명한다.	☐
2	물건을 살 때 암산이 정확하고 빠른 편이다.	☐
3	새로운 가전제품의 사용법을 잘 알아내거나 쉽게 익힌다.	☐
4	어려운 문제를 보면 쉽게 포기하지 않고 문제를 풀려고 집요하게 노력한다.	☐
5	수학을 좋아하며 수학을 잘하는 편이다.	☐
6	컴퓨터 조작법이나 보드게임의 방법을 쉽게 익힌다.	☐
7	로봇, 우주 전람회 등 과학 전시관에 가는 것을 좋아한다.	☐
8	평소에 "왜요?"라는 질문을 많이 한다.	☐
9	물리나 화학 관련 주제를 좋아하는 편이다.	☐
10	수학과 과학에서 틀린 문제가 있으면 왜 틀렸는지 이유를 꼭 확인하고 넘어간다.	☐
11	수수께끼 풀기를 좋아한다.	☐
12	동물원에 가면 어느 동물의 수가 많고 적은지부터 보는 편이다.	☐
13	어림짐작하여 물건의 개수를 잘 맞히는 편이다.	☐
14	사건의 원인과 결과를 잘 알아차리는 편이다.	☐
15	컴퓨터 자체가 어떻게 움직이는지 관심이 많다.	☐

● 인간친화지능

1	주변에 친구가 늘 북적대는 편이다.	☐
2	엄마의 기분을 잘 알아채며 눈치가 빠르다.	☐
3	학급 임원으로 자주 선출되었다.	☐
4	친구의 생일파티에 자주 초대받는 편이다.	☐
5	친구의 고민을 잘 들어주고, 친구의 문제를 해결해준다.	☐
6	친구 사귀기를 즐기고, 새로운 친구를 만나면 쉽게 친해진다.	☐
7	남의 관심사와 흥미에도 관심이 많고 존중하는 편이다.	☐
8	자기가 잘 아는 내용을 친구들에게 친절하게 가르쳐준다.	☐
9	불쌍한 사람을 보면 도움을 주려고 노력한다.	☐
10	친구들을 잘 설득해서 무엇인가를 하려는 경향이 있다.	☐
11	다른 사람들을 잘 관찰하는 편이다.	☐
12	일을 할 때 혼자서 하기보다 그룹으로 하기를 더 좋아한다.	☐
13	친구들과 즐겁게 할 수 있는 놀이를 알고 있다.	☐
14	다른 사람을 돕는 일에 솔선수범하는 편이다.	☐
15	친구들과 전화, 이메일을 자주 주고받는다.	☐

● 자기이해지능

1	하루 일과를 일기로 꼭 정리한다.	☐
2	스스로 계획을 세우며 실천하는 편이다.	☐
3	자기의 장점을 다섯 가지 이상 알고 있다.	☐
4	자기가 커서 하고 싶은 일을 뚜렷하게 정해놓았다.	☐
5	명상이나 요가를 좋아한다.	☐

6	여럿이 함께하는 일보다는 혼자 하는 일을 선호한다.	☐
7	자신의 약점이나 부족한 점을 정확하게 알고 있다.	☐
8	자신의 약점을 보완하려고 노력하는 편이다.	☐
9	자기가 원하는 직업이 무엇인지 잘 알고 있다.	☐
10	자신의 일기장, 작품, 사진 등을 모아둔다.	☐
11	다른 사람들이 하는 말에 크게 신경 쓰지 않는 편이다.	☐
12	중요한 문제가 생기면 골똘히 생각하는 편이다.	☐
13	자신의 성격에 대해서 잘 알고 있다.	☐
14	성공하는 방법, 공부 잘하는 방법 등을 다룬 책 읽기를 좋아한다.	☐
15	건강에 좋은 음식을 챙겨 먹는 편이다.	☐

● **공간지능**

1	학교 가는 길을 지도로 그릴 수 있다.	☐
2	어려운 내용은 그림으로 그려가면서 이해한다.	☐
3	조립하기나 만들기 활동을 즐겨 한다.	☐
4	한 번 갔던 길을 잘 찾는 편이다.	☐
5	어림짐작으로 사물 간의 크기를 쉽게 비교한다.	☐
6	미술 관련 대회에서 수상한 경험이 많다.	☐
7	블록의 앞, 뒤, 옆의 모습을 쉽게 파악한다.	☐
8	음악회나 콘서트보다는 그림 전시회나 미술관을 좋아한다.	☐
9	옷을 예쁘게 입고 취향이 독특한 편이다.	☐
10	낙서하기와 만화 그리기를 좋아한다.	☐
11	사람의 옷차림, 생김새를 잘 기억하는 편이다.	☐

12	자기의 생각을 그림으로 설명하기를 즐긴다.	☐
13	퍼즐놀이를 좋아하는 편이다.	☐
14	영화나 비디오 보기를 좋아하는 편이다.	☐
15	사진이나 그림 보기를 좋아하는 편이다.	☐

● **음악지능**

1	악기를 다루거나 배우는 것을 좋아한다.	☐
2	노래를 자주 흥얼거리는 편이다.	☐
3	노래를 하면 '가수 나왔다'는 소리를 자주 듣는다.	☐
4	주변의 소리에 매우 민감하다.	☐
5	노래 또는 악기와 관련된 특별활동 부서를 선택하는 편이다.	☐
6	동요, 가요 등 노래 CD나 음원을 사고 싶어한다.	☐
7	즉석에서 노래를 만들어 부르는 것을 즐긴다.	☐
8	처음 듣는 노래를 쉽게 따라 하는 편이다.	☐
9	음악 관련 대회에서 수상한 경험이 많다.	☐
10	노래방에 가서 노래 부르는 것을 좋아한다.	☐
11	공부를 하거나 책을 읽을 때 음악을 들으면서 하기를 좋아한다.	☐
12	노래 간의 차이를 쉽게 알아차린다.	☐
13	노래를 부를 때 소프라노와 알토의 음의 차이를 정확하게 알아차린다.	☐
14	좋아하는 음악 장르가 있다.	☐
15	악보를 보고 박자, 음계, 빠르기 같은 내용을 잘 파악한다.	☐

● **신체운동지능**

1	운동회나 체육대회에서 항상 상위권에 드는 운동이 있다.	☐
2	몸으로 하는 놀이를 좋아한다.	☐
3	춤 동작이나 운동 동작을 쉽게 배우는 편이다.	☐
4	몸이 유연하다는 소리를 자주 듣는다.	☐
5	텔레비전에 나오는 가수들의 춤 동작이나 요가 동작을 즐겨 따라 한다.	☐
6	여가 시간에는 자전거나 인라인스케이트 등을 탄다.	☐
7	육상대회와 같은 체육 관련 대회에서 수상한 경험이 많다.	☐
8	새로운 운동을 배우는 것을 좋아한다.	☐
9	스스로 원해서 태권도, 무용 같은 체육 활동 학원에 다니고 있다.	☐
10	촉각이나 신체감각이 예민하게 발달한 것처럼 보일 때가 많다.	☐
11	특별히 좋아하는 운동 경기가 있다.	☐
12	바느질이나 뜨개질처럼 손으로 하는 일에 소질이 있는 편이다.	☐
13	자전거를 빨리 배운 편이다.	☐
14	체육 시간을 좋아한다.	☐
15	운동할 때 끈기 있게 참여한다.	☐

● **자연친화지능**

1	애완동물 기르는 것을 좋아한다.	☐
2	집에서 기르는 새나 금붕어, 개 등을 관찰하고 달라진 점을 말한다.	☐
3	꽃, 동물, 곤충 등 생물에 대해 관심이 많아 그와 관련된 책을 많이 읽는다.	☐
4	공룡의 종류에 관심이 많다.	☐
5	사람의 건강과 먹을거리에 대하여 다른 아이들보다 질문이 많다.	☐

6	인공적인 전시관보다는 산이나 강, 바다에 가는 것을 좋아한다.	☐
7	아름다운 꽃, 동물 그림을 인물 그림이나 건물 그림보다 좋아한다.	☐
8	우표, 돌, 딱지 등을 수집하기를 즐기는 편이다.	☐
9	동물이나 식물 돌보는 것을 좋아한다.	☐
10	음식 맛을 예민하게 느끼는 편이다.	☐
11	쓰레기 분리수거를 지키는 편이다.	☐
12	공원, 동물원, 아쿠아리움에 가는 것을 좋아한다.	☐
13	새로운 장소에 가면 쉽게 적응하는 편이다.	☐
14	식물과 동물에 관한 질문을 자주 하는 편이다.	☐
15	별자리에 대해서 잘 알고 있는 편이다.	☐

내 아이의 강점지능 계발하기

● **언어지능**

태어나서 세 살까지는 어휘력이 폭발하는 시기이기 때문에 부모가 언어적 자극을 충분히 주는 것이 아이의 언어지능을 키우는 데 도움이 된다. 아이의 옹알이에 답을 해주거나, 잠자리에서 동화를 읽어주는 식으로 자연스럽게 언어에 대한 감수성을 키워주는 것이 좋다.

스스로 말문을 열고 말을 하기 시작한 아이라면, 엄마가 아이의 말을 보충해서 더 긴 문장으로 만들어주는 것도 아이의 언어지능을 높이는 데 도움이 된다. 예를 들어 "엄마, 저거"라거나, "물"이라는 식의 간단한 문장을 들었다면, 앞뒤의 상황을 보면서 "우리 현수가 선반 위의 인형을 갖고 싶구나?", "네가 물을 마시고 싶은 거구나" 하는 식으로 문장을 완성해주면 아이의 어휘력이 자연스럽게 늘어나는 동시에 언어지능도 더 많은 자극을 받게 될 것이다.

이는 아이가 자라서도 마찬가지다. 아이들은 자신이 경험한 것을 표현하는 것을 어려워한다. 그래서 영화를 보거나 박물관이나 과학관에 갔던 이야기를 할 때도 "좋았어", "대단했어"라고 한마디로 끝내버리는 경우가 많다. 이때 부모는 어떤 장면이 좋았는지, 아이가 무엇에 감탄을 했는지 물어보고, 스스로 대답해낼 수 있도록 유도하는 것이 좋다.

아이가 책을 읽은 후에는 독후감을 쓰게 한다거나 책에 대해 토론을 하거나 내용을 요약해서 발표하게 하는 것도 언어지능을 키워주는 데 도움이 된다. 처음부터 욕심을 부려 독후감을 쓰게 만들기보다는, 글로 표현하기 힘든 경우에는 그림으로 이야기를 만들어보게 한 후 설명을 하도록 지도하는 것도 좋다.

주제를 정해 부모와 아이가 한 문장씩 이야기를 주고받으며 한 편의 이야기를 완성시켜보는 것도 좋은데, 이때 부모는 아이가 연결시키는 문장이 문맥에 맞는지 확인하고 체크해주어야 한다.

또한 집에서 쉽게 해줄 수 있는 것이 끝말잇기나 낱말 맞히기 등의 놀이다. 아이가 좋아하는 동요를 외우거나 직접 노랫말을 만들어보는 놀이도 언어지능을 높이는 데 도움이 된다. 집에서 하는 가장 좋은 언어지능 계발법은 아이와 끊임없이 대화를 하는 것이다. 아이와 대화를 할 때는 추상적인 질문보다는 구체적인 질문을 하는 것이 좋다. 예를 들어 "오늘 수업 재미있었니?"라고 묻기보다는 "오늘 네가 좋아하는 과학 시간이 있었잖아. 수업은 재미있었니?" 하는 식으로 질문하면 된다.

단체생활을 통해서는 연극이나 역할 바꾸기 놀이 등으로 언어지능을 키워줄 수 있다. 역에 몰입하고, 상대방의 입장이 되어 생각함으로써 아이의 사고와 생각의 틀을 넓힐 수 있으며 더불어 일상생활에서는 사용하지 않았던 새로운 어휘를 습득할 수도 있다.

생물 등 자연을 관찰한 후에 보고서를 쓰게 만드는 것도 좋다. 이때는 누가, 언제, 어디서, 무엇을, 왜, 어떻게 했는가 등의 육하원칙을 포함시켜 정확한 글을 쓰도록 지도하는 것이 좋은데, 이렇게 할 경우 언어지능뿐 아니라 논리성도 높이는 효과를 얻을 수 있다.

| 언어지능 높은 아이의 학습법 |

학습에 이야기를 적용하고자 할 때는 가르치려는 기본 개념이나 아이디어, 목표가 잘 전달되도록 이야기를 만들어야 한다. 아이의 복잡한 생각을 끌어내는 데 효과적인 방법은 브레인스토밍으로, 아이와 함께 주제와 관련된 이야기를 모두 하면서 아이의 독창적인 생각을 이끌어내는 것이 좋다.

말하기와 듣기 능력을 더욱 키워주고 싶다면 아이가 직접 자신의 말소리를 녹음해보게 해주는 것도 좋다. 이는 자신의 내적 감정을 표현하는 데도 도움이 된다.

일기 쓰기는 어떤 과목에도 적용할 수도 있다. 중요한 것은 일기를 쓰면서 아이가 자연스럽게 조리 있게 말을 하는 법과 생각을 풀어내는 법을 배워간다는 점이다.

글쓰기는 타인에게 자기의 생각을 전달하는 데 도움을 주는 학습법이다. 독후감이나 그 외 여러 종류의 글을 써가면서 아이가 자신의 언어로 다른 사람들에게 이야기할 수 있는 기회를 주는 것도 좋다. 동시를 쓰면 언어의 함축성과 운율을 깨달을 수 있다.

신문은 매일 새로운 내용이 실리므로 다양한 구성을 살펴보는 가운데 이를 활용하여 재미있고 유익하고 생생한 학습을 할 수 있다. 외국어를 배우고 싶을 때는 아이가 좋아하는 외국 애니메이션이나 영화를 보면서 쉽게 익힐 수 있도록 도와준다. 한자의 경우 만화 속 한자 맞히기, 한자 카드 이용하기, 고사성어 맞히기 등의 게임을 통해 음과 뜻을 익힐 수 있다.

- 언어지능 높은 아이의 유망직업 : 시인, 소설가, 정치가, 변호사, 방송인, 기자, 쇼호스트

● 논리수학지능

일상 속의 놀이에 어떻게 접근하느냐에 따라 아이의 논리수학지능을 키워줄 수 있다. 구슬 꿰기, 도형 만들기, 물건 분류하기, 숫자 읽기, 셈하기 등이 논리수학지능을 키워줄 수 있는 놀이다.

구슬 꿰기를 할 때는 형태나 색깔별로 순서를 나누어 꿰어가는 동안 아이가 배열이나 규칙을 배울 수 있으며, 수를 세는 능력을 기를 수도 있다. 조금 어린아이라면 도형 맞추기 게임도 논리수학지능을 키우는 데 도움

이 된다. 엄마가 이야기하는 도형을 통에 집어넣고, 도형을 넣을 때 동그라미, 세모, 네모의 순서를 정해서 그에 맞춰 넣어보는 것도 배열이나 규칙을 가르치는 데 좋다. 식빵과 치즈를 4등분해 서로 일대일 대응을 하게 해보거나, 자르지 않은 식빵에 자른 치즈가 몇 장 들어가는지를 살펴보는 것도 좋다. 또한 집 안의 물건들을 하나의 기준으로 분류하고 그룹을 지어보는 것도 논리수학지능을 키우는 재미있는 방법이다. 시장에 가면 버스를 타면서 번호를 읽어보게 하고, 과일과 채소를 분류하게 하고, 이들의 가격을 보면서 몇 개를 구입하면 얼마인지를 함께 셈하는 것도 생활 속에서 쉽게 할 수 있는 놀이법이다.

조금 더 큰 아이라면 스무고개 놀이를 해보는 것도 좋다. 아무런 단서가 없는 상황에서 스무 번의 질문 안에 정답을 맞히는 놀이인데, 횟수가 스무 번으로 제한되어 있기 때문에 아이는 나름대로 정답을 알아맞히기 위해 전략을 세워야 한다. 질문을 세분화하고 좁혀나간다면 논리적인 능력이 있다고 볼 수 있다.

이야기 만들기는 언어지능뿐 아니라 논리수학지능을 키워주는 데도 도움이 된다. 이다음에 어떤 일이 벌어질지를 추론하는 과정에서 아이의 논리성이 자연스럽게 키워지기 때문이다.

| 논리수학지능 높은 아이의 학습법 |

논리수학지능이 강점인 아이는 무엇이든 개념적으로 명확하고 분명한 것을 좋아하기 때문에 규칙과 질서를 좋아하는 경향이 있다.

문학 작품을 읽을 때도 숫자적인 표현을 부각시켜 그에 관한 활동을 하게 도와준다면 수학적 사고력이 높은 아이의 관심을 끌 수 있다. 예를 들어 아이에게 사회를 가르칠 때는 500년 전 조선시대와 1천 년 전 고려시대가 어떤 차이가 있는지 알아본다거나 인물의 행동을 시간 순으로 정리해보게 해주는 식이다.

스무고개나 수수께끼는 아이의 학습적인 면에도 도움이 된다. 특히 스무고개의 경우 답을 찾아가는 과정에서 주제를 파악할 수 있는 여지가 많기 때문에 자연스럽게 논리성을 키울 수 있다.

"왜?"를 좋아하는 아이에게는 엄마가 질문을 하고 아이가 답을 하면서 조금씩 생각을 깊어지게 만드는 것도 좋다. 논리적으로 답할 수 있는 질문을 던짐으로써 논리적 영역에 재능이 있는 아이를 말하기 행동에 끌어들일 수 있다.

- 논리수학지능 높은 아이의 유망직업 : 수학자, 회계사, 통계학자, 법률가, 컴퓨터 프로그래머, 과학자

● 공간지능

아이의 공간지능을 키워주기 위해서는 주위 생활용품을 활용해 만들기 활동을 해보는 것이 좋다. 선, 형태, 색, 공간 등의 세부적인 것을 표현해 가면서 아이는 공간 속에서 이들이 어떻게 구현되는지 살펴볼 수 있으며, 더불어 자연스럽게 창의력도 키워진다.

미술활동은 공간지능을 키워주기 위한 좋은 방법인데, 아이마다 각자 흥미를 갖고 있는 분야가 다르기 때문에 이를 살펴서 아이가 가장 좋아하는 활동으로 유도해주는 것이 중요하다. 만들기를 싫어한다면, 커다란 종이를 주고 마음껏 그림을 그려보게 한다거나, 아니면 블록 등을 주어 아이가 원하는 사물을 표현해보게 하는 것도 방법이다.

종이접기 또한 아이의 공간지능을 높이는 데 좋은 놀이다. 특히 종이접기는 평면으로 시작해 입체적인 모양을 띠기 때문에 아이의 생각을 키워주는

데도 도움이 된다. 집에 있는 달력이나 너무 오랫동안 읽어서 너덜너덜해진 그림책을 이용해 퍼즐을 만들어 아이가 직접 맞춰보게 하는 것도 좋다. 아이와 함께 박물관이나 미술관에 갈 때는 안내도를 보여준 후 아이가 직접 그곳을 찾아보게 만드는 것도 공간지능을 키워주는 좋은 방법이다.

| 공간지능 높은 아이의 학습법 |

인간의 주된 인지활동인 생각하기는 주로 심상의 영역에서 이루어지며, 따라서 모든 아이들에게 시각을 이용한 교육의 중요성이 강조되고 있다. 특히 공간지능이 높은 아이들은 시각적 교구에 더 잘 반응을 하며, 이해도가 높기 때문에 이를 이용한 학습이 이루어진다면 더욱 좋은 효과를 얻을 수 있을 것이다.

공간지능이 높은 아이들은 시각적 상상 게임에 능하고 학습내용을 그림으로 그려보라고 하면 잘한다. 그러므로 아이가 책이나 학습자료를 그림이나 영상으로 바꿀 수 있게 도와주는 것이 좋다. 마음속 공부장에 그날 배운 단어나 수학공식 등을 적어놓는 훈련을 시킨 후, 공부장을 펼쳐 그 위에 쓰인 자료를 떠올리게 해보자. 평소에는 닫혀 있는 공부장이지만, 자극을 주어 다시 떠올리는 과정에서 아이의 기억력도 향상될 것이다.

아이의 생각의 크기를 키워주기 위해서는 마인드맵을 활용하는 것이 좋다. 특히 공간지능이 높은 아이들은 마인드맵을 그려나가면서 자신의 생각을 공고하게 만들고, 같은 생각끼리 연관을 짓는 것이 다른 아이들보다 빠르다. 아이에게 수학적인 내용을 설명할 때도 말로만이 아니라 직접 그림을 그려서 설명해주면 아이가 조금 더 쉽게 이해할 수 있다.

- 공간지능 높은 아이의 유망직업 : 조종사, 디자이너, 건축가, 조각가, 바둑기사, 그래픽 아티스트, 가이드, 발명가

● 인간친화지능

인간친화지능은 종교지도자, 정치인, 마케터, 교사, 부모 등에게서 매우 정교하게 발전된 형태로 나타난다. 하지만 그렇지 않은 경우에도 인간친화지능은 반드시 계발해야 하는 능력이다. 우리는 대부분 사회생활을 하는데, 인간친화지능이 모자랄 경우 사회적으로 소외를 받거나 동떨어져 혼자 지낼 수 있기 때문이다. 특히 요즘에는 외동아이들이 사회적으로 늘어나는 추세다. 혼자서 지내는 것에 익숙해진 아이들은 다른 사람들과의 상호관계에 서투를 수밖에 없기 때문에, 의식적으로라도 인간친화지능을 높여주는 것이 좋다.

인간친화지능을 높여주기 위한 좋은 놀이법이 바로 소꿉놀이다. 엄마와 아빠의 역할을 해보면서 유사체험을 통해 가족생활을 재구성할 수 있다. 다른 사람과 친해지기 위해서는 우선 가족 간의 유대관계가 탄탄하게 이루어져야 하는데, 엄마와 함께 소꿉놀이를 하거나 인형 등을 이용해 역할놀이를 하면서 아이가 가족 사이에서 어떤 불만과 어떤 요구를 갖고 있는지 살펴보는 것이 좋다. 아이는 부모의 거울이다. 내 아이가 하는 거친 행동은 부모로부터 연유된 경우가 많다. 그러므로 아이의 행동에 고쳐야 할 점이 있다면 충분한 대화를 통해 아이와 마음으로 소통하는 것이 중요하며 아이 앞에서 본을 보여야 한다.

이렇게 가족 간의 유대감을 쌓은 아이는 밖에 나가서도 다른 친구들과 적극적으로 어울린다. 혼자서 하는 운동보다는 단체운동을 통해 협동심이나 상대방에 대한 배려심을 키울 수도 있다. 연극놀이를 통해 아이들은 내가 아닌 타인의 감정을 이해하는 법을 배운다. 아이와 대화를 할 때도 "만약 내가 그 친구의 입장이었다면" 식의 가정을 통해 아이가 자신 못지않게 타인의 의견도 받아들여야 한다는 것을 가르쳐주는 것이 좋다. 이때 부모는 아이의 의견을 무조건 반대하기보다는 "네 말도 일리가 있어. 하지만 엄마가 친구였다면 다른 생각을 가졌을 것 같아" 하는 식으로 아이의 시선이 다른 쪽을 향할 수 있도록 대화를 유도하는 것이 좋다.

| 인간친화지능 높은 아이의 학습법 |

인간친화지능이 높은 아이는 다른 아이와의 상호작용을 중요시하므로, 품앗이 공부나 공부방 등 소그룹 활동을 통해 학습능력을 키워주는 것이 좋다. 이 지능이 높은 아이들은 학교에서 모둠활동을 할 때 주도적으로 활동하기도 한다.

동생이 있다면 자신이 배운 내용을 동생에게 가르쳐주게 하는 것도 좋은 방법이다. 누구보다 친절하게 설명하는 아이들은 이 과정 속에서 스스로도 내용을 더 깊이 이해할 것이다. 친구들과 함께 간단한 안무를 짜서 집단 표현을 해보는 것도 서로를 이해하는 데 도움이 되며, 윷놀이나 보드게임 등을 통해서는 다른 사람과 함께 힘을 합쳐 게임을 즐기는 법, 규칙이나 다른 지식을 자연스럽게 습득할 수 있다.

- 인간친화지능 높은 아이의 유망직업 : 교사, 정치인, 심리치료사, 사업가, 영업사원, 종교지도자

● **자기이해지능**

아이의 자기이해지능을 계발시켜주기 위해서는 여러 방면에서 생각할 수 있도록 다양한 정보를 제공하고 때와 장소와 상황에 맞는 접근법으로 다가서는 것이 중요하다. 자신의 미래를 설계해보는 것도 좋은 방법이다. 무엇이 되고 싶은지 아이에게 물어본 후, 이를 이루기 위해서는 어떤 식으로 노력을 해야 하는지 함께 이야기해본다. 또한 성공했을 때와 실패했

을 때를 상상한 후 어떤 감정이 드는지를 이야기하면서, 아이가 끊임없이 자신의 미래를 그려보고 객관적으로 판단할 수 있도록 돕는다. 시나 동요를 같이 읽고 불러보며 작가의 심정을 상상해보게 하는 것도 자기이해의 폭을 넓히는 데 좋은 방법이다. 더불어 아이의 자기이해지능을 키워주기 위해서는 아이가 안심하고 스스로를 되돌아볼 수 있는 환경을 부모가 만들어주는 것이 중요하다. 특히 아이가 스스로에 대한 자존감을 갖게 만들려면 부모가 아이를 충분히 믿고 지지한다는 것을 알 수 있게 해주어야 한다. 자신에 대한 분석은 편안한 환경에서 더 잘 이루어지기 때문이다. 불우한 환경은 아이의 자기이해지능을 자극하기도 하지만, 반대로 자기이해지능을 현저하게 떨어뜨려 자신의 삶을 주체적으로 살 수 없게 만들기도 한다.

| 자기이해지능 높은 아이의 학습법 |

자기이해지능이 높은 아이는 인간친화지능이 높은 아이와 달리 혼자서 계획을 세워놓고 공부하는 것을 좋아한다. 학습방법에 있어서도 친구나 다른 사람을 모방하기보다는 자신의 생각대로 스스로의 방법을 만들어 밀고 나가는 경우가 많다. 스스로 학습계획을 세우거나 이를 통해 자기를 평가하고, 스스로를 돌아볼 수 있는 과정을 만들어낸 아이는 반성적 사고의 과정을 통해 오히려 자신의 상황을 긍정적인 방향으로 새롭게 변화시킬 수 있다.

혼자 있기를 즐기는 아이를 보면 당황하는 부모들이 있는데, 자기이해지능이 발달한 아이들의 경우 지나치게 사회적인 분위기를 싫어할 수도 있으므로 이때는 부모의 생각을 강요하기보다는 아이 스스로 자기 발전을 할 수 있도록 배려해주는 것이 좋다.

학습시간의 경우도 엄마가 지정해주기보다는 아이가 스스로 결정할 수 있는 기회를 주어야 학습에 대한 자발성을 더욱 키워줄 수 있다. 아이와 10년 후의 미래 계획을 세웠다면, 그다음에는 조금 더 구체적으로 1년의 계획, 한 달의 계획, 일주일의 계획, 하루의 계획을 세워가면서 학습목표를 스스로 달성할 수 있도록 도와주는 것도 학습의욕을 키워주는 방법이다.

- 자기이해지능 높은 아이의 유망직업 : 성직자, 정신분석학자, 작가, 예술가, 상담사

● 음악지능

음치와 절대음감을 가진 사람은 음에 대한 감수성에 차이가 있다. 음악지능이 높은 사람은 소리에 민감하기 때문에 반음의 차이도 잘 알아들을 수 있는 반면, 그렇지 않은 사람은 소리에 둔감해 음의 차이를 잘 모른다.

아이의 음악지능을 키워주는 가장 좋은 방법은 어릴 때부터 음악적 환경에 아이를 많이 노출시키는 것이다. 보통 태교를 하면서부터 아이의 두뇌 발달을 위해 음악을 많이 듣는데, 이렇게 뱃속에서 들은 음악은 태어나서도 아이가 반응을 할 정도로 강력한 영향을 준다. 음악은 단순한 멜로디가 아니라 음과 음의 수학적인 연결이기 때문에 두뇌 발달에도 도움을 준다고 학자들은 말한다.

그렇다고 무조건 클래식만 들려주기보다는, 아이가 재미있고 즐겁게 들을 수 있는 다양한 음악을 선택하는 것이 좋다. 흥겨움을 전달해주기 위해서는 동요나 재즈의 선율을 경험하게 해주는 것이 좋고, 리듬에 대한 감수성을 키워주기 위해서라면 우리나라의 사물놀이나 타악기 연주를 들려주는 것이 좋다.

가끔은 공연장에 데려가 사람들이 직접 악기를 다루는 모습을 보여주는

것도 음악에 대한 호기심을 키우며 음악지능을 높이는 데 도움이 된다. 집에서는 유아용 장난감 북이나 피아노를 아이가 직접 연주해보게 한다. 물론 아이가 어리다고 장난감만 연주하게 하면 오히려 음악에 대한 민감성을 떨어뜨릴 수 있으므로, 이는 흥미 유발의 도구로만 사용하는 것이 좋다.

노래에 맞춰 율동을 만들어보거나, 반대로 엄마가 율동을 보여주고 아이가 이에 맞춰 노래를 불러보게 하는 것도 좋은 방법이다. 서로 한 소절씩 노래를 나누어 부르거나 허밍에 맞춰 노래를 불러보게 하는 것도 음악지능을 키워주는 데 도움이 된다. 가끔은 엄마가 일부러 한 소절씩 틀리는 것도 좋은데, 이렇게 기존에 알던 음정이나 박자가 아닌 틀린 멜로디가 오히려 아이의 음악적 감각을 자극할 수도 있기 때문이다. 또한 낯선 음악을 접함으로써 음악에 더 흥미와 호기심을 가질 수 있다.

| 음악지능 높은 아이의 학습법 |

음악지능은 아이의 기억을 촉진하는 데 아주 효과적이므로 공부를 하거나 지식을 습득할 때 음악적인 능력을 살려주면 높은 학습효과를 얻을 수 있다.

우선 학습을 할 때는 너무 조용한 것보다는 약간의 백색소음이 들려야 집중이 더 잘된다고 말을 하는데, 이와 더불어 학습에 집중할 수 있도록 도와주는 음악이 바흐, 모차르트, 파헬벨 등의 클래식 음악이다. 규칙적이고 일정한 박자가 반복되는 바로크 음악은 심리를 안정시키는 알파파와 세타파를 유도하고 도파민이나 세로토닌의 생성을 자극하기 때문에 집중력을 높이는 데 도움을 준다. 특히 바로크 음악은 심박수와 비슷하기 때문에 아이가 학습을 할 때 이 음악을 틀어주면 학습내용에 더 쉽게 집중할 수 있다.

아이들의 학습효과를 높이는 데는 노래를 이용하는 것만큼 좋은 것이 없다. 특히 외국어는 그냥은 잘 외워지지 않지만, 노래로 만들어 외우면 보다 쉽게 실력을 향상시킬 수 있다. 영어교재 중에 『노부영 – 노래로 부르는 영어』나 『위씽』 시리즈는 아이의 음악지능을 자극해 외국어 실력을 키워줄 수 있도록 만들어졌다. 비단 외국어가 아니더라도 그날 학습한 내용을 노래 가사처럼 만들어 부른다면, 아이도 더 흥미를 갖고 학습에 임할 것이다. 아이가 암기하기 싫어하는 내용을 노래로 만들어 불러주는 것도 좋다. 엄마가 멜로디를 만드는 것이 힘들 때는 외워야 할 내용에 리듬을 넣어 읽어주는 것만으로도 충분한 효과를 얻을 수 있다.

- 음악지능 높은 아이의 유망직업 : 가수, 연주가, 작곡가, 음악비평가, 효과음향기사, 피아노 조율사

● 신체운동지능

몸이 튼튼한 아이가 마음이 튼튼하다는 말이 있다. 어릴 때 충분히 몸을 사용해 활동을 한 아이는 심리적으로도 스트레스가 적기 때문에 매사에 적극적으로 임할 수 있다. 또한 함께 운동이나 놀이를 하며 또래와 관계를 맺기 때문에 아이가 이러한 관계를 잘 맺도록 하기 위해서라도 신체운동지능을 잘 키워주는 것은 중요하다. 신체운동지능은 아이의 연령에 따라 달라지기 때문에 아이의 연령과 발달에 맞는 활동을 제대로 매치시켜 주어야 한다.

아이가 어릴 때는 주변을 탐색하는 것으로 신체운동지능을 키워줄 수 있다. 혼자서 밥풀을 흘리지 않고 밥을 먹게 하거나, 신발을 신거나, 단추를 꿰게 하는 것은 생활습관을 키우는 방법일 뿐 아니라 신체운동지능을 높

이는 방법이다. 그러므로 아이의 손이 더디더라도 인내심을 가지고 지켜보며 스스로 해낼 수 있게 도와주고, 해냈을 때는 충분한 격려를 해주는 것이 중요하다.

공놀이는 아이의 신체운동지능을 다양하게 계발시켜주는 아주 좋은 놀이다. 공을 발로 차면서 대근육이나 방향조절능력 등을 키울 수 있으며, 손으로 잡고 던지는 과정에서는 소근육과 목표지향성 등을 키울 수 있다. 손으로만 공놀이를 하는 것이 아니라 다리 사이에 끼워 통통 뛰어보게 한다거나, 배 위에 얹어서 걸어가보게 하는 것도 신체운동지능을 깨우는 데 도움이 된다.

놀이터에 있는 운동기구들은 안전하게만 사용한다면 아이의 고른 신체운동지능 발달에 도움이 된다. 아이가 유치원 정도 연령이 되면 본격적인 스포츠를 가르치는 것도 좋다. 스포츠는 아이의 신체운동지능을 정교하게 만들어줄 뿐만 아니라 단체생활의 규칙을 익히거나 성취감을 높이는 데도 좋은 역할을 한다.

| 신체운동지능 높은 아이의 학습법 |

신체운동지능이 높은 아이는 신체감각을 이용한 지식 탐구, 만지기, 움직이기 등을 통해 학습효과를 높일 수 있다. 이 지능에서는 신체가 마음을 표현하는 도구가 되며, 기억은 직접적인 경험을 통해 얻어진다. 그러므로 아이가 자신의 몸을 통해 의사를 표현하게 해주는 것이 좋다.

숫자를 셀 때도 그냥 암기시키는 것이 아니라 손가락을 꼽아보게 하면 기억력을 높이는 데 도움이 된다. 왼손은 10의 자리를 나타내고, 오른손은 1의 자리를 나타내어 수의 합이나 곱을 직접 표현하게 하면 아이가 더욱 쉽게 이해할 수 있다.

운동을 좋아하는 아이라면 운동 속에서 발견할 수 있는 과학적 원리나 수학 원리를 알려주고 직접 함께 그 운동을 해보며 원리를 확인할 수 있게 도와주면 학습능력이 높아진다. 교구를 활용하는 것도 효과적이다.
이러한 아이들은 교실에서 가만히 앉아 수업을 듣는 것보다는 직접 체험하는 것을 좋아하기 때문에 과학시간에는 직접 실험을 하고, 영어시간에는 카드를 만들고 그림책을 만들면서 영어를 익히는 것이 좋다.

- 신체운동지능 높은 아이의 유망직업 : 무용가, 배우, 운동선수, 공예가, 조각가, 외과의사

● 자연친화지능

아이의 자연친화지능을 키워주기 위해서는 자연이 있는 곳으로 나가 직접 경험하게 해주는 것이 가장 좋다. 집에서는 식물도감이나 동물도감, 생태동화 등을 보여주면서 지속적으로 자연에 대한 흥미를 일깨워주면 좋다. 특히 자연친화지능이 높은 아이들은 사물의 모양이나 형태를 구분하는 데도 특별한 능력을 보이기 때문에, 도감에서 본 식물들을 직접 찾아보게 하는 것도 좋다.
도시에서는 아무래도 자연을 가까이하기가 쉽지 않은데, 아이와 함께 나팔꽃이나 강낭콩 씨를 뿌려 키워보거나, 양파를 물에 담가 뿌리가 자라는 것을 관찰하게 하는 것도 자연의 신비를 쉽게 체험할 수 있는 방법이다. 이렇게 관찰한 것은 일지로 적어 아이가 변화를 세세히 기록할 수 있게 하면, 아이의 관찰력이 더욱 향상된다.
아직 실험을 하기에 어린 나이의 아이라면 나들이를 다녀온 후에 아이가 본 동물이나 식물의 기억을 되살려 그림을 그리게 하는 것도 좋은 방법이다. 그림 카드를 구입해 땅에 사는 동물, 물속에 사는 동물, 하늘에 사는

동물 등 기준을 정해주고 아이가 직접 분류하게 하는 것도 좋다.

| 자연친화지능 높은 아이의 학습법 |

자연친화지능이 높으면 주변의 동식물과 돌, 흙 등의 무생물까지도 사랑하고 그것들에 관심을 갖고 공부하며 자연환경을 보호하려고 노력한다. 야외에서 자연과 접촉하며 시간 보내기를 좋아하며, 자연물을 관찰하고 수집하며 그 내용을 기록하는 것을 좋아한다. 그러므로 여러 과목을 설명할 때도 자연물과 연결하여 설명하면 좋은 효과를 얻을 수 있다. 예를 들어 덧셈을 할 때 동물들의 다리 수를 모두 합하게 한다거나, 사과를 반으로 자르고 다시 반으로 자르는 과정으로 분수를 설명하는 식이다. 책도 생태동화나 환경동화 또는 동물이 주인공인 우화나 동화를 읽게 해주는 것이 좋다.

특히 이 지능이 높은 아이들은 오감이 발달해 있기 때문에 학습대상을 분석할 때도 자신의 다양한 감각을 동원하도록 돕는 것이 좋다. 아이가 우주에 대해 공부를 한다면 우선 망원경으로 우주를 바라보고, 컴퓨터로 내용을 알게 한 후에 과학관에서 운석을 직접 만져보고, 우주 탐험대로서 우주복을 입어보거나 우주에서는 어떤 소리가 나는지 등을 복합적으로 익힐 수 있도록 도와준다. 또한 이 지능이 높은 아이들은 분류하거나 분석하는 데 뛰어나므로 공부하려는 내용을 분류해보고 그 원인을 각각 찾아보게 하는 것이 효과가 높다.

- **자연친화지능 높은 아이의 유망직업** : 식물학자, 동물학자, 과학자, 조경사, 조련사, 수의사, 한의사, 지질학자

| 에필로그 |

교육은 생각의 불을 지피는 것

바야흐로 '꿈'의 시대가 움트고 있다고 할 만하다. 진로 특강이 인기를 끌고 있는 가운데 학교별로 다양한 캠프가 운영되고 있고, 나아가 교육부는 시험 부담이 없는 자유학기제를 통해 아이들의 꿈과 끼를 찾아주겠다고 팔을 걷고 나섰다. 이처럼 새로운 교육 모델을 찾으려는 의미 있는 시도가 곳곳에서 이어지고 있다. 혹자는 교육의 틀이 바뀌고 있다고 진단하기도 한다.

이런 변화의 원동력은 어디서 시작된 것일까? 눈여겨볼 두 가지 측면이 있다. 우선은 새로운 인재를 원하는 기업의 주문이다. 최근 통계청 발표에 따르면 신입사원이 첫 직장에서 일하는 평균 근속기간은 1년 4개월에 불과하다. 이 중 6개월도 견디지 못하고 그만두는 경우가 30퍼센트다. 열악한 처우, 조직 부적응 등 다양한 원인이 있겠지만, 가장 큰 문제는 자신의 적성을 고려하지 않은 '묻지 마 지원'에서 비롯된다. 누구나 예측할 수 있듯이 이 쓰라린 결과의 피해자는 비단 신입사원만이 아니다. 기업 입장에서도 헛 투자나 마찬가지이기 때문이다.

이보다 더 근본적인 기업의 고민은 화려한 스펙의 신입사원을 채용

해도 쓸 만한 인재는 한 줌도 되지 않는다는 데 있다. 신성장의 활로를 모색하는 기업에 있어 인재기근은 미래의 위협요인이다. 최근 기업들은 일명 바이킹형 인재, 스티브 잡스형 인재 등을 찾는다며 다양한 슬로건을 내세우고 있는데 이들의 공통점은 소위 T자형 인재다. 즉 폭넓은 지식을 바탕으로 우물을 깊게 파는 스타일을 원한다는 뜻이다.

쉽게 말해 어떤 분야든지 어중간하게 잘하는 사람보다는 한 가지라도 뛰어나게 잘하는 사람이 바로 인재다. 나아가 표준화된 모범답안을 내는 사람보다는 두 가지 분야를 합쳐 하나를 만들어낼 수 있는 사람이 창조적 인재다.

우리 사회를 꿈의 시대로 이끄는 두 번째 요인은, 뇌과학의 발달이다. 과거 뇌과학자들의 시선은 주로 지능으로 대표되는 인지 영역에 머물러 있었다. 그러던 것이 점차 비인지 영역인 정서의 영역으로 옮겨가고 있는데 이는 동기이론의 강력한 뒷받침이 되고 있다.

예를 들어 내 것이 되는 정보와 버려지는 정보의 차이는 결국 뇌의 효율성에 기인한다. 그런데 강한 압박과 불안에 시달리는 사람, 즉 정서적으로 불안한 사람은 뇌의 에너지를 스트레스를 해결하는 데 우선적으로 쓰려고 하기 때문에 창의력은 고사하고 기억력조차 점차 감퇴하게 된다.

바로 이 지점에 다중지능의 중요성이 있다. 다중지능은 사람의 기분이 좋아지는 출발점이 어딘지를 강조하고 있다. 바로 자신이 가지고 있는 강점지능을 살려 탐색해 들어갈 때 몰입을 경험할 수 있을뿐더러 통섭과 창의력이 빛을 낼 수 있기 때문이다.

언뜻 상식적으로 보이는 이러한 이론을 이해하고도 실천하지 못하는 이유는 무엇일까? 바로 완벽주의에 그 원인이 있다. 양육자의 입장에서는 내 아이가 누구보다 뛰어나고 누구한테도 뒤지지 않기를 바라는 것이 인지상정이다. 실제 경쟁이 치열해지면 무엇을 하든 일단 열심히 하면 바라는 결과가 나오리라는 믿음이 사회 곳곳에 팽배해 있다. 하지만 이는 반쪽짜리 진실이다. 설사 인간의 능력이 무한하다고 가정해도 좋아하지 않는 일을 하면서 흥미를 끌어올리고 더불어 성과를 낸다는 것은 매우 어려운 과제다. 더구나 이미 잘하는 분야를 제쳐두고 못하는 분야에 집착한다는 것은 최신 뇌과학, 즉 정서와 동기의 관련성을 이해하면 매우 비효율적인 접근이라고 할 수 있겠다.

영국의 시인 윌리엄 예이츠^{William Butler Yeats}는 일찍이 이런 말을 한 바 있다. "교육이란 양동이에 물을 채우는 것이 아니라 불을 지피는 것이다." 정말 통찰력 있는 한 줄이 아닐 수 없다. 어느 한 사람의 가슴에 불이 붙이 시작했을 때 그 불이 어디까지 번질지는 아무도 모른다. 그러나 교육열만 가지고는 인간의 동기가 뜨거워지지 않는다. 아이의 적성을 살펴 어디에 불을 붙일 것인가를 고민해야 한다. 그 해답은 약점보다는 강점을 중점적으로 보려는 진지한 관찰에 있다.

아이들은 모두 하나의 가능성을 가지고 태어난다. 내 아이의 발달과정과 강점지능을 이해함으로써 그 가능성에 불을 지펴줄 수 있기를 바란다.

찾아보기

ㄱ

감각기억	166-167
강화	59
공간지능	71, 185, 191, 193, 197, 199-200,
	208-210, 248-251, 259-260, 267-268
공감능력	99-102, 141
공감지수	99-101
곽금주	61, 67, 99, 129
권력의지	130-131

ㄴ

노먼, 게슈윈드	107
논리수학지능	191-193, 197, 199-200,
	208-210, 257, 265-267
뇌간	50
뇌량	49, 84, 88, 206
뉴런	24-26, 88

ㄷ

다중지능	190-197
다중지능 테스트	184-186
다행증	195
단기기억	166-168
단성교육	129
대뇌	49
대뇌피질	36, 38, 42, 50
대럴드, 트레퍼트	207
대측	196
댄, 킨들런	127, 148
데보라, 토드	98
두정면	88
두정엽	32, 38-39, 51, 177, 190, 192

ㄹ

레너드, 삭스	5, 76, 84-85, 122-124,
	128-129, 133-134
레이저형 프로파일	199
레지오, 에밀리아	215-216
로렌스, 콜버그	66
로리스, 말라구치	216
리처드, 하이어	76, 125

ㅁ

마루엽	51
마리아, 몬테소리	253
마음속 회전	71, 87
마크, 로젠즈웨이그	176
마크, 브로스넌	87, 106-107
망상활성화계	174
매리언, 다이아몬드	176
모방	33, 54, 59, 103, 151-153
모험적 전환	109
몰입	218, 222-229
문용린	212
미하이, 칙센트미하이	228-229
민디, 콘하버	215

ㅂ

바바라, 피즈	70
베넷, 세이위츠	83
베르니케 영역	191
변연계	175
부신	26, 106
비네 시몽 검사법	187
브로카 영역	191

ㅅ

사이먼, 코헨	117
사회문화적 경험	199
샌드라, 위틀슨	98
서유헌	28, 37, 175, 177-178
서번트 신드롬	204-207
서치라이트형 프로파일	199-200
선택적 주의	164
성호르몬	104-108, 125
소근육	33, 53-57, 121-122, 128-129, 150-155
소뇌	49
숫자 기억력 검사	165
슈엘	231
시냅스	25
시상	50
시상하부	125
시연	168-169
신경과학	190
신경질세포	124
신체운동지능	196, 261, 274-276
실버안고랑	177
스즈키, 신이치	211

ㅇ

아드레날린	26
아인슈타인의 뇌	51
알파걸	127, 148
앤, 캠벨	60
앨런, 랭어	133
앨런, 피즈	70
언어 기억력 검사	163
언어유창성 실험	81-82
언어지능	191-192, 225, 256-257, 263-265
에스트로겐	104-105, 108
엘레노어, 맥과이어	176
역할모델	138, 148
열성 유전인자	21
연상 기억력 검사	170
우뇌	22, 49, 75, 87, 88, 98, 101
우성 유전인자	21-22
유전	20-23
웬디, 모겔	77
인간친화지능	193-194, 258, 269-270
음악지능	195, 260, 272-274

ㅈ

자기이해지능	194-195, 212-214, 258-259, 270-271
자연친화지능	196-197, 261-262, 276-277
자율신경계	111
자존감, 자아존중감	136
장기기억	166, 168
장소법	173
장, 피아제	236
적성	182
전두엽	51, 191
제인, 캐시디	90
조지, 밀러	166
존, 듀이	215, 216
존, 매닝	104-107, 113, 114, 116
좌뇌	22, 49, 83, 101, 107
주변 시야	70
주의력결핍 과잉행동장애, ADHD	133-135, 204
주차능력 실험	86-87
지각 채널	209

ㅊ

척수	26, 50
청력	90
청력 검사	89-91
체계화능력	99-102

체계화지수	99-101
측두엽	38, 52, 84, 178, 190, 192

ㅋ

카를, 비테	211
칵테일파티 현상	164
콜린스	231
킴, 픽	206
크리스, 컨켈	218

ㅌ

테스토스테론	103-108, 138
토니, 험프리스	230
팀, 스펙터	116

ㅍ

파드 수업	217-218
편도체	26
피크병	194
핑 리안	204-206
프로이트	148
프로젝트 수업	215-217
플로 수업	218-219

ㅎ

하워드, 가드너	144, 190, 198-200, 208, 211, 253-254
하지현	94, 100, 117, 125, 137
해마상융기	176
후두엽	42-43, 52

A

A. 비네	187
B. 바우어	171
H. 플라벨	168-169
IQ	186-187
IQ 검사	187
L. 피터슨	168
M세포	124-125
M. 클라크	171
M. 피터슨	168
P세포	124-125
T. 시몽	187

〈아이의 사생활〉 제작진 소개

제작본부장	정규호
책임 프로듀서	양전욱
글·구성	오정요
취재작가	원윤선
내레이션	이금희
자료조사	오소희
촬영감독	정재호·강한숲
촬영보	이치열·임현수
6mm 촬영	변종석
조명	이상철·정재욱·조승동·이호준
야외조명	준조명
기술감독	정장춘
특수편집	한명진·김태진
NILE편집	윌필쳐스·조커
음악	이미성
효과	이용문
음향	최권용
스토리보드	염정원
컴퓨터그래픽	윤영원
문자그래픽	신동인
세트디자인	안현정
타이틀제작	조커
조연출	이정미·김미안
연출	정지은·김민태

EBS 다큐프라임 〈아이의 사생활〉 방송이 탄생하기까지는 프로그램에 대한 애정을 함께 나눈 제작진의 수고가 있었습니다. 아이를 향한 이해와 공감을 바탕으로 인간에 대한 희망을 발견하고자 했던 제작진의 노력으로 세상이 조금 더 따뜻해지기를 바랍니다.

〈아이의 사생활〉 방송 전문가 소개

책임자문
문용린   전 교육감, 서울대학교 명예교수
곽금주   서울대학교 심리학과 교수

자문
서유헌   서울대학교 의과대학 교수
김붕년   서울대학교병원 어린이병원 부교수
하지현   건국대학교 의과대학 정신과학교실 교수
이영애   아동학 박사, 원광아동상담센터 소장
홍은주   미술치료 전문가, 을지대학교 유아교육학과 교수
송인섭   숙명여자대학교 교육심리학과 교수
이미리   한국체육대학교 스포츠청소년지도 전공 교수
김수연   발달심리학 박사, 아기발달 전문가

해외자문
조세핀 킴   하버드 대학교 교육학과 교수
리처드 하이어   UC 얼바인 캘리포니아 대학교 뇌신경학과
레너스 삭스   의학·심리학 박사
마크 브로스넌   바스 대학교 심리학과 교수
존 매닝   센트럴 랭커셔 대학교 심리학과 교수
대럴드 트레퍼트   위스콘신 의과대학 임상심리학과 교수
미하이 칙센트미하이   피터드러커 경영대학원 심리학과 교수
크리스 컨켈   키러닝스쿨 교장

그리고 실험에 도움을 주신 모든 분들

〈아이의 사생활〉은 참여 전문가들 외에도 많은 실험 참가자들과 함께했습니다.
본문에 실린 실험 참가자들의 이름은 모두 가명으로 표기하였습니다.
실험 장면을 싣도록 양해해주신 모든 분들께 감사드립니다.

아이의 사생활 1 두뇌·인지 발달

초판 1쇄 발행 2016년 7월 20일
초판 7쇄 발행 2023년 7월 3일

지은이 | 〈아이의 사생활〉 제작팀

발행처 | 이비에스미디어(주)
발행인 | 박성호

판매처 | (주)DKJS
출판등록 | 2009년 11월 18일 (제2009-000323호)
주소 | 서울특별시 강남구 강남대로 84길 23, 1408-2호
문의 전화 | (02)552-3243   **팩스** | (02)6000-9376
이메일 | plus@dkjs.com

ISBN   979-11-5859-096-3   14590
       979-11-5859-095-6   14590 (세트)

* 이 책은 EBS미디어와 DKJS가 공동으로 기획, 제작한 도서입니다.

* 이 책의 내용을 무단 복제하는 것은 저작권법에 의해 금지되어 있습니다.
* 파본이나 잘못된 책은 구입하신 곳에서 교환해 드립니다.